Lernen S' Geschichte,
Herr Reporter!

Ulrich Brunner

Lernen S' Geschichte, Herr Reporter!

Bruno Kreisky

Episoden einer Ära

ecowin

1. Auflage

Gesetzt aus der Palatino, Centennial LT Std, DIN Medium

Medieninhaber, Verleger und Herausgeber:
Red Bull Media House GmbH
Oberst-Lepperdinger-Straße 11–15
5071 Wals bei Salzburg, Österreich

Satz: MEDIA DESIGN: RIZNER.AT
Umschlaggestaltung: Hauptmann & Kompanie Werbeagentur, Zürich
Umschlagmotiv: © ullstein bild - Imagno
Printed by Finidr, Czech Republic

ISBN 978-3-7110-0263-1

Für Marina und Julian

INHALT

Epilog

VORWORT

2020 ist es 50 Jahre her, dass Bruno Kreisky die erste SPÖ-Alleinregierung der Zweiten Republik gebildet hat, vor 30 Jahren ist er in einem Staatsakt zu Grabe getragen worden. Er war gemeinsam mit Willy Brandt und Olof Palme eine der großen Gestalten der Sozialdemokratie in der zweiten Hälfte des 20. Jahrhunderts. Diese Parteiführer stehen für das goldene Zeitalter der Sozialdemokratie, die im Positiven wirkmächtigste politische Bewegung des 20. Jahrhunderts. Ein Blick zurück lässt den Niedergang der Sozialdemokratie umso deutlicher hervortreten.

Die Sozialdemokratie droht heute an einer Gemengelage zu scheitern, die nicht leicht aufzulösen ist. Hauptursache ist wohl die Globalisierung, also der freie Warenverkehr, dem in den letzten Jahren auch ein ziemlich unkontrollierter Menschenverkehr durch Migration und Asyl folgte. Der freie Warenverkehr hat schon länger zu einem schleichenden Wohlstandstransfer von den entwickelten Ländern in Entwicklungs- und Schwellenländer geführt. Das begann schon ab 1960, als die Textilindustrie nach Asien übersiedelte, dann folgte die Fotoindustrie, wofür in Österreich beispielhaft der Niedergang des Radio- und Kameraherstellers Eumig steht. Mit dem Zusammenbruch des kommunistischen Imperiums 1990 hatten westliche Konzerne plötzlich gut ausgebildete Industriearbeiter vor der Haustür, die billiger waren als einheimische Fachkräfte. Also wanderten wieder ganze Branchen ab. Eigentlich hätte die Abwanderung ganzer Industriezweige zu einem geringeren Einkommen der arbeitenden Menschen in den westlichen Industrieländern führen müssen. Das wurde aber durch neue Staatsverschuldung abgemildert.

Von ihrem programmatischen Anspruch her hätte die Sozialdemokratie Verständnis dafür zeigen müssen, dass auch Menschen in anderen Ländern Wohlstand haben wollen – und dass dies zum Teil auf Kosten der westlichen Welt gehen wird. Es wäre nicht einfach gewesen, das den Wählern zu erklären. Es ist erst gar nicht versucht worden. Noch schwieriger ist es, den eigenen Wählern zu vermitteln, dass Menschen als Migranten oder Flüchtlinge hierherkommen, weil in ihren Heimatländern der Aufbau eines demokratischen Wohlfahrtstaates gescheitert ist – durch Religion, Tradition und übergroßes Bevölkerungswachstum.

Diese Menschen kommen mit Wertvorstellungen, die in ihren Heimatländern genau zu jenen Zuständen geführt haben, vor denen sie emigriert oder geflüchtet sind. Sie legen diese Wertvorstellungen aber mit dem Erreichen Europas nicht ab. Dies führt zu Konflikten im Zusammenleben mit Einheimischen, die die sozialdemokratischen Parteien gröblich unterschätzt haben. Das Entstehen von Parallelgesellschaften, die Probleme in den Schulen, vor allem mit Kindern aus moslemischen Familien – das alles wurde weitgehend ignoriert. Die SPÖ stellte sich zum Migrationsthema zu lange tot. Dass die SPÖ keine klare Haltung in der Migrationsfrage entwickelt hat, hängt wohl mit der Angst vor einer Spaltung der Partei zusammen. Eine linke Minderheit steht für Verklärung von Multikulturalität, die Mehrheit findet den Anteil der Ausländer zu hoch, plädiert für geschlossene Grenzen. Die einen sehen Zuwanderung aus anderen Kulturen als Bereicherung, vor allem Unterschichten empfinden die Einwanderer als Konkurrenten am Arbeitsmarkt und um Sozialleistungen. Da sich die SPÖ nicht entscheiden kann, rinnt sie nach allen Seiten aus: die Multikulti-Fans zu den Grünen, die

Migrationskritiker zur Kurz-ÖVP, zur FPÖ. Ein ähnliches Bild zeigt sich in der Klima-Debatte, wo die SPÖ viel zu spät reagiert hat.

Die SPÖ steht heute vor einer völlig neuen Situation. Früher bestand die Gesellschaft aus Klassen. Die SPÖ wurde grosso modo von den Arbeitern gewählt, die ÖVP von Bauern, Unternehmern und Beamten. Ex-Nazis aus allen Schichten wählten VdU, dann FPÖ. Kreisky war der erste SPÖ-Vorsitzende, der dies durchbrochen hat, indem er der SPÖ fernstehende Wähler einlud, »ein Stück des Weges mit der Sozialdemokratie zu gehen«. Die alte Klassengesellschaft gibt es heute nicht mehr. Heute definieren sich die Menschen nach ihrer Lebenswelt. Die SPD-nahe Friedrich-Ebert-Stiftung hat in einer großen Untersuchung festgestellt, dass die Gesellschaft in viele Milieus zerfällt: sozial Engagierte, verdrossene Kleinbürger, leistungsorientierte Liberale, politikferne Einzelkämpfer, antimoderne Konservative, Hedonisten, desillusionierte Abgehängte usw. Alle diese Gruppen sind von einer Partei allein nicht mehr ansprechbar – jedenfalls nicht von einer linken. Rechte Populisten haben es da leichter.

Selbst wenn man in alten Klassenkategorien denkt, hat die Sozialdemokratie schlechte Karten. Die Zahl der Arbeiter ist durch Computerisierung und Digitalisierung drastisch gesunken. Dazu kommt, dass viele hier in Österreich tätige Arbeiter nicht wählen dürfen, weil sie ausländische Staatsbürger sind. Die Wandlung der Arbeitswelt hat außerdem zu vielen neuen Berufsbildern geführt, die nicht eindeutig einzuordnen sind. Für jene, die als Ein-Personen-Firmen arbeiten, fühlt sich die Sozialdemokratie nicht wirklich zuständig.

Viele, die ihren Aufstieg den von der Sozialdemokratie geschaffenen Möglichkeiten verdanken, sind zu anderen Parteien abgewandert. Manche sind in der SPÖ geblieben und irritieren mit ihren Porsches und Rolex-Uhren die Arbeiterschaft. Didier Eribon hat mit seinem Bericht *Rückkehr nach Reims* geschildert, wie das in Frankreich abläuft. Der linke Bohemien kehrt nach Jahren in Paris zu seiner Familie in Reims zurück und muss feststellen, dass alle Verwandten, die früher kommunistisch gewählt haben, jetzt ins rechte Lager übergelaufen sind. Arbeitslos und am Arbeitsmarkt in Konkurrenz mit nordafrikanischen Einwanderern, leben sie ohne Hoffnung auf Aufstieg dahin und wählen Le Pen. Es handelt sich um das abgehängte Prekariat. In Deutschland wählt es AfD, in Österreich FPÖ.

Die Sozialdemokratie hat mit ihren Forderungen über ein Jahrhundert lang mitgeholfen, das kapitalistische Wirtschaftssystem erträglich zu gestalten. Mit dem Erreichen ihrer wichtigsten Ziele hat sie ihre Kraft verloren. Bruno Kreisky zitierte gern das Gedicht von Gustave Leroy aus dem Jahr 1848 als Quintessenz sozialdemokratischer Politik:

> Was wir ersehnen von der Zukunft Fernen:
> Dass Arbeit uns und Brot gerüstet stehen;
> Dass unsere Kinder in der Schule lernen
> Und unsere Alten nicht mehr betteln gehen.

Nimmt man diesen Vierzeiler wörtlich, hat die Sozialdemokratie in der Tat ihre wichtigsten Ziele erreicht. Man könnte sagen: *Mission accomplished!* Es bleiben natürlich Ungerechtigkeiten. Diese kommen allerdings nicht an das himmelschreiende Elend der Arbeiter heran, das Victor Adler und später den jungen Bruno Kreisky zu ihrem Engagement in der Sozialdemokratie bewegt hat. Es wäre für die Sozialdemokratie trotzdem noch einige Jahre gut gegangen, wenn nicht nach dem Zusammenbruch der Sowjetunion ein weltweiter Turbokapitalismus Platz gegriffen hätte. Die Einkommensschere zwischen oben und unten vergrößerte sich dadurch dramatisch. Dieser globalen Entwicklung war mit nationaler Politik kaum beizukommen.

Eine kraftvolle Führungspersönlichkeit könnte die Schwäche der SPÖ vielleicht mildern, aber nicht verhindern. Die Situation ist schließlich eine ganz andere als 1970. Damit sind wir beim eigentlichen Gegenstand dieses Buches: bei Bruno Kreisky. Er hat die SPÖ von 1967 bis 1983 geführt. Mit Autorität, mit Kompromissen, wohl auch trickreich, hat er die Gegensätze in seiner Partei ausgeglichen. So eine Figur ist heute aktuell aber nicht in Sicht. Hin und wieder gibt es ein Signal aus dieser Zeit: Hannes Androsch, Finanzminister unter Kreisky, schreibt unermüdlich Bücher und Kommentare, in denen er für mehr Bildung eintritt, weil Österreich nur so gegen internationale Konkurrenz im Wirtschaftsleben bestehen könne. So weit ist Androsch da nicht von Kreisky entfernt. Dieser gewann seine erste Wahl mit dem Slogan »Leistung, Aufstieg, Sicherheit!« Das Wort Leistung hat die SPÖ mittlerweile gestrichen und wirbt mit Slogans wie: »Hol dir, was dir zusteht!« Damit kann eine karitative NGO werben, aber nicht eine Partei, von der die Wähler erwarten, dass sie außer für Sozialzuwendungen auch noch für anderes zuständig ist.

Warum bringt die Sozialdemokratie heute keine herausragenden Politiker vom Schlage eines Kreisky, Brandt, Palme, Mitterrand oder González hervor? Das liegt wohl am ehesten daran, dass nur eine katastrophale Zeit heroische Figuren hervorbringt. Das war schon in der Anfangszeit der Sozialdemokratie so: Die Namen August Bebel, Victor Adler oder Jean Jaurès stehen dafür. Das gilt natürlich auch für bürgerliche Politiker, etwa für Winston Churchill, der durch die große Herausforderung der hitlerschen Barbarei zum unumschränkten Führer Großbritanniens wurde. Kreisky und Brandt mussten durch ein Stahlbad von politischer Verfolgung, Gefängnis und Emigration gehen, bevor sie an die Spitze ihrer Parteien treten konnten. Wohlstandsgesellschaften bringen in der Regel keine herausragenden Führer hervor. Die SPD hat nach Willy Brandt zwölf Parteivorsitzende verbraucht, die SPÖ nach Kreisky auch schon sieben.

In einigen europäischen Ländern sind die Sozialdemokraten von einst mächtigen Regierungsparteien zu Kleinparteien geworden. In Abwandlung eines Wortes von T. S. Elliot kann man sagen, die sozialdemokratischen Parteien sind in diesen Ländern nicht mit einem Knall zugrunde gegangen, sondern mit einem leisen Wimmern. Sie sind mit jeder Wahl schwächer geworden, in einigen Ländern ganz verschwunden. Der Zerfall der Klassen in Lebensmilieus wird dazu führen, dass mehrere Klein- und Mittelparteien die Volksparteien ablösen. Es ist nicht damit zu rechnen, dass sich die Volkspartei SPÖ diesem allgemeinen Trend entziehen kann. Selbst wenn sich die Sozialdemokratie in einigen Jahren wieder erholen sollte, wird sie im 21. Jahrhundert keine derart bestimmende, faszinierende Kraft wie im vorigen Jahrhundert werden. Umso eher lohnt ein Blick zurück zu Bruno Kreisky und dem sozialdemokratischen Reformwerk dieser Jahre.

Kreiskys Leben war durch viele Brüche und Kränkungen gekennzeichnet. Das soll in diesem Buch nachgezeichnet werden. Es gibt meine ganz persönlichen Erfahrungen wieder, die ich als Journalist mit Bruno Kreisky gemacht habe. Neben den persönlichen Begegnungen mit Kreisky stützen sich meine Aufzeichnungen auch auf Aussagen von Gefährten aus Kreiskys Kampfzeit der österreichischen Sozialdemokratie. Ein Seitenblick auf Willy Brandt darf nicht fehlen, wenn man sich mit Kreisky beschäftigt. Es schmälert nicht die Verdienste des bedeutendsten Regierungschefs der Zweiten Republik, wenn man auch an den jähzornigen, ungerechten Kreisky erinnert. Als zeitweiliges Objekt seiner Aggression habe ich mir, so hoffe ich jedenfalls, trotzdem den nüchternen Blick auf die Lebensleistung Kreiskys bewahrt.

Ausgespart in diesem Buch ist der Außenpolitiker Kreisky. Auf diesem Feld hat er geradezu seherische Fähigkeiten bewiesen. Er war der erste westliche Politiker, der erkannte und thematisierte, dass das ungelöste Palästinenserproblem ein ewiger Unruheherd bleiben würde. Die wachsende Kluft zwischen der Ersten und Dritten Welt hat Kreisky gemeinsam mit Willy Brandt und Olof Palme mit dem sogenannten Nord-Süd-Dialog zu überwinden versucht.

Wie bei allen politischen Führern gibt es auch bei Kreisky Licht und Schatten. Für ihn gilt daher Friedrich Schillers Satz aus dem Prolog zu *Wallenstein*: »Von der Parteien Gunst und Hass verwirrt, schwankt sein Charakterbild in der Geschichte!« Wenn heute, nach Jahrzehnten seines Wirkens, Kreisky noch immer Gegenstand des öffentlichen Interesses ist, kann man das vielleicht mit einem Satz von Stefan Zweig erklären: »Unsere Zeit will und liebt heute heroische Biografien, denn aus der eigenen Armut an politisch schöpferischen Führungsgestalten sucht sie sich höhere Beispiele aus den Vergangenheiten!« Das schrieb Zweig 1929, gilt aber heute mehr denn je.

Prolog

EIN BRIEF VON BRUNO KREISKY

Es war am 23. Juni 1985. Ich war zu dieser Zeit Chefredakteur beim ORF-Hörfunk und sortierte meine Post. Unter den Briefen fand sich auch einer mit dem Absender Bruno Kreisky. Das war etwas ungewöhnlich, hatte ich doch mit Kreisky seit seinem Rücktritt als Kanzler im Jahr 1983 keinen Kontakt mehr. Der Inhalt des Briefes war so, dass ich zunächst an eine Fälschung dachte. »Sehr geehrter Herr Redakteur!« stand da. »Sehr geehrter« war allerdings mit Kugelschreiber durchgestrichen. Dann hieß es weiter: »Ich lese soeben den vollen Wortlaut Ihres Gespräches mit Finanzminister Vranitzky und bin über die Niederträchtigkeit Ihrer Fragen entsetzt. Nehmen Sie bitte zur Kenntnis, dass ich mit Ihnen in Zukunft nichts mehr zu tun haben will. Das wird Ihnen sicher beim Generalintendanten sehr nützen, bei allen anständigen Menschen schaden. Eine Fotokopie meines Briefes geht mit gleicher Post an die sozialistischen Mitglieder der Bundesregierung.«

Die Vorgeschichte: Ich hatte am vorhergehenden Samstag Finanzminister Franz Vranitzky für die Sendereihe »Im Journal zu Gast« interviewt. Anlass war die kurz nach seiner Bestellung zum Finanzminister erfolgte Ankündigung Vranitzkys, dass man beim Schuldenmachen im Budget nicht mehr so weitermachen könne wie bisher. Das wurde allgemein als Abkehr von der bis dahin von Kreisky forcierten Politik des *deficit spending* bewertet. (Dass Vranitzky als Finanzminister und später auch als Bundeskanzler diese Ankündigung nicht einhalten konnte oder wollte, steht auf einem anderen Blatt).

Ich stellte in meinem Interview mit Vranitzky die naheliegende Frage, ob man nicht schon früher beim Budget hätte sparen müssen. Vranitzky hütete sich allerdings, Kreisky in den Rücken zu fallen, meinte nur, das gelte für die Zukunft.

Ich fragte einige Male nach und das Interview ging auf Sendung. Es wäre wahrscheinlich der Vergessenheit anheimgefallen, hätte nicht *Kurier*-Kolumnist Sebastian Leitner eine giftige Glosse Richtung Kreisky geschrieben: »Unser neuer Finanzminister Vranitzky hat im ›Journal zu Gast‹ bewiesen: Er weiß, dass zwei mal zwei vier ist. Kreisky hat das bekanntlich nie gewusst.« Kreisky las die Glosse, bekam einen Wutanfall, verlangte vom Büro Vranitzky eine Abschrift des Interviews und diktierte dann den zitierten Brief. Bevor ich diese Hintergrundgeschehnisse in Erfahrung gebracht hatte, war ich ziemlich unsicher, ob sich da nicht jemand einen Scherz erlaubt hatte, ob der Brief also echt war. Die Diktion schien mir doch etwas ausgefallen.

An einem der nächsten Tage traf ich im Parlament den mir gut bekannten Verkehrsminister Ferdinand Lacina, der einige Jahre Bürochef von Kreisky gewesen war. Lacina warf einen Blick auf den Brief und bestätigte: »Der Brief ist echt. Der ist auf der Schreibmaschine von Kahane geschrieben. [Der Unternehmer Karl Kahane war ein Freund Kreiskys, dessen Büro dieser nach seinem Ausscheiden aus der Politik benützen konnte.] Solche Briefe hat er früher öfter diktiert. Aber da hat er noch ein funktionierendes Büro gehabt. Die haben wir nicht abgeschickt.« Einige Tage später, wenn Kreiskys erste Wut verraucht war, wurde dann ein etwas sanfterer Brief abgeschickt. Ähnliches berichten auch andere Mitarbeiter aus dem Umfeld Kreiskys. Die Wut Kreiskys hatte natürlich nur vordergründig mit meinen Interview-Fragen zu tun. Kreisky war erbost, dass Bundeskanzler Fred Sinowatz den von ihm eingesetzten Finanzminister Herbert Salcher durch Franz Vranitzky ersetzt hatte. Die Ankündigung Vranitzkys, die Schuldenaufnahme zurück-

BRUNO KREISKY

Wien, am 21. Juni 1985

~~Sehr geehrter Herr~~ Redakteur !

Ich lese soeben den vollen Wortlaut Ihres Gespräches mit Finanzminister Vranitzky und bin über die Niederträchtigkeit Ihrer Fragen entsetzt. Nehmen Sie bitte zur Kenntnis, daß ich mit Ihnen in Zukunft nichts mehr zu tun haben will. Das wird Ihnen sicher beim Generalintendanten sehr nützen, bei allen anständigen Menschen schaden.

Eine Fotokopie meines Briefes geht mit gleicher Post an die Sozialistischen Mitglieder der Bundesregierung. Sie haben sich ununterbrochen vom Finanzminister zurechtweisen lassen müssen. Das hat Sie nicht gestört, immer wieder die selbe Frage zu stellen.

Herrn Redakteur
Ulrich BRUNNER
ORF

Würzburggasse 3o
1136 W i e n

zufahren, konnte Kreisky nur als Kritik an seiner Politik verstehen. Statt Vranitzky bekam allerdings ich die Hiebe.

Der erboste Brief war der letzte Kontakt des Alt-Bundeskanzlers zu mir. Vorher hatte ich Kreiskys politische Tätigkeit von seiner Wahl zum Parteivorsitzenden 1967 bis zu seinem Ausscheiden aus der Politik 1983 als Journalist begleitet – mit vielen Gesprächen und Interviews für Zeitungen und für das ORF-Fernsehen. Der Beruf des Journalisten war mir allerdings nicht in die Wiege gelegt worden, es war vielmehr ein steiniger Weg dorthin.

MEIN WEG ZUM JOURNALISMUS

Ich wuchs im niederösterreichischen Weinviertel in einer sozialdemokratischen Familie auf. Trotz sehr guten Lernerfolgs in der Volksschule konnten mir meine Eltern nicht den Besuch eines Gymnasiums ermöglichen. Zu dieser Zeit gab es nicht einmal in der Bezirkshauptstadt eine Höhere Schule. Da war es noch ein Glück, dass ich nach der Hauptschule den Beruf des Schriftsetzers erlernen konnte. Damit hatte man einen Bezug zur Schrift, die mir später den Einstieg in den Beruf des Journalisten erleichterte. Nach der Schriftsetzerlehre in einer kleinen Druckerei wechselte ich 1956 in den im Eigentum der SPÖ stehenden Vorwärts-Verlag. Das Gebäude mit der markanten Außenfront war eine wichtige Station in meinem beruflichen Werdegang. Später sollte ich erfahren, dass Bruno Kreisky dazu einen ganz anderen Bezug hatte, einen politisch-emotionalen, der in seine Jugend führt.

Für Sozialdemokraten war dieses Gebäude ein symbolträchtiger Ort. Bis 1934, als das Dollfuß-Regime die Sozialdemokratische Arbeiterpartei (SDAP) verbot und deren Be-

Der Vorwärts-Verlag, jahrzehntelang »Herz und Hirn« der SPÖ, war für Bruno Kreisky ein fast mythischer Ort. Für den Autor dieses Buches begann hier seine Karriere als Journalist.

sitztümer enteignete, war in diesem Gebäude im 5. Wiener Gemeindebezirk außer der Druckerei auch die Parteizentrale der SDAP untergebracht. Bei den ersten allgemeinen Wahlen für Männer im cisleithanischen Teil der Monarchie im Jahr 1907 (Frauen durften erst 1919 wählen) waren die Sozialdemokraten als zweitstärkste Kraft hervorgegangen. Dieser Erfolg veranlasste die Parteileitung, ein eigenes Redaktions- und Verlagsgebäude für die *Arbeiter-Zeitung* zu errichten und sie erwarb ein Zinshaus in der damaligen Wienstraße 89a, die 1911 in Rechte Wienzeile umbenannt wurde. Schüler des Stararchitekten Otto Wagner adaptierten das Zinshaus zum Sitz der Parteizentrale und als Redaktionsgebäude. Eine damals hochmoderne Druckerei wurde im Innenhof neu errichtet. Die heute noch erhaltene Außenfassade erhielt eine imposante Uhr am Giebel des Gebäudes, die von zwei Steinfiguren des

Bildhauers Anton Hanak umrahmt wird. 1910 bezogen das Parteisekretariat, das Frauenzentral-Komitee, die Gewerkschaftskommission und 200 Angestellte der Verlags- und Druckereianstalt Vorwärts das Gebäude.

Mit dem Aufstieg der SDAP – bei den Wiener Gemeinderatswahlen 1927 wählten 60,3 Prozent sozialdemokratisch – wuchs auch der Platzbedarf. Die Partei kaufte Nachbarhäuser zu, sodass ein zusammenhängender Gebäudekomplex mit rund 3000 Quadratmeter entstand. Fast alle Teilorganisationen der Partei waren nun im »Vorwärts« vereint. Auch der Republikanische Schutzbund, die bewaffnete Wehrformation der Partei, hatte seinen Sitz in der Rechten Wienzeile. In der Druckerei wurden nicht nur die *Arbeiter-Zeitung*, sondern auch andere illustrierte Massenblätter hergestellt, wie *Das Kleine Blatt*, *Der Kuckuck*, die Wochenzeitung *Die Frau* und die *Arbeiter-Illustrierten-Zeitung*. Auch die diversen Nebenorganisationen der Partei ließen ihre Mitteilungsblätter dort drucken. Der »Vorwärts« war in dieser Zeit Herz und Hirn der Partei. In den 1930er-Jahren waren schon einige Hundert Menschen im »Vorwärts« beschäftigt.

Das Dollfuß-Regime konfiszierte nach den Februarkämpfen 1934 den »Vorwärts«, löste ihn aber nicht auf, sondern funktionierte ihn um. Von da an wurden dort Plakate und Zeitschriften des Ständestaates gedruckt. Ein Drittel der Belegschaft wurde gekündigt, die anderen waren als Fachkräfte bei der Weiterführung der Druckerei unverzichtbar. Sie fügten sich, denn Arbeitslosigkeit war damals gleichbedeutend mit Elend. Das Arbeitslosengeld war niedrig und wurde nur für ein halbes Jahr gewährt, danach war man ausgesteuert, es gab keinerlei Unterstützung mehr. Die Ausgesteuerten waren dann auf Almosen und Sozialmaßnahmen der Gemeinden angewiesen. »Die Arbeitslosen von Marienthal« – diese berühmt gewordene Studie von Maria Jahoda, Paul Lazarsfeld und Hans Zeisel aus dem Jahr 1933 hat die dramatischen sozialen

Nach dem Putsch im März 1933 regierte Dollfuß diktatorisch. Die Publikationen der SDAP wurden unter Vorzensur gestellt. Die Polizei durchsuchte den »Vorwärts« sehr oft auf der Suche nach Waffen, weil hier auch die Zentrale des Schutzbundes war. Nach den Februarkämpfen 1934 wurden alle Organisationen der Partei aufgelöst.

Folgen lang andauernder Arbeitslosigkeit festgehalten. Neben dem täglichen Kampf, genug zu essen zu finden, waren vor allem die sozialen Folgen verheerend. Nach Meinung der frühen linken Theoretiker führt Arbeitslosigkeit zu Aufstand und Rebellion. Die auf Anregung von Otto Bauer zustande gekommene Studie bewies das Gegenteil: Arbeitslosigkeit führt zu Apathie, Verlust der Selbstachtung, Hoffnungslosigkeit und Depression. Am Ende stand oft Alkoholismus. Es war nicht zuletzt diese Studie, die dazu führte, dass Kreisky später als Regierungschef Arbeitslosigkeit um jeden Preis vermeiden wollte.

Angesichts der Angst, zu den Ausgesteuerten zu zählen, werkten die sozialdemokratischen Fachkräfte des »Vorwärts« also ab 1934 bei der Herstellung jener Produkte, die den Ständestaat als einzig wahre Gesellschaftsordnung priesen. Einige traten auch der Vaterländischen Front bei, einer Sammelbewegung des Ständestaates, die durch Unterorganisationen den politischen Willen der Bevölkerung formte. Das schadete schließlich nicht bei Beförderungen. Das Gros der Arbeiter aber ging in die innere Emigration. Es fehlte auch nicht an Demütigungen: Engelbert Dollfuß war am 25. Juli 1934 bei einem Naziputsch ermordet worden. Zum Jahrestag ein Jahr darauf mussten sich die Mitarbeiter des »Vorwärts« im Innenhof zu einer Trauerkundgebung versammeln: »Trauer für den Arbeitermörder Dollfuß, das war für uns eine schlimme Demütigung«, erinnerten sich einige Teilnehmer noch Jahre später.

Für Bruno Kreisky war der »Vorwärts« ein geradezu mythischer Ort. Im ersten Band seiner Memoiren berichtet er, wie enttäuscht er war, als er am 12. Februar 1934, als die bewaffneten Auseinandersetzungen begannen, zum »Vorwärts« marschierte und dort die Tore geschlossen fand. Die Schutzbündler hatten die Parteizentrale geräumt. Wie viel dieses Gebäude Bruno Kreisky bedeutete, erhellt eine Episode aus dem Jahr 1967. Nach seiner Wahl zum Parteivorsitzenden der SPÖ fuhr Kreisky von der Stadthalle nicht in die Löwelstraße, wo die Parteizentrale seit 1945 untergebracht war, sondern in den »Vorwärts«. Er steuerte auf das Zimmer zu, in dem früher das Idol seiner Jugend, der intellektuelle Führer der österreichischen Sozialdemokratie Otto Bauer, gesessen war. *AZ*-Chefredakteur Franz Kreuzer arbeitete dort nach seinem Leitartikel noch an einer Glosse. Kreisky grüßte und trat schnurstracks an Kreuzer vorbei in den kleinen Nebenraum, in dem einst

Zwei Trauerkundgebungen im Innenhof des »Vorwärts«, wie sie unterschiedlicher nicht sein können. Das obere Bild zeigt die Trauerfeier für den langjährigen Chefredakteur der *Arbeiter-Zeitung* Oscar Pollak und dessen Frau Marianne Anfang September 1963. Das untere Bild zeigt die Trauerkundgebung anlässlich des ersten Jahrestages der Ermordung von Engelbert Dollfuß am 25. Juli 1935, zu der die Belegschaft genötigt wurde.

Otto Bauer gesessen war, wenn er seine Artikel geschrieben hatte. Zur Erinnerung hing dort ein großes Bild von Otto Bauer in einem dunklen Silberrahmen. Kreisky blieb allein im Raum, stand etwa fünf Minuten vor dem Bild seines Vorbilds. Franz Kreuzer hat diesen Besuch Kreiskys so interpretiert: »Er, der immer Chefredakteur der *Arbeiter-Zeitung* und Parteiführer werden wollte, fühlte sich als Weiterführer von Otto Bauers Werk und erwies ihm seine Referenz«.

Als ich 1956 im »Vorwärts« meine Arbeit begann, erzählten die älteren Setzer hin und wieder von den historischen Ereignissen. Die jüngere Generation war gar nicht so politikbewusst, wie man es in diesem ehrwürdigen Haus erwarten konnte. Natürlich waren alle Mitglieder der SPÖ. Aber große politische Diskussionen fanden nicht statt – außer, wenn es um den Februar 1934 ging. Da hatten auch die Jüngeren von ihren Eltern einiges mitbekommen.

Mein Wechsel von der kleinen Druckerei im nördlichen Weinviertel in den Vorwärts-Verlag in Wien war wie der Umstieg von einem kleinen Ruderboot in einen Ozeandampfer. Die Belegschaft in meinem Lehrbetrieb bestand aus dem Druckereibesitzer, einem Gehilfen und mir. Der »Vorwärts« hatte damals mehr als 700 Beschäftigte und war neben Waldheim-Eberle, wo die Tageszeitungen *Kurier* und *Neues Österreich* gedruckt wurden, die größte Druckerei Österreichs. Neben der täglichen *Arbeiter-Zeitung* wurden noch zahlreiche Wochenzeitungen hergestellt: Die niederösterreichischen Bezirks-Wochenblätter, *Welt am Montag*, die im Tiefdruck hergestellten Illustrierten *Bilderwoche* sowie *Funk und Film* und *Das Kleine Blatt* mit einer Auflage von mehreren Hunderttausend Exemplaren. Dazu kamen zahlreiche Publikationen der verschiedenen Teilorganisationen der SPÖ.

Die damals übliche Herstellung erfolgte im Bleisatz. Die in Blei gegossenen Zeilen und Buchstaben wurden in der Setzerei zu Seiten zusammengefügt, von einem sogenannten

Auch nach seiner Wahl zum Parteivorsitzenden besuchte Kreisky oft den »Vorwärts« wie hier 1968, als er sich von Metteuren die Herstellung der *Arbeiter-Zeitung* im damals üblichen Bleisatz erklären ließ.

Metteur, wie diese Setzer genannt wurden. Das machte die Anwesenheit eines Redakteurs beim Umbruch, wie das Zusammenstellen der Seiten genannt wurde, notwendig. Die Bleilettern waren natürlich in Spiegelschrift, sodass der Redakteur erst nach einem Probeabzug Korrektur lesen konnte. Das geschah meist an Ort und Stelle, also in der Setzerei. So lernte man als Setzer die Redakteure näher kennen. Ich wurde als Metteur der Wochenzeitung *Heute* zugeteilt, deren Chefredakteur war Heinz Brantl, der danach Wahlkampfmanager der SPÖ wurde. Mitarbeiter bei *Heute* waren unter anderem Günther Nenning, künftiger langjähriger Vorsitzender der Journalistengewerkschaft, der spätere Geschäftsführer des Institutes für Empirische Sozialforschung (IFES) Ernst Gehmacher, Siegfried Kogelfranz, später Ressortleiter Außenpolitik beim *Spiegel*, und Kurt Kahl, einige Jahre später Kulturchef bei der

Tageszeitung *Kurier*. Der junge Erich Sokol steuerte seine ersten Karikaturen bei.

Gleich neben meinem Arbeitsplatz redigierte der aufstrebende Jungstar der SPÖ Peter Strasser die Abzüge, Peter Schieder werkte beim Umbruch von *Trotzdem*, der Zeitung der Sozialistischen Jugend. Auf der anderen Seite kümmerten sich Marianne Pollak und Anneliese Albrecht, später Staatssekretärin, um die Wochenzeitung *Die Frau*, die damals eine hohe Auflage hatte. Schräg gegenüber war das Reich des »Alten«, wie der Chefredakteur der *Arbeiter-Zeitung* Oscar Pollak von den Metteuren ehrfurchtsvoll genannt wurde. Er las die Zeitung vor dem Druck von der ersten bis zur letzten Seite.

Oscar Pollak war in seinem ganzen Auftreten ein Herr. Kein Setzer erlaubte sich ihm gegenüber das übliche Genossen-Du. Er war der »Herr Doktor«, wenn überhaupt jemand ihn als Genosse ansprach, dann per Sie. Pollak leistete sich einmal in der Setzerei einen Eingriff, der in die Annalen der österreichischen Zeitungsgeschichte einging. Er entdeckte beim Umbruch auf der Seite ein Inserat des gewerkschaftseigenen Nahversorgers Konsum, in dem für ein alkoholisches Getränk geworben wurde. Pollak zum Metteur: »Das stellen Sie hinaus!«. Der Metteur ungläubig: »Wirklich, Herr Doktor?« Pollak bestimmt: »Das stellen Sie hinaus!« Am nächsten Tag revoltierte die Anzeigenabteilung. Die *Arbeiter-Zeitung* war schließlich nicht mit Inseraten gesegnet. Schließlich gab Pollak nach, das Inserat erschien am nächsten Tag, aber Pollak schrieb dazu einen Kommentar und riet mit dem Hinweis auf das Inserat von Alkoholkonsum ab, indem er an ein Wort von Victor Adler erinnerte: »Der denkende Arbeiter trinkt nicht, der trinkende Arbeiter denkt nicht!«

Von dieser Aktion Pollaks wurde noch lange im »Vorwärts« erzählt, jedenfalls mehr als über seine Leitartikel. Die *Arbeiter-Zeitung* kam mit ihrem intellektuellen Zuschnitt immer weniger an die Arbeiter heran. Pollak war ein konservativer Zeitungsmacher, für den Bilder in einer Zeitung überflüssig waren. Die von ihm verächtlich genannte »Bilderlpresse« in Form der *Kronen-Zeitung* fand bei SPÖ-Mitgliedern allerdings immer mehr Zuspruch. Es hatte schon in den 1950er-Jahren die Idee gegeben, die gut gehende SPÖ-Wochenzeitung *Das Kleine Blatt* täglich herauszugeben. *Das Kleine Blatt* war schon in der Zwischenkriegszeit als Tageszeitung erschienen, verbreitete sozialdemokratische Politik volksnäher als die *Arbeiter-Zeitung* und hatte eine Auflage von 160 000 Exemplaren. Oscar Pollak war gegen ein Wiederaufleben des kleinformatigen Blattes als Tageszeitung, weil er fürchtete, dass die *Arbeiter-Zeitung* damit Leser verlieren würde. Pollaks Einfluss in der Partei war sehr viel größer, als man bei einem Chefredakteur des Parteiorgans vermuten würde. Er war schon vor 1933 Chefredakteur gewesen und hatte dann in der Emigration eine herausragende Rolle gespielt, als er gemeinsam mit Karl Czernetz in London eine Gruppe von österreichischen Exil-Sozialisten leitete.

Ich glaube nicht, dass *Das Kleine Blatt* als kleinformatige Tageszeitung gegen die anderen Boulevard-Zeitungen am Markt hätte lange bestehen können. Meine persönlichen Erfahrungen sprechen dagegen. Als sich die *Kronen-Zeitung* immer häufiger auf die Wiener Stadtregierung einschoss und vor allem Vizebürgermeister Felix Slavik als Zielscheibe auswählte, gründete die Wiener SPÖ 1967 die kleinformatige *Neue Zeitung*, was mir den Wechsel vom Korrektorenjob im »Vorwärts« in die Redaktion dieser Zeitung ermöglichte. Felix Slavik formulierte als einziges Ziel der Neugründung: »Ihr sollt der *Kronen-Zeitung* schaden!« Die junge Redaktion versuchte, die *Kronen-Zeitung* mit reißerischen Kriminalgeschichten zu überbieten. Daraufhin beschwerten sich einige Funktionäre der Wiener SPÖ, weil ihnen das zu weit ging. Da uns auch der Kampagnen-Journalismus, wie er von *Krone*-Chef

Hans Dichand forciert wurde, nicht zu Gebote stand, blieb der Schaden für die *Kronen-Zeitung* begrenzt. Die Auflage der *Neuen Zeitung* erreichte nie nennenswerte Höhen und wurde 1971 eingestellt. Die Lehre aus dieser Geschichte: Eine Partei, die anständig bleiben will, kann keine Boulevard-Zeitung herstellen, die mit Appellen an die niedrigen Instinkte der Menschen ihre Mitbewerber am Boulevard übertrumpfen will.

Als Oscar Pollak 1963 einem Herzinfarkt erlag, verübte seine Frau zwei Tage später Selbstmord, weil sie ohne ihren Mann nicht mehr leben wollte. Das Ehepaar Pollak bekam ein sozialdemokratisches »Staatsbegräbnis«. Die Särge der beiden Toten wurden im Hof des »Vorwärts« aufgebahrt. Die gesamte Belegschaft versammelte sich im Hof, außer der Parteiprominenz war auch Bundespräsident Adolf Schärf gekommen. Die Trauerrede hielt SPÖ-Zentralsekretär Otto Probst. Später sagte mir ein Kollege: »Das war ein Gemeinschaftsgefühl, wie ich es zuletzt vor 1933 erlebt habe!« Der alte Parteigenosse spielte damit auf jene Zeit an, als die Sozialdemokratie in Österreich für alle Lebensbereiche eigene Vereine geschaffen hatte – in bewusstem Gegensatz zu bürgerlichen Organisationen, auch weil letztere oft durch hohe Mitgliedsbeiträge Arbeiter fernhielten. Konsum, ASKÖ, ARBÖ, Arbeiter-Sängerbund, ja selbst für Briefmarkensammler und Fischer gab es eigene Vereine. Als Gegenstück zum Alpenverein, der deutschnational ausgerichtet war und außerdem einen Arierparagrafen in seinen Statuten hatte, gab es die Naturfreunde. All das wurde der Arbeiterschaft durch das Dollfuß-Regime geraubt, die Arbeiter verloren damit ein Stück Heimatgefühl.

Der »Vorwärts« war ein sehr sozialer Betrieb. Die Arbeitszeit war kürzer als in anderen Betrieben. Die *Arbeiter-Zeitung* ging schließlich nicht nur am Leserschwund zugrunde, sondern auch an der viel zu teuren Herstellung. Ein Maschinensetzer musste in der Stunde 90 Zeilen setzen, also in acht Stunden 720 Zeilen. Ein guter Setzer schaffte aber 200 Zeilen in der

Stunde. Nach vier Stunden war damit die Arbeit getan und er konnte nach Hause gehen. Auch an den Rotationsmaschinen stand lange viel zu viel Personal. Die damaligen Druckmaschinen schafften in einer Nacht nicht mehr als 100 000 Zeitungen. Da die *Arbeiter-Zeitung* aber in ihrer Blütezeit nach 1945 bis zu 200 000 Zeitungen verkaufte, mussten zwei Rotationsmaschinen in Betrieb genommen werden. Diese wurden noch jahrelang in Betrieb gehalten, obwohl die *Arbeiter-Zeitung* nur noch 80 000 Zeitungen verkaufte. Erst nach langen Verhandlungen mit dem Betriebsrat wurde eine Maschine stillgelegt und damit ein Dutzend Arbeitsplätze eingespart.

In den 1970er-Jahren wurde auch Parteifunktionären klar: Der »Vorwärts« produzierte zu teuer. Eine Reihe von SPÖ-Organisationen wechselte mit ihren Publikationen zu privaten Druckereien, die billigere Angebote machten. Die *AZ*, wie die *Arbeiter-Zeitung* seit einigen Jahren in der Kurzformel hieß, wurde bis 1985 im »Vorwärts« gedruckt, dann 1989 verkauft, womit sie auch den Status als Zentralorgan der SPÖ verlor. Das war aber zu spät, um eine linke Tageszeitung, die nicht unter Kuratel der Parteiführung stand, am Markt etablieren zu können. 1991 wurde die *AZ* schließlich eingestellt. Die stark verschuldete SPÖ musste schließlich den großen Gebäudekomplex des »Vorwärts« verkaufen. Der sozialistisch geführte Betrieb konnte sich in einem kapitalistischen Umfeld nicht behaupten. Vom »Vorwärts«, einst Zentrum der österreichischen Sozialdemokratie, blieb nur noch die Fassade. Sie wurde unter Denkmalschutz gestellt. Dahinter blieben noch einige Räume erhalten, die den Verein für Geschichte der Arbeiterbewegung und das Kreisky-Archiv beherbergen. So blieb wenigstens die Dokumentation des Wirkens von Bruno Kreisky an jenem Ort, der ihm so viel bedeutet hatte.

BEI DEN SOZIALISTISCHEN STUDENTEN

1965 legte ich nach vier Jahren Abendstudium am Gymnasium für Berufstätige die Maturaprüfung ab. Anschließend entschied ich mich, Rechtswissenschaften zu studieren – nicht aus Neigung, sondern weil dies das einzige Studium war, das man nebenberuflich einigermaßen bewältigen konnte. Dass ich der Studentenvereinigung der SPÖ beitrat, war für mich selbstverständlich. Als ich 1965 beim VSStÖ auftauchte, war gerade ein Machtwechsel von den Rechten zu den Linken im Gange. Es ging dabei um den Führungsanspruch zwischen jenen, die sich als traditionelle Sozialdemokraten sahen, und jenen, die von einer mehr oder weniger radikalen sozialistischen Umgestaltung der Gesellschaft träumten.

Ich war bereits 27 Jahre alt, als ich zu den Studenten stieß, hatte einschließlich Lehrlingszeit 13 Jahre Berufserfahrung und ein hartes Abendstudium hinter mir. Ich empfand vieles, was da an marxistischen Theorien diskutiert wurde, als weltfremd, ließ mich aber von der Stimmung hinreißen und gab den Linken meine Stimme. Als Obmann der Linken wurde mit meiner Stimme Peter Kreisky zum Obmann des Wiener VSStÖ gewählt. Als eloquente Debattenredner für die Linken sind mir in Erinnerung: Norbert Rozsenich, später Präsident von Forschung Austria, Peter Kowalski, Sektionschef im Sozialministerium, sowie der langjährige Abgeordnete im National- und Bundesrat Albrecht K. Konecny. Verbandssekretär der SPÖ-Studenten war Erich Schmidt, später Landwirtschaftsminister. Auch der spätere Nationalbankgouverneur Ewald Nowotny engagierte sich für die Linken. Alle Genannten haben in ihren späteren Funktionen gute Arbeit geleistet, den revolutionären Elan der Studentenzeit konnten sie aber kaum in ihre Funktionen hinüberretten. Für alle gilt mehr oder weniger, was der einst linke Grünpolitiker und spätere deutsche

Außenminister Joschka Fischer sagte: »Die Verwandlung des Amtes durch den Menschen dauert etwas länger als die Verwandlung des Menschen durch das Amt.«

Damals träumten die Wortführer im VSStÖ von der revolutionären Einheit zwischen Arbeitern und Studenten. Schon der erste Versuch, diese Einheit herzustellen, schlug fehl. Die Raxwerke in Wiener Neustadt standen vor der Schließung beziehungsweise Teilprivatisierung, und die dortigen Arbeiter drohten mit Streik. Im Büro der SPÖ-Studenten wurden Flugzettel hergestellt, in denen für eine Arbeiterselbstverwaltung der Raxwerke plädiert wurde. Eine gemeinsame Delegation von VSStÖ und Sozialistischen Mittelschülern machte sich auf den Weg nach Wiener Neustadt. Schon vor dem Fabriktor wurde diese von den Arbeitern abgewiesen. Die wollten von den revolutionären Phrasen nichts wissen. Die zurückgekehrten Studenten empörten sich: »Die Arbeiter haben überhaupt kein Klassenbewusstsein!« Die Arbeiter im »Vorwärts«, obwohl alle Mitglieder der SPÖ, waren auf die Studenten auch nicht gut zu sprechen. Im Vordergrund stand für diese die nächste Lohnerhöhung und nicht eine revolutionäre Umgestaltung der Gesellschaft.

Herbert Marcuse, der damals von den Studenten verehrte deutsch-amerikanische Soziologe, hatte es vorhergesehen. Mit der revolutionären Potenz der Industriearbeiterschaft sei nicht zu rechnen, weil sie von »repressiver Toleranz« umnebelt seien, wie er in seinem Buch *Der eindimensionale Mensch* erklärte. Den Studenten komme daher die Führungsrolle innerhalb der revolutionären Intelligenz zu. Man las viel in dieser Zeit, von Marx bis Gramsci, von Sartre bis Adorno. Letzterer kam dann auch auf Einladung des VSStÖ im April 1967 nach Wien, um an der Universität einen Vortrag über neue Aspekte des Rechtsradikalismus zu halten. Anlass waren die erstaunlichen Wahlerfolge der NPD, die in Deutschland in mehrere Landesparlamente einzog. Einiges von Adornos Analyse trifft auch auf das heutige Erstarken der Rechten zu.

Absolutes Feindbild war für die linken Studenten Karl Popper. Besonders ein Werk hatte es ihnen angetan: *Die offene Gesellschaft und ihre Feinde*. Popper wendet sich darin gegen geschlossene Systeme und Ideologiekonstruktionen. Als positives Gegenbild zu diesen »geschlossenen Gesellschaften« entwirft Popper eine »offene Gesellschaft«, die nicht am Reißbrett geplant ist, sondern sich pluralistisch in einem fortwährenden Prozess von Verbesserungsversuchen und Irrtumskorrekturen evolutionär fortentwickelt. Bruno Kreisky hat das genauso gemacht. Die Demokratisierung der Gesellschaft hat er als permanenten Prozess gesehen. Es war dies ein evolutionäres Konzept im Gegensatz zum revolutionären Entwurf der linken Studenten. Kreisky gelang mit seinem Ansatz das, was den Studenten verwehrt blieb: eine Einheit von Intellektuellen und Arbeitern, zumindest in der Wahlkabine. Nie wieder nachher hat die SPÖ diese beiden Gruppen so hinter sich versammeln können wie unter Kreiskys Parteivorsitz.

Die Entfremdung zwischen der SPÖ und ihrer Studentenorganisation erreichte 1968 ihren Höhepunkt, als die Parteijugend die Maifeier der SPÖ am Wiener Rathausplatz störte. Kreisky war wütend und verlangte eine Entschuldigung, widrigenfalls der VSStÖ aus der Partei ausgeschlossen werde. Der VSStÖ kroch zu Kreuze, 13 Funktionäre verließen daraufhin den VSStÖ und gründeten eine eigene linke Gruppe. Es war dies der Beginn weiterer Spaltungen. Das Verhältnis des VSStÖ zur Mutterpartei blieb weiter angespannt. Kreisky drohte vor allem mit Konsequenzen, wenn die Parteijugend gemeinsame Aktionen mit kommunistischen Jugendorganisationen durchführte. Es kam auch mehrmals zur Sperre der finanziellen Unterstützung. Auch wenn Kreisky mit den SPÖ-Studenten immer wieder in Konflikt geriet, die 68er-Bewegung hat – trotz ihrer zeitweiligen Entartungen – wahrscheinlich den Weg für die Erfolge der Sozialdemokratie in Westeuropa erleichtert. Begonnen hat diese Bewegung schon Anfang der 1960er-Jahre in den USA mit den Protesten der Afroamerikaner gegen ihre Unterdrückung und setzte sich fort mit den Demonstrationen gegen den Vietnamkrieg. Die Proteste schwappten schließlich nach Europa über und hatten zunächst in Paris 1968 ihren Höhepunkt. Von da kam die Bewegung über Deutschland auch nach Österreich – mit Verspätung und in abgeschwächter Form. Der Kampf gegen falsche Autoritäten, für Mitbestimmung, für sexuelle Freiheit, für das Aufbrechen alter Strukturen half sicherlich mit, den Boden für den Machtwechsel zur Sozialdemokratie zu bereiten. 1967 brach ich das Studium ab und trat in die Redaktion der *Neuen Zeitung* ein. Damit war auch meine Mitgliedschaft bei den SPÖ-Studenten zu Ende.

DER NIEDERGANG DER *ARBEITER-ZEITUNG*

Kurz nach Antritt der Minderheitsregierung Kreisky im Jahr 1970 wechselte ich von der *Neuen Zeitung* zum Zentralorgan der SPÖ, der *Arbeiter-Zeitung*. Der SPÖ ging es gut, der *AZ* immer schlechter. Die Auflage sank unaufhörlich. In Verkennung der wahren Ursachen ortete die Redaktion die Schuld beim schlechten Vertrieb und mangelnder Werbung und ersuchte bei Kreisky um einen Termin. An einem Sonntagnachmittag um 15 Uhr empfing Kreisky eine kleine Gruppe von *AZ*-Redakteuren einschließlich meiner Wenigkeit im Garten seiner Villa in der Armbrustergasse. Kreisky saß in der Hollywood-Schaukel, die *AZ*-Redakteure auf Sesseln rund um den Vorsitzenden. Er habe den ganzen Nachmittag Zeit, kündigte

Kreisky an, für 19 Uhr habe er einen Theaterbesuch geplant. Er habe diesen Besuch Olive Moorefield versprochen, einer damals in Wien sehr bekannten aus den USA stammenden Sängerin. Auf dem Programm stand das Stück *Aufstieg und Fall der Stadt Mahagonny* von Bert Brecht. Bevor wir unser Anliegen vorbringen konnten, hielt uns Kreisky ein politisches Referat über die Situation der Partei. Er bewertete jeden einzelnen der Landesparteivorsitzenden, hatte dieses oder jenes auszusetzen. Dann kamen die Minister dran, mit einigen Einwänden, aber überwiegend doch positiv bewertet. Als Kreisky auf Hannes Androsch zu sprechen kam, änderten sich Tonfall und Körpersprache. Er sprach so, wie ein Vater über seinen geliebten Sohn spricht: als hoffnungsvollen Nachwuchs. Das sollte sich ändern, als Kreisky den aufstrebenden, in der Partei sehr beliebten Finanzminister nicht mehr als Nachwuchshoffnung, sondern als Konkurrenten wahrzunehmen glaubte. Bei unserem Gespräch mit Kreisky im Jahr 1973 war das Verhältnis zwischen den beiden offensichtlich noch ungetrübt.

Nach eineinhalb Stunden hatte Kreisky alle Spitzenpolitiker der SPÖ bewertet und wir hatten noch immer nicht darüber gesprochen, was der Redaktion unter den Nägeln brannte. Kreisky kam dann noch auf seinen bevorstehenden Theaterbesuch des Brecht-Stückes zu sprechen: »Hab' ich euch schon erzählt, wie ich in Schweden Bertold Brecht getroffen habe?« In Erwartung spannender Gespräche zwischen dem Kommunisten Brecht und dem Sozialdemokraten Kreisky hörten wir zu. Kreisky holte weit aus und berichtete zunächst von seiner Reportertätigkeit für eine schwedische Zeitung über den sowjetisch-finnischen Winterkrieg. Da habe er übrigens auch den finnischen Nobelpreisträger für Literatur getroffen: »Wie hieß der noch?«, fragte sich Kreisky selbst, in seiner Erinnerung kramend. Der gebildete *AZ*-Redakteur Günter Traxler half aus: »Sillanpää!« Es war dies in den ersten zwei Stunden das erste Mal, dass Kreisky in seinem Redefluss kurz innehielt. Danach verharrte Kreisky noch eine Stunde im finnischen Winterkrieg. Brecht hatte er noch immer nicht getroffen. Uns *AZ*-Redakteuren rann die Zeit davon, da der Beginn des Theaterabends näher rückte. Schließlich erzählte Kreisky, er habe nach seiner Rückkehr nach Österreich erfahren, dass Brecht im selben Haus wie er gewohnt hatte: »Das muss der kleine Stoppelglatzige gewesen sein, mit dem ich ein paar Mal im Aufzug gefahren bin.« Also keine Diskussion mit Brecht. Das war die erste Enttäuschung des Nachmittags.

Während unseres Gesprächs, das eigentlich ein Monolog Kreiskys war, wurden Kaffee und Kuchen serviert. Das Wetter war schön, die beiden Boxerhunde Kreiskys tollten im Garten herum und drängten sich öfter unter unsere Runde. Besonders zudringlich war Wastl, der Rüde. Er hinterließ auf meinen Anzug ein paar Speichelspuren, was mir nicht sehr gefiel, schließlich hatte ich für den Besuch beim Parteivorsitzenden meinen schönsten Anzug hervorgeholt. Ich versuchte zunächst unauffällig den Rüden abzudrängen, was mir nicht gelang. Also blieb mir nichts anderes übrig, als etwas nachdrücklicher zu sein, und meinem Abwehrversuch auch verbal Nachdruck zu verleihen. Ich erinnere mich nicht mehr genau, was ich dem Hund zugezischt habe. Kreisky unterbrach daraufhin seinen Monolog und warf mir einen strafenden Blick zu. Ich hätte mir das nicht gemerkt, wenn Kreisky sich nicht später einmal über einen jungen *Presse*-Redakteur beschwert hätte, der sich eines der beiden Boxer nur mit einem Fußtritt erwehren konnte. Kreisky rief am nächsten Tag in der *Presse*-Reaktion an und wollte wissen, wer dieser Redakteur sei. Die Auskunft, dass es sich dabei um einen guten Redakteur handle, befriedigte Kreisky nicht ganz: »Guter Redakteur? Kann ja sein, aber er kann kein guter Mensch sein, so wie der meine Hunde behandelt hat!« Die publizierte Behauptung, dass mein Zwischenfall mit Kreiskys Hund die Quelle für Kreiskys spätere Abneigung zu mir war, ist natürlich Unsinn, denn es folgten in den Jahren danach noch einige Einladungen in Kreiskys Villa zu abendlichen Gesprächen mit Journalistenrunden. Die spätere Abneigung Kreiskys mir gegenüber hatte ganz andere Gründe, dazu später.

Wir saßen nun schon drei Stunden im Garten in der Armbrustergasse, und wir hatten immer noch nicht darüber gesprochen, warum wir überhaupt gekommen waren. Ab 18 Uhr kam Kreiskys Frau Vera in Abständen von 15 Minuten in den Garten, um ihren Mann daran zu erinnern, dass es Zeit sei, sich für den Theaterbesuch umzuziehen. Da war Kreisky aber noch im finnischen Winterkrieg. 15 Minuten vor Beginn der Vorstellung saß Kreisky noch immer in leichter Sommerkleidung im Garten. Da war klar, dass ein rechtzeitiges Eintreffen nicht mehr möglich war. Kreiskys Antwort an seine drängende Frau: »Den ersten Akt lassen wir aus. Der ist eh fad!« Vera Kreisky hatte es nicht leicht mit ihrem egozentrischen Mann.

Der Termin bei Kreisky näherte sich dem Ende. Keiner der arrivierteren Redakteure wagte es, Kreiskys Erzählungen zu unterbrechen. Schließlich nahm ich mir ein Herz, unterbrach Kreisky und erinnerte daran, dass wir aus Sorge über die sinkende Auflage der *AZ* um eine Aussprache gebeten hatten. Nach kurzem Nachdenken glaubte Kreisky eine gute Idee zu haben: »Man müsste die *AZ* an der Adria in den italienischen Badeorten verschenken. Da gewöhnen sich die Leute daran und lesen sie auch zu Hause.« Dieser hanebüchene Vorschlag verursachte einen frühen Knick in meiner Verehrung für den großen Vorsitzenden. Rückblickend betrachtet hatte sich Kreisky wahrscheinlich in den Monolog geflüchtet, weil er auch nicht wusste, wie man der *AZ* helfen konnte. Als medienbewusster Politiker wusste er, dass man mit Parteizeitungen allein keine Wahlen gewinnt.

Der Niedergang der *AZ* hatte natürlich ganz simple Ursachen. Die Zeitung hatte mit dem Erreichen der Regierungsmacht ihre Aufgabe als Kampforgan der Arbeiterbewegung verloren. Wir erhielten von Kreisky mehrmals die Aufforderung, kritisch mit den anderen Zeitungen umzugehen, mit den sogenannten »Unabhängigen«, wie es damals im Sprachgebrauch der SPÖ hieß. Dieselben Zeitungen, die wir kritisieren sollten, erhielten dann von Kreisky, aber auch anderen Regierungsmitgliedern, Exklusivstorys zugesteckt. Auf dem Heimweg von Kreiskys denkwürdigem Gespräch kaufte ich die Abendausgabe des *Kurier*, der wieder einmal neueste Pläne der Regierung veröffentlichte, die wir in der *AZ*-Redaktion zwar wussten, aber nicht schreiben konnten, weil sie noch nicht offiziell beschlossen waren.

Die offene Art Kreiskys im Umgang mit »bürgerlichen« Zeitungen brachte ihm zeitweise eine gute Presse, die manchmal sogar über das hinausging, was SPÖ-Zeitungen leisten konnten oder wollten. Durch Zutritt zu diversen Parteigremien war man als *AZ*-Redakteur gut informiert, aber an die Vertraulichkeit der Sitzungen gebunden. Es war zutiefst frustrierend, dass man die Storys, die man selber nicht schreiben durfte, in anderen Zeitungen lesen musste. Ein Beispiel: Chefredakteur Manfred Scheuch, der auch Zutritt zu den Ministerratsvorbesprechungen hatte, kam an einem späten Nachmittag in die Redaktion und erzählte, dass Außenminister Rudolf Kirchschläger über die bevorstehende Anerkennung Nordvietnams durch Österreich berichtet hatte. Das war eine Sensation, da vorher nur Schweden Hanoi anerkannt hatte. Ich plädierte für Veröffentlichung, doch Scheuch fühlte sich an die Vertraulichkeit gebunden. Die Abendausgabe des *Kurier*, die wir uns täglich von einem Boten kommen ließen, hatte freilich als Aufmacher: »Österreich anerkennt Hanoi!« Wir brachten diese Topnachricht dann in die Spätausgabe. Das Gros der Auflage war allerdings schon ausgeliefert.

Einmal wollte sich die Redaktion aus den Zwängen, die eine Parteizeitung unweigerlich hatte, befreien und glaubte, dies könnte durch ein Redaktionsstatut geschehen. Einige Redakteure gaben sich viel Mühe, ein derartiges Statut auszuarbeiten. Chefredakteur Scheuch ging damit in den Parteivorstand und kam mit der Nachricht in die Redaktion, das Statut sei genehmigt worden, allerdings mit dem Zusatz: »Die Richtung der *Arbeiter-Zeitung* wird durch den Parteivorstand festgelegt.« Mit diesem Satz war das Redaktionsstatut faktisch nichts wert. Die SPÖ war damals nicht bereit, der *AZ* die Freiheiten zu gewähren, die jene Zeitungen hatten, die von ÖVP-Vorfeldorganisationen finanziert wurden.

Das finanzielle Defizit der *Arbeiter-Zeitung* wurde außer von der Bundespartei noch von Teilorganisationen der SPÖ, unter anderem den Landesorganisationen von Wien und Niederösterreich, abgedeckt. Auch die SPÖ-Fraktion des ÖGB leistete einen Beitrag. Die Finanziers waren meist unzufrieden mit der Berichterstattung. Die Berichte über Nationalratssitzungen waren damals in allen Zeitungen sehr umfangreich; da wurden oft Wortmeldungen von mehr als einem Dutzend Rednern zitiert. Natürlich wollten sich die SPÖ-Abgeordneten gedruckt sehen, gewissermaßen als Tätigkeitsnachweis für ihren Wahlkreis. Die Wortmeldungen der SPÖ-Abgeordneten wurden in der *Arbeiter-Zeitung* immer positiv dargestellt, die der Opposition als wenig überzeugend. Dringliche Anfragen der ÖVP waren in der Regel »Rohrkrepierer«. Nach einer redaktionsinternen Reformdiskussion wollten wir eine objektivere Wiedergabe der Debatten im Nationalrat anpacken, Fotos sollten nicht nur von SPÖ-Abgeordneten, sondern auch von den Hauptrednern der Opposition ins Blatt gerückt werden. Das geschah nur einmal. Nach einem Proteststurm im SPÖ-Klub kehrten wir wieder zum alten Modus zurück: Die SPÖ-Abgeordneten waren immer die mit den besseren Argumenten – und mit Fotos.

Die Arbeit in der *AZ* wurde immer frustrierender. Ich sah dort keine journalistische Zukunft mehr und wechselte 1975 in den ORF. Schon bei einem meiner ersten Einsätze im ORF fühlte ich mich bestätigt: Bei einer Regierungsklausur wurde unter anderem eine kräftige Erhöhung der Mineralölsteuer beschlossen. Die *AZ* titelte folgerichtig »Benzin um 1 Schilling teurer«. Die Ausgabe wurde rechtzeitig zum Abendessen angeliefert. Kreisky bekam einen roten Kopf, als er die Schlagzeile sah. Er belehrte die anwesenden *AZ*-Redakteure, dass man das den Menschen ganz anders nahebringen müsste. Schließlich dienten die Mehreinnahmen einem verbesserten Umweltschutz. Am nächsten Tag erschien die *AZ* mit einer geänderten Schlagzeile: »Reines Wasser, reine Luft«. Im Kleingedruckten erfuhren die Leser dann, dass Benzin teurer wurde. Da wusste ich, dass ich nie wieder bei einer Parteizeitung arbeiten wollte.

Kreiskys Weg ins Kanzleramt

KREISKY IM GEFÄNGNIS

»Mir ist ein anständiger Nazi lieber als so ein falscher Christlich-Sozialer!« Dieser Satz Kreiskys in den 1970er-Jahren verstörte überlebende Opfer des Nationalsozialismus, und nicht nur diese. Diese Äußerung kann man nur verstehen, wenn man weiß, wie tief verletzt sich Kreisky durch das diktatorische Regime des Ständestaates fühlte.

Nach dem Verbot der Sozialdemokratie infolge des Februar-Aufstandes 1934 betätigte sich Kreisky in der Jugendorganisation der Revolutionären Sozialisten. Als Vertreter dieser Organisation nahm Kreisky 1935 im tschechischen Brünn an einer Konferenz teil, bei der über das weitere Vorgehen in der Illegalität beraten werden sollte. Der junge Kreisky wurde nach seiner Rückkehr verhaftet und des Hochverrats angeklagt. Kreisky hielt sich im Prozess tapfer, worüber vor allem die britische Presse ausführlich berichtete. Kreisky wurde schließlich im März 1936 zu einem Jahr schweren Kerker verurteilt. Kreisky war am 30. Jänner 1935 verhaftet worden und in Polizeihaft in die Rossauer Kaserne gekommen. Erst vier Monate später, am 30. Mai 1935, kam er formell in Untersuchungshaft und wurde in die Hafträume des Landesgerichts überstellt. Vier Monate Polizeihaft wurden ihm nicht angerechnet, Kreisky saß also insgesamt 16 Monate im Gefängnis. Die Zelle musste er lange Zeit mit einem Kommunisten und einem Nationalsozialisten teilen. Der sogenannte Ständestaat sperrte also die Sozialdemokraten, die die von Dollfuß beseitigte Demokratie wiederherstellen wollten, gemeinsam in eine Zelle mit jenen, die die Demokratie ganz beseitigen wollten. Das war in höchstem Maße kurzsichtig und insofern verhängnisvoll, als das lange Zusammenleben in einer engen Zelle zwangsläufig persönliche Bindungen erzeugte.

Erst 2009 wurde das Tagebuch, das Kreisky in der Haft verfasste, veröffentlicht. Für Historiker sind Tagebücher in der Regel aufschlussreicher als Memoiren, weil sie das unmittelbare Erleben – die Gefühle, Gedanken und Reflexionen – stärker vermitteln als die spätere Wiedergabe. Kreisky musste die für eine Person gedachte Zelle mit zwei anderen Häftlingen teilen. Das Zusammenleben mit fremden Menschen auf engstem Raum war für den an ein gutbürgerliches Leben gewohnten jungen Mann eine starke Belastung. Drei Personen auf acht Quadratmetern – dazu braucht man eine bestimmte Überlebensstrategie. Kreisky schuf sich diese durch Schreiben und Lesen.

Das Tagebuch begann Kreisky erst am 150. Tag seiner Verhaftung, nach seiner Überstellung in die Zelle des Landesgerichts. Das Heftchen hatte er sich selbst angefertigt. Es war in der Haft nicht so einfach, zu Papier zu kommen. Aufzeichnungen wurden ja als subversiver Akt betrachtet. In seinem ersten Eintrag spricht er sich Mut zu: »Ich muss Optimist bleiben, auch hier drinnen. Wenn's auch noch so schwer wird. Ich darf meiner Lebenshaltung nicht untreu werden. Das bin ich mir schuldig, und vor allem aber all denen, die an mich glauben. Hat ein Schwimmer, wenn er Wasser in den Mund bekam, aufgehört zu schwimmen, nein, er wollte ja nicht untergehen, er wollte oben bleiben. Ich will oben bleiben! Ich will!«

Im zweiten Eintrag berichtet Kreisky, dass er in der Polizeihaft oft die Zellen wechseln musste und dabei die Bekanntschaft mit Einbrechern, Taschendieben, Betrügern und Zuhältern machte. Der Sohn aus bürgerlichem Haus traf da erstmals mit Menschen aus der untersten Unterschicht zusammen, die er auch in der SAJ (Sozialistische Arbeiter-Jugend) nicht getroffen hatte. Unter den nicht politischen Häftlingen gab es manchmal »prachtvolle Kerle«, wie Kreisky schreibt: »Auch unter den Kriminellen fand ich eine ganze Menge innerlich guter, empfindsamer Menschen. Man muss es nur verstehen, die Menschen dazu zu bringen, ein wenig ihr Inneres nach außen zu kehren. […] Das habe ich hier ein bisschen gelernt und das ist doch sehr viel!«

Am 14. Juli 1935 schreibt Kreisky, allein in der Zelle, ein Gedicht, gewidmet »meinem Freunde Weninger«. Das war der illegale Nazi, mit dem Kreisky die Zelle teilen musste. Laut Kreisky betrachtete man sich in der Zelle ungeachtet der politischen Differenzen als Freunde. Man war ja bei der Bewältigung des Gefängnisalltags aufeinander angewiesen. Sein Verhältnis zu Weninger war aber deutlich besser als zu dem dritten Zelleninsassen, einem Kommunisten. Dieser ging Kreisky mit seinen Tiraden über Josef Stalin ziemlich auf die Nerven. Mit Fortdauer der Haft wurden die Einträge in das Tagebuch spärlicher. Kreisky war es offensichtlich leid, die immer gleiche Eintönigkeit im Gefängnis zu schildern. Die Gefahr, entdeckt zu werden, war auch zu groß. Außerdem verbrachte Kreisky viel Zeit mit Lesen. Man findet in seinem Tagebuch immer wieder Zitate aus der Literatur, die er gelesen hatte. Am 14. Juli 1935 zitierte er Oscar Wilde: »Ich weiß nicht, ob die Gesetze gerecht oder ob sie verkehrt sind. Die im Stockhaus [Gefängnis] sitzen, ob gut oder schlecht, wissen nur, dass die Mauern schwer sind. Dass jeder Tag ist wie ein Jahr. Ein Jahr, dessen Tage leer sind.«

In der Polizeihaft auf der »Liesl«, wie das Gebäude auf der Rossauer Lände im Volksmund hieß, war Lesen für Häftlinge an sich nicht erlaubt. Auf Anraten seines Vaters ersuchte er um Genehmigung »zum Briefschreiben und zum Zeitunglesen«. Dieses wurde ihm überraschend genehmigt. Die Bibliothek des Polizeigefängnisses war aber sehr dürftig. Nach seiner Überstellung in das Landesgericht stand ihm dort eine besser ausgestattete Bibliothek zur Verfügung, außerdem war es auch erlaubt, Bücher von außen zu bekommen. Seine Eltern versorgten ihn mit allem, was er verlangte. Die im Tagebuch angeführte Bücherliste umfasst 100 Titel. Kreisky las sich durch die wichtigsten Werke der marxistischen Literatur, ökonomische Werke, Belletristik und auch Lyrik. Vor allem war er an Biografien bedeutender Persönlichkeiten der Geschichte interessiert. Von Büchern über Cromwell, Cäsar, Stalin, Lenin, Bismarck, Hitler, Mussolini und vielen anderen erhoffte sich Kreisky Informationen über den »subjektiven Faktor« in der Geschichte. Der preußische Historiker Heinrich von Treitschke hatte als Verteidiger der bismarckschen Politik das Diktum geprägt: »Männer sind es, die Geschichte machen!« In einem Brief aus dem Gefängnis resümierte Kreisky, dass die »Großen Männer« meist mit Größe gar nichts zu tun haben: »Entweder sie sind groß durch ihre Gemeingefährlichkeit, oder sie leuchten als Reflektoren der historischen Bedingungen ihrer Zeit.« Das schrieb der Student Kreisky und nicht der spätere Bundeskanzler! In seinen Memoiren billigt er aber dem subjektiven Faktor in der Geschichte doch einen wichtigen Stellenwert zu und erwähnt die Rolle Edzard Reuters und Willy Brandts beim Widerstand gegen die Blockadepolitik der Sowjets gegenüber Berlin. Man kann Kreiskys Formulierung auch auf ihn selbst anwenden: Er leuchtete als Reflektor der historischen Bedingungen seiner Zeit. Personen spielen ja doch eine Rolle in der Geschichte! So viel kann man mit Sicherheit sagen: Wäre der farblose Hans Czettel am Parteitag 1967 zum Parteivorsitzenden der SPÖ gewählt worden, wären die Erfolge der Sozialdemokratie wohl weniger glanzvoll verlaufen als unter Kreisky.

Den Grundstock für seine große Belesenheit legte Kreisky in der Zelle des Landesgerichts. »Das Gefängnis war meine Universität«, schrieb er später in Anlehnung an eine Bemerkung von August Bebel, dem Mitbegründer der SPD, der sich in seiner Haftzeit im deutschen Kaiserreich selbst fortgebildet hatte und diese Zeit als seine »Haftuniversität« bezeichnete. Kreisky schrieb und las nach eigener Angabe von 6 Uhr morgens bis 6 Uhr abends. Neben der politischen Literatur lernte er auch Rainer Maria Rilke schätzen. Besonders angetan hatten es ihm Rilkes *Briefe an einen jungen Dichter*, weil sie ihm den Gefängnisalltag erleichterten. In einem Brief an einen Freund aus SAJ-Tagen zitierte Kreisky aus Rilkes Werk: »Und wenn Sie selbst in einem Gefängnis wären, dessen Wände keines von den Geräuschen der Welt zu Ihren Sinnen kommen ließen – hätten Sie dann nicht immer noch Ihre Kindheit, diesen köstlichen, königlichen Reichtum, dieses Schatzhaus der Erinnerungen? Wenden Sie dorthin Ihre Aufmerksamkeit. Versuchen Sie die versunkenen Sensationen dieser weiten Vergangenheit zu heben; Ihre Persönlichkeit wird sich festigen, Ihre Einsamkeit wird sich erweitern und wird eine dämmernde Wohnung werden, daran der Lärm der anderen fern vorüber geht.«

Den Gefängnisalltag konnte man natürlich nicht nur mit geistiger Nahrung bewältigen, da mussten ganz profane Probleme gelöst werden. In einem Brief an seine Eltern vom 27. Jänner 1936 listet Kreisky penibel auf, was er alles benötigt. Neben drei Büchern moniert er, dass er zuletzt statt der gewünschten Bleistifte Nr. 2 solche Nr. 4 bekommen habe, mit denen er nichts anfangen könne. Was er in dem von der Zensur kontrollierten Brief natürlich nicht schreibt, ist, warum er harte Bleistifte Nr. 2 braucht. Er verständigte sich mit Parteifreunden in anderen Zellen mittels Kassiber, die auf kleinen Zetteln eng in Blockschrift geschrieben wurden. Mit weichen Bleistiften Nr. 4 war das nicht möglich. Außerdem wünscht er sich eine »4-eckige Seifenschale« und zehn Stück Rasierklingen. In Vorbereitung auf den zu erwartenden Prozess wünscht er sich ein weißes Hemd, Kragenknöpfe und eine Krawatte, »sie muss nicht unbedingt rot sein, da ich auf

Übereinstimmung von Gesinnung und Krawatte keinen sonderlichen Wert lege«.

Eine Hilfsaktion für den Zellengenossen Weninger wäre beinahe schief gegangen. Weninger ersuchte Kreisky, er möge über seinen Anwalt eine schriftliche Nachricht an dessen Anwalt weiterleiten. Als eine überraschende Zellenkontrolle stattfand, verschluckte Kreisky den Kassiber. Das bewahrte Weninger – »Sepp«, wie Kreisky ihn in seinen Memoiren nannte – vor Ungemach und rettete später nach beendeter Haftstrafe Kreisky möglicherweise das Leben, als die Gestapo ihn 1938 nach dem Einmarsch Hitlers nach sechs Monaten »Schutzhaft« mit der Begründung freiließ, er sei einigen Parteigenossen als kameradschaftlicher Mithäftling bekannt. Die Freilassung wurde aber an die Bedingung geknüpft, er müsse Österreich ehestens verlassen. Einige Tage nach seiner Freilassung tauchte ein Mann in SA-Uniform bei Kreisky auf und forderte ihn auf, sich mit der Ausreise zu beeilen, weil man ihn noch einmal holen werde. Kreiskys Zellengenosse Weninger machte dann eine steile Karriere in der NSDAP und wurde SA-Standartenführer und Bürgermeister von Neunkirchen. Im April 1945 wirkte er als Beisitzer eines Standgerichts an Todesurteilen für fünf Volkssturmmänner mit, die wegen Fahnenflucht erschossen wurden. Dafür wurde er nach dem Krieg 1947 vom Volksgericht zum Tode verurteilt und im Mai 1948 hingerichtet. Kreisky hatte in Schweden von dem Todesurteil erfahren, konnte aber nichts mehr für ihn tun. Als kleiner Beamter in der österreichischen Botschaft in Stockholm hatte er damals keinen politischen Einfluss.

Das Volksgericht, das Weninger zum Tod verurteilte, war 1945 auf Druck der Alliierten eingerichtet worden, um Verbrechen von Nazis zu ahnden. Es bestand aus drei Laienrichtern und zwei Berufsrichtern. Letztere durften keine NS-Vergangenheit haben, was zeitweise zu großen Besetzungsproblemen führte, weil der Anteil von Nazis in der Justiz besonders hoch gewesen war. 43 Angeklagte wurden zum Tod verurteilt, 30 Urteile wurden vollstreckt. Die letzte Hinrichtung fand 1950 statt. 29 Angeklagte wurden zu lebenslangem Kerker, 269 zu Kerker zwischen 10 und 20 Jahren verurteilt. Mit dem Staatsvertrag 1955 wurden die Volksgerichte abgeschafft. Der Druck der Besatzungsmächte war weg, den meisten Verurteilten wurden die Haftstrafen per Amnestie erlassen. Von nun an waren wieder Geschworenengerichte für Naziverbrechen zuständig. Dabei kam es zu skandalösen Freisprüchen selbst für hochrangiges Personal von Konzentrationslagern. Die Geschworenen drückten damit offensichtlich die Stimmung in der Bevölkerung aus, man solle die »alten Sachen« endlich ruhen lassen. Außer den Kommunisten nahmen dann alle anderen Parteien darauf Rücksicht und spielten – mit unterschiedlicher Intensität – für Jahrzehnte auf diesem Klavier. Auch die SPÖ.

SCHWIERIGE RÜCKKEHR NACH ÖSTERREICH

Nach 1945 widersetzte sich die SPÖ-Spitze der Rückkehr der in die Emigration getriebenen SPÖ-Politiker jüdischer Herkunft. Das betraf auch Kreisky, dem es nur mit Mühe gelungen war, vor der Verfolgung durch die Nazis nach Schweden zu emigrieren. Einerseits sah man die Gefahr, dass die SPÖ wieder wie früher als »Judenpartei« diffamiert werden konnte, andererseits wollte man auch verhindern, dass die Heimkehrer wieder Posten in der Parteihierarchie beanspruchten, die schon von anderen eingenommen worden waren. Es gab aber auch echte Antisemiten in der SPÖ, wie durch zahlreiche Äußerungen des damaligen Innenministers Oskar Helmer belegt ist. Dieser lebte seinen Antisemitismus auch bei offiziellen Terminen aus. Während einer Ministerratssitzung am 9. November 1948 sagte Helmer: »Ich sehe überall nur jüdische Ausbreitung, im Handel, vor allem in Wien!« Um sich diese Fehleinschätzung zu vergegenwärtigen, hilft ein Blick auf die Zahlen: Vor 1938 lebten in Wien 180 000 Juden, von denen mehr als 100 000 von den Nazis unter Hinterlassung ihres Vermögens zur Auswanderung gezwungen wurden, circa 60 000 wurden ermordet. 1945 lebten in Wien nur noch 1500 Juden, dazu kam noch eine unbekannte Zahl, die als U-Boote überlebt hatten, so wie einige wenige Rückkehrer. 1948 lebten maximal 9000 Juden in der Bundeshauptstadt. Selbst von diesen waren viele nur vorübergehend in Wien. Die US-Militärregierung hatte das Rothschild-Spital als Zwischenstation für Juden, die aus den Konzentrationslagern und Osteuropa nach den USA und Israel strebten, eingerichtet. Von 1945 bis 1952 wurden so 250 000 Juden dorthin weitergeleitet. Der Aufenthalt in Wien war in der Regel auf einige Wochen beschränkt, bis die entsprechenden Formalitäten erledig waren. Angesichts dieser geringen Zahl in einer Millionenstadt von jüdischer Ausbreitung zu reden, war an Niedertracht kaum zu überbieten. Helmer war ohne Einschränkungen ein Antisemit. Der spätere *AZ*-Chefredakteur Franz Kreuzer kam als junger Reporter öfter zu Innenminister Helmer, um über die neuesten Übergriffe der sowjetischen Besatzungsmacht zu recherchieren, über die seine Zeitung intensiv berichtete. Helmer empfing Kreuzer oft mit den Worten: »No, was machen die Juden in der Wienzeile?« In der Rechten Wienzeile stand die Druckerei des »Vorwärts«, in der die *Arbeiter-Zeitung* gedruckt wurde. Außer Chefredakteur Oscar Pollak waren dort allerdings kaum noch Redakteure jüdischer Herkunft tätig. Dafür hatten die Nazis gesorgt.

Die SPÖ-Spitze wollte auch von Wiedergutmachung nichts wissen. Helmer war auch hier treibende Kraft. In die Zeitgeschichte eingegangen ist in diesem Kontext seine Bemerkung aus dem Ministerrat: »Ich wäre dafür, die Sache in die Länge zu ziehen!« Die ÖVP machte sich auch nicht stark für Reparationsleistungen oder Entschädigungen und war auch gegen eine Rückkehr der Vertriebenen. »Während wir hier gelitten haben, führten die Emigranten im Ausland ein schönes Leben!« Das war der Tenor der Verleumdungen, die auch Kreisky zu Ohren kamen. Auch Leopold Figl, erster ÖVP-Nachkriegskanzler und vor 1938 hoher Funktionär im Ständestaat, hegte große Skepsis gegenüber jenen, die der Verfolgung durch die Nationalsozialisten entkommen waren, »weil sie die Zeit in ihren Klubsesseln verbracht haben, anstatt für Österreich zu leiden«. Kreisky musste in Schweden in der Tat keine Not leiden, wäre er in Wien geblieben, wäre er allerdings in der Gaskammer gelandet, wie zwei Dutzend seiner engeren Verwandten. Willy Brandt sah sich ähnlich perfiden Angriffen ausgesetzt. Bayerns Ministerpräsident Franz Josef Strauß stellte an Brandt im Deutschen Bundestag die Frage: »Was haben Sie zwölf Jahre lang draußen gemacht? Wir wissen, was wir drinnen gemacht haben!« Was Strauß drinnen gemacht hat, ist bekannt: Er war als Oberleutnant der Hitler-Wehrmacht Teil der Vernichtungsmaschine, die die Sowjetunion überfiel. Für Brandt war schon ein Haftbefehl der Nationalsozialisten ausgestellt, als er nach Norwegen floh. Er wäre wohl auch in einem Konzentrationslager gelandet.

In Österreich waren bei den ersten Nationalratswahlen 1945 600 000 ehemalige Nationalsozialisten nicht wahlberechtigt. Es war ÖVP und SPÖ klar, dass man so viele Menschen nicht auf Dauer vom Wahlrecht ausschließen konnte. Man entschied sich schließlich zu einer Lösung, wonach nur Schwerbelastete weiter vom Wahlrecht ausgeschlossen bleiben sollten, Minderbelastete sollten wählen dürfen. Es stellte sich allerdings später heraus, dass man einige Tausende ehemalige Nationalsozialisten besser nicht als »Minderbelastete« einstufen hätte sollen. Jedenfalls war die Masse der ehemaligen Nationalsozialisten auf einen Schlag wieder als Wähler interessant. ÖVP und SPÖ buhlten um deren Stimmen. Der spätere ÖVP-Bundeskanzler Alfons Gorbach ließ sich im Wahlkampf 1949 zu folgender Formulierung hinreißen: »Da mögen die Herren Emigranten noch so viel Moralinsäure versprühen: Jene, die draußen [an der Front] ihren Mann gestanden haben, wissen besser, was anständig ist, als jene, die sich beim ersten Kräuseln des Ozeans in Sicherheit gebracht haben. Ich spreche den Emigranten das Recht ab, in der NS-Frage mitzureden!« Diese Wortmeldung war deshalb erstaunlich, weil Gorbach selbst als hoher Funktionär der Austrofaschisten von den Nazis jahrelang in ein Konzentrationslager gesperrt worden war. Der Wille zur Macht führt offensichtlich zu starker Charakterdeformation.

In diesem Klima bemühte sich Kreisky weiter um eine Rückkehr, weil er nur in Österreich eine Verwirklichung seiner politischen Ambitionen sah. Ausgerechnet Fritz Molden, der damalige Sekretär des ÖVP-Außenministers Karl Gruber, sprach bei Vizekanzler Schärf vor, um für eine Rückkehr Kreiskys ins Außenamt nach Wien zu plädieren. Molden berichtete von Grubers Überlegungen, dass Kreisky bei den Staatsvertragsverhandlungen besonders mit den USA nützlich sein könnte und spielte damit auf die jüdische Herkunft Kreiskys an. Schärfs Antwort laut Molden: »A Jud, des a no!« Kreisky kam schließlich 1950 zurück, als Legationsrat 3. Klasse in das dem Bundeskanzleramt angeschlossene Außenamt.

Mitte 1951 wurde Kreisky dem neu gewählten Bundespräsidenten Theodor Körner als außenpolitischer Berater zugeteilt. Das war für Kreiskys spätere Karriere in der SPÖ ein Glücksfall, durfte er doch in dieser Funktion am politischen Jour fixe bei Bundespräsident Körner teilnehmen, zu dem sich die Spitzen der Sozialdemokratie regelmäßig trafen. Auf diese Weise lernte er alle Spitzenfunktionäre der SPÖ näher kennen.

Ohne Demütigungen für Kreisky ging es auch da nicht ab. Innenminister Oskar Helmer erzählte antisemitische Witze und scheute auch vor Peinlichkeiten nicht zurück, als er einmal beim Eingang zum Sitzungsraum gegenüber Kreisky jovial wirken wollte: »Jud Kreisky, kumm!« Der primitive Machtmensch Helmer hatte kein Gefühl dafür, wie sehr er Kreisky damit verletzte. Helmers Auslassungen veranlassten Kreisky dann, Körner zu ersuchen, ihn von der Anwesenheit beim Jour fixe zu entbinden. Nach einer Abmahnung durch Schärf hielt sich Helmer dann etwas zurück, und Kreisky nahm wieder an den Sitzungen teil. Schärf hatte mittlerweile seine Vorbehalte gegen Kreisky überwunden und machte ihn 1953 zum Staatssekretär im Außenamt. Schärf wollte damit offensichtlich auch ein positives Zeichen gegenüber Bundespräsident Körner setzen, mit dem der Vizekanzler immer wieder Differenzen hatte.

DER PARTEITAG 1967

Bei den Nationalratswahlen 1966 gewann die ÖVP die absolute Mehrheit. Bis dahin hatte seit 1945 eine Große Koalition unter Führung der ÖVP regiert. Die Niederlage der SPÖ war mit einem Namen verbunden: Franz Olah. Als Präsident des österreichischen Gewerkschaftsbundes (ÖGB) und Innenminister war Olah damals ein mächtiger Mann. Er rettete Bruno Kreisky bei den Koalitionsverhandlungen nach den Wahlen 1963 das Außenministerium, das die ÖVP für sich reklamierte. Olah wehrte das vehement ab: »Das Außenministerium hängt nicht am Christbaum!« Olah selbst war ein cholerischer, unberechenbarer Mensch – und er war machthungrig. Er half Hans Dichand mit Gewerkschaftsgeldern bei der Gründung der *Kronen-Zeitung*, spendete eine Million Schilling an die FPÖ – alles ohne formellen Beschluss der Gewerkschaftsgremien. Die Vermutung der SPÖ-Führung, dass Olah damit den Sprung an die Spitze der SPÖ beziehungsweise der Regierung vorbereiten wollte, bekam noch Nahrung, als Olah in einem Interview mit der *Presse* heftige Kritik an anderen SPÖ-Politikern, allen voran Justizminister Christian Broda, übte. Olah wurde schließlich wegen widmungswidriger Verwendung von Gewerkschaftsgeld zu einem Jahr Kerker verurteilt. Da hatte ihn die SPÖ schon ausgeschlossen. Bruno Kreisky verteidigte Olah selbst dann noch, als alle anderen Spitzen der SPÖ von Olah bereits abgefallen waren – offenbar als Dank für die Rettung des Außenministeriums. Denn hätte Kreisky damals das Amt des Außenministers verloren, wäre der Sprung an die Spitze der SPÖ für ihn tatsächlich sehr schwer geworden. Olah kandidierte dann bei der Nationalratswahl mit einer eigenen Liste und bekam drei Prozent der Stimmen, die der SPÖ fehlten und der ÖVP die absolute Mehrheit bescherten. Olah hatte mit seiner Verurteilung auch die Ministerpension verloren. Als Kreisky 1970 Bundeskanzler wurde, sicherte er Olah mit einem Gnadenakt wieder die Pension.

Nachdem die ÖVP die absolute Mehrheit gewonnen hatte, fiel die SPÖ in ein tiefes Loch. Zum ersten Mal seit 1945 war die SPÖ in der Opposition. Der damalige SPÖ-Vorsitzende Bruno Pittermann war ein *dead man walking*. Es war klar, dass er ablösereif war. ÖGB-Präsident Anton Benya und die mächtige Wiener SPÖ forcierten Karl Waldbrunner, die graue Eminenz der Partei, der aber krankheitshalber absagte. Daraufhin zog Benya Hans Czettel aus dem Hut, Gewerkschafter aus Niederösterreich, der 1964 Franz Olah als Innenminister abgelöst hatte. Die Bundesländer hoben aber Kreisky auf den Schild. Kreisky stellt das in seinen Memoiren so dar, dass seine Bereitschaft zu kandidieren nicht sehr groß war. Er habe sich auch in seinen erfolgreichsten Zeiten immer bestenfalls als einen Zweiten und nicht als Ersten gesehen. Er begründete dies mit den noch immer vorhandenen antisemitischen Tendenzen in der Bevölkerung. Dieser Belastung wollte er seine Partei nicht aussetzen. Ende 1966 habe er sich aber entschlossen, dem Drängen seiner Freunde nachzugeben und sich aufstellen zu lassen. Wenn man sich vergegenwärtigt, mit welcher Lust Kreisky später als Erster Macht ausübte, dann kann man ihm kaum abnehmen, dass er sich jemals nur in der zweiten Reihe sah. Hinter Kreiskys Erklärung steckt offenbar ein ähnlicher Verdrängungsprozess wie in der Behauptung von Androsch, dass er Kreisky nicht als Bundeskanzler beerben wollte.

Der Parteitag mit der geplanten Neuwahl des Parteivorsitzenden war für 31. Jänner/1. Februar 1967 in der Halle B der Wiener Stadthalle angesetzt. Aus eigener Wahrnehmung kann ich über den Ablauf dieses Parteitags nichts sagen. Ich war damals noch in der Chronik-Redaktion der *Neuen Zeitung*. Diese Zeitung wurde von der Wiener SPÖ als Gegengewicht gegen die *Kronen-Zeitung* gegründet, war aber keine offizielle Parteizeitung. Sie wurde im Vorwärts-Verlag gedruckt, wo es unschwer war, sich über die offiziellen Mitteilungen hinaus Informationen über den Ablauf des Parteitages zu verschaffen. Die SPÖ hatte beschlossen, dass dieser Parteitag unter Ausschluss der Öffentlichkeit ablaufen sollte, jedenfalls sollten keine Journalisten von nichtsozialistischen Zeitungen zugelassen werden. Die parteiinterne Debatte um die Nachfolge Pittermanns war bereits vor dem Parteitag so heftig gewesen, dass die Parteiführung glaubte, man könne die zu erwartende Debatte am Parteitag der Öffentlichkeit nur in kontrollierter Form zugänglich machen. Parteizeitungen, die an sich zugelassen waren, wurden angehalten, sich an die Meldungen der Sozialistischen Korrespondenz zu halten. Die Journalisten der nichtsozialistischen Zeitungen lungerten vor dem Veranstaltungssaal herum und versuchten, wenn Delegierte kurz den

Saal verließen, Informationen über den Verlauf der Debatte zu erhaschen. Das war gar nicht so leicht, denn SPÖ-Politiker sprachen damals normalerweise nicht mit den sogenannten »Unabhängigen«, wie alle nichtsozialistischen Zeitungen in der SPÖ genannt wurden.

Die *Arbeiter-Zeitung* berichtete dann doch erstaunlich offen über die Debatte, wenn auch die Wortmeldungen etwas geglättet waren, also weniger aggressiv wiedergegeben wurden, als sie wohl tatsächlich waren. Aus Erzählungen der Delegierten wurde bald in weiten Parteikreisen bekannt, dass es in der Geschichte der SPÖ noch nie einen Parteitag gegeben hatte, bei dem derart mit Unterstellungen und Angriffen gearbeitet wurde – sowohl vom Rednerpult aus als auch durch Verleumdungen hinter vorgehaltener Hand. Der Ausschluss der Öffentlichkeit zeigt jedenfalls, wie sehr sich die SPÖ damals eingebunkert hatte. Die damalige Führung der Partei fühlte sich von Feinden umgeben wie in der Frühzeit der Arbeiterbewegung. Da wurde der Intellektuelle Bruno Kreisky, der für eine Öffnung der Partei stand, von vielen Traditionalisten in der SPÖ als Bedrohung empfunden.

Die Debatte wurde kaum von Argumenten bestimmt, ob Kreisky oder Czettel der bessere Kandidat sei, sondern im Vordergrund standen massive Vorwürfe gegen Kreisky von Delegierten der Wiener SPÖ und der SPÖ-Gewerkschafter. Wortführer der Gegner Kreiskys war ÖGB-Präsident Anton Benya. Er hielt in Inhalt und Form eine Brandrede. Wieso erdreiste sich Kreisky, die Wahlkampflinie für die Wahl 1959 zu kritisieren, wo er doch damals schon Vize-Parteiobmann gewesen sei und alles mitbeschlossen habe. »Und wer informiert dauernd die Fremdpresse, wer hat die Verbindungen?«, donnerte er in den Saal. Dann schwenkte Benya empört eine Ausgabe der *Frankfurter Allgemeinen Zeitung*, in der die Wiener Korrespondentin Hanni Konitzer einige Tage vor dem Parteitag in einem Artikel Kreiskys Wahlchancen positiv eingeschätzt hatte. Benya empörte sich: »Wo ist die Berechtigung, solche Interviews zu geben? Das ist eine Brunnenvergiftung!« Besonders empörte sich Benya über eine Passage, wonach der ÖGB-Präsident sicher gegen Kreisky stimmen werde.

Kreisky meldete sich daraufhin zu Wort. Er habe kein Interview gegeben. Die Einschätzungen seien Schlussfolgerungen der Redakteurin, soweit er darin zitiert werde, seien ihm diese Zitate untergeschoben worden. Dass Benya überhaupt nach einer »Berechtigung« für ein Interview Kreiskys mit einer Zeitung fragen konnte, ging auf den Fall Olah zurück. Nachdem Olah in einem Interview mit der Tageszeitung *Die Presse* seinen innerparteilichen Gegner Christian Broda massiv angegriffen hatte, wurde in die Parteistatuten eine Bestimmung aufgenommen, die heute grotesk wirkt: SPÖ-Funktionäre sollten Zeitungen, die nicht im Eigentum der SPÖ standen, Interviews zum Thema SPÖ nur nach Genehmigung der Parteigremien geben dürfen.

Die einzelnen Wortmeldungen pro und contra Kreisky wurden entweder durch Pfuirufe oder Beifall quittiert. Felix Slavik, Vorsitzender der Wiener SPÖ, wurde das zu viel, und er mahnte die Delegierten: »Ihr tut der Partei keinen Dienst, wenn zu jedem Unsinn applaudiert wird!« Da wurde stellenweise wirklich mit harten Bandagen gekämpft. Eduard Weikhart, ehemaliger Staatssekretär und Obmann von Wien-Liesing, warf Kreisky vor, er habe ihn »schimpflich« behandelt, weil er als einer der Ersten gegen Franz Olah gewesen sei. Er forderte Kreisky zum sofortigen Verzicht auf seine Kandidatur auf. Karl Mark, dem linken Flügel der Wiener Partei zuzuordnen, erhob sogar den Vorwurf, Kreisky habe von der Geldspritze Olahs an die FPÖ gewusst. Ex-Justizminister Otto Tschadek sprang Kreisky bei und erinnerte daran, dass Kreisky bereits vor Gericht unter Eid jede Information über die FPÖ-Finanzierung bestritten habe. Viele Prominente beteiligten sich an der Debatte. Hubert Pfoch, Wiener Stadtrat, versteckte seine aus gemeinsamen SAJ-Zeiten stammende Gegnerschaft gegen Kreisky hinter der Forderung nach einer Verjüngung der Parteispitze und plädierte für Czettel, weil dieser immerhin zwölf Jahre jünger als Kreisky sei. Fred Sinowatz, damals Landesrat im Burgenland, plädierte für Kreisky und nannte die Nominierung Czettels »wenig glaubwürdig, ihr fehlt die innere Ehrlichkeit«. Fast jede Wortmeldung wurde entweder mit Beifall oder Buhrufen bedacht. Das wurde der 88-jährigen Gabriele Proft, die als Ehrengast eingeladen war, zu viel. Die große alte Dame der SPÖ, erste Frauenvorsitzende und 1919 unter den ersten Frauen im Nationalrat, erinnerte daran, dass sie seit 70 Jahren alle Parteitage miterlebt hatte. Auf keinem Parteitag sei es so aggressiv zugegangen wie auf diesem. Selbst die Debatten über die ideologischen Differenzen zwischen Otto Bauer und Karl Renner seien ohne Verdächtigungen und Intrigen abgelaufen. Ihre Mahnung an die Delegierten fruchtete freilich nichts.

Im Protokoll des Parteitages fehlt naturgemäß, was die Delegierten untereinander sprachen. Da wurde von einigen die jüdische Herkunft Kreiskys thematisiert, andere verwiesen darauf, dass Czettel NSDAP-Mitglied war. Dass darüber gesprochen wurde, belegt ein etwas seltsam klingender Debattenbeitrag eines Gastdelegierten namens Pay. Die SPÖ müsse sich gegen Diskriminierung und Rassenhass im täglichen Leben verpflichtet fühlen: »Daher ist es bedauerlich, dass ab und zu bei uns zu hören ist, das ist auch ein Jude, der war früher ein Nazi!« An der Debatte beteiligte sich auch der damalige Chefredakteur der *Arbeiter-Zeitung* Franz Kreuzer. Er war von den Traditionalisten in der SPÖ unter Beschuss gekommen, als er im August 1966 mit führenden Genossen lange Interviews über die Zukunft der Partei nach der desaströsen Niederlage geführt hatte. Vor allem in der Wiener SPÖ sah man darin eine Verunsicherung der Parteimitglieder, wenn divergierende Meinungen veröffentlicht wurden. Man hätte das lieber nach alter Manier hinter verschlossenen Türen in den Gremien ausgemacht. Nach insgesamt zehn Interviews mit Pittermann, Kreisky, Benya und einigen anderen Spitzenfunktionären wurde die Interviewserie »abgedreht«. Treibende Kraft war Karl Czernetz, Chefredakteur der Zeitschrift *Zukunft*, des theoretischen Diskussionsorgans der SPÖ.

Schon bald nach Beginn dieser »August-Gespräche« wandte sich Czernetz in der *Zukunft* massiv gegen eine mit einer Öffnung der Partei verbundene Umwandlung der SPÖ in eine liberale Volkspartei. Franz Kreuzer hielt dagegen und plädierte für eine Öffnung »nach außen und nach innen«. Kurze Auszüge der beiden Kommentare wurden in der *AZ* wiedergegeben. Czernetz gab sich damit nicht zufrieden, sodass Kreuzer schließlich von der Parteiführung nahegelegt wurde, die Serie zu beenden. Als Abschluss musste Kreuzer dann noch einen ganzseitigen Kommentar von Czernetz aus der *Zukunft* übernehmen. In diesem Kommentar kritisierte Czernetz Norbert Leser und Günther Nenning für ihre Forderung nach Erneuerung der Organisationsstrukturen, weil diese unweigerlich zu einer liberalen Volkspartei führen würden. Er wandte sich gegen jede Entideologisierung, wie das die SPD mit ihren Godesberger Programm gemacht hatte, und empfahl der SPÖ, sich eher an das Programm der Labour Party zu halten, die nach wie vor für die Schaffung einer sozialistischen Gesellschaft eintrete. Die Stoßrichtung des Kommentars von Czernetz war klar. Er kritisierte zwar Leser und Nenning, meinte aber Kreisky, dessen Wahl zum Obmann er verhindern wollte.

Czernetz kreuzte dann indirekt auch meinen beruflichen Lebensweg. Ich war damals als Schriftsetzer im Vorwärts-Verlag in der Herstellung der Wochenzeitung *Heute* beschäftigt. Chefredakteur dieser von der SPÖ finanzierten linksliberalen Zeitung war Heinz Brantl, der spätere Wahlkampfplaner der SPÖ. Diese 1958 ins Leben gerufene, im Großformat erscheinende Zeitung war am ehesten mit der deutschen Wochenzeitung *Die Zeit* zu vergleichen. Sie sollte bürgerliche Österreicher ansprechen und lag oft gar nicht auf Parteilinie. Vorsitzender der SPÖ war damals Bruno Pittermann, der mit dieser Zeitung eine vorsichtige Öffnung der SPÖ einleiten wollte, wie sie allerdings erst unter Kreisky verwirklicht wurde. Einige Artikel im *Heute* trieben die Parteiideologen um Karl Czernetz und Josef Hindels auf die Palme. Da wurde in *Heute* etwa das Ritual der SPÖ-Maifeiern mit Fahnenschwenken und Marschieren als unnötiges Überbleibsel aus der sozialistischen Kampfzeit kritisiert. Die Parteiideologen sahen das anders. Karl Czernetz startete den Angriff auf die Wochenzeitung mit einem Brandartikel in der *Zukunft*. Die Redakteure von *Heute* wollten eine Partei ohne Sozialismus, kritisierte Czernetz: »Die Entideologisierung ist eine Sünde wider den Geist des Sozialismus, weil sie der Partei die Grundsätze, die Ziele, die Idee nimmt.« Die *Heute*-Redakteure zeigten sich dann noch so unvorsichtig, ihre beiden zentralen Unterstützer Vizekanzler Pittermann und Außenminister Kreisky zu verärgern, denn sie wandten sich gegen den Beitritt Österreichs in die Kleine Freihandelszone und meinten, die Neutralität sei aufgezwungen und kein Hindernis für den Beitritt Österreichs zur Europäischen Wirtschaftsgemeinschaft. *Heute* wurde 1961 eingestellt.

Nachdem Kreuzer gezwungenermaßen die »August-Gespräche« beenden musste, schrieb er drei Monate keinen Leitartikel mehr. Kreuzer, der später im ORF einige Zeit mein Vorgesetzter war, konnte sich dagegen nicht wehren. Das nicht unerhebliche Defizit der *AZ* wurde hauptsächlich von der Wiener SPÖ und der SPÖ-Fraktion der Gewerkschaft abgedeckt, den beiden Organisationen, die mit den Interviews keine Freude hatten. Auf dem Parteitag verteidigte Kreuzer die Interview-Serie, die als »August-Gespräche« in die Zeitgeschichte einging. Angesichts der Heftigkeit der Debatte stellte

Kreuzer die rhetorische Frage: »Wäre den Vertrauenspersonen gedient gewesen, wenn wir versucht hätten, sie zu narkotisieren, um sie auf dem Parteitag mit einem Guss kalten Wassers aufzuwecken? Ich schließe mich der Meinung der Genossen an, die sagen, die Diskussionen sollten innerhalb der Partei stattfinden. Ich stelle fest: Die *AZ* befindet sich innerhalb der Partei.« Das sahen einige Parteigranden anders. Obwohl die »August-Gespräche« die Ablöse Pittermanns durch Kreisky zweifellos begünstigt haben, musste Kreuzer seinen Sessel räumen.

Kreisky brachte seinen innerparteilichen Gegnern ein Bauernopfer dar und installierte den Gewerkschaftsjournalisten Paul Blau als Chefredakteur. Kreisky berichtete in seinen Memoiren, dass er vom ersten Tag an bestrebt war, seine Wahl nicht als Niederlage für Benya, Waldbrunner und andere erscheinen zu lassen: »Um das Misstrauen der Gegenseite zu bekämpfen, verzichtete ich sogar darauf, den Posten des Chefredakteurs mit einem zu meiner Gruppierung gehörenden Mann zu besetzen.«. Norbert Leser, Sozialphilosoph und Parteitheoretiker, sah das kritisch: »Es gehört zum Wesen der Macht und der Politik, Menschen als Mittel zum Zweck zu benützen, nach Bedarf zu heben und fallenzulassen. Kreisky hat diese Kunst geradezu virtuos beherrscht und angewendet.« Man kann das so sehen, andererseits ist doch bewundernswert, wie geschickt Kreisky die auf dem Parteitag aufgebrochenen Gräben überwand. Das ging offenbar nicht ohne die Opferung von Kreuzer, der für viele im konservativ-traditionellen Spektrum der SPÖ untragbar geworden war. Die Front mit ÖGB-Präsident Benya begradigte Kreisky sehr geschickt. Es gab jeden Montag im Bundeskanzleramt einen Jour fixe zwischen Kreisky und Benya, in dem die großen Linien der Politik besprochen wurden. Es ist ein Paradoxon der Zeitgeschichte, dass jener Mann, den Benya am Parteitag bekämpfte, ihn dann in die Regierungsarbeit mit einbezog. Der

ÖGB hatte weder vorher noch nachher so viel Einfluss wie während Kreiskys Kanzlerschaft.

Kreisky hatte am Parteitag zunächst schlechte Karten gehabt. Die SPÖ-Gewerkschafter, die allein 50 Delegierte stellten, sowie fast die gesamte Wiener SPÖ waren gegen ihn. Er wurde dann auch nur von 390 Delegierten in den Parteivorstand gewählt, Hans Czettel immerhin von 458. Im Vorstand wendete sich dann das Blatt: 33 Mitglieder schlugen Kreisky als neuen Vorsitzenden vor, 19 votierten für Czettel. Nach den damals üblichen Gepflogenheiten in der SPÖ war damit Kreisky dem Plenum des Parteitages als neuer Vorsitzender vorgeschlagen. Czettel hatte übrigens schon vorher erklärt, keinesfalls in eine Kampfabstimmung gegen Kreisky anzutreten. Kreisky bekam dann im Plenum des Parteitags 347 von 497 Stimmen, 69,8 Prozent. Ohne Gegenkandidat war das kein überwältigendes Ergebnis.

Kreisky hatte die Delegierten der Bundesländer geschlossen hinter sich. Das passierte aber nicht automatisch. Karl Blecha, damals in der SPÖ Niederösterreich für Öffentlichkeitsarbeit zuständig, wurde von Kreisky als Emissär zum SPÖ-Landesvorsitzenden der Steiermark Alfred Schachner-Blazizek gesandt, um sich die Stimmen der steirischen Delegierten zu sichern. Der steirische SPÖ-Obmann versicherte Blecha, dass Kreisky unterstützt wird. Mit dieser Zusage des damals in den Bundesländern angesehenen Schachner-Blazizek klapperte Blecha dann die anderen Landesorganisationen der SPÖ ab, sodass Kreisky schließlich mit fast allen Stimmen der Bundesländer-Delegierten rechnen konnte. Eine Mehrheit war damit aber nicht sicher. Hätten die Delegierten der Wiener SPÖ und der Fraktion Sozialistischer Gewerkschafter geschlossen gegen Kreisky gestimmt, wäre es sehr knapp geworden. Dass es dann doch zu einer Zweidrittelmehrheit reichte, verdankte Kreisky seinem alten Mitstreiter von den Revolutionären Sozialisten Felix Slavik, damals Stadtrat in Wien, der sich erfolgreich dafür einsetzte, den Wiener Delegierten die Abstimmung freizugeben.

ZWISCHEN OTTO BAUER UND KARL RENNER

Bruno Kreisky verehrte Otto Bauer, den geistigen Führer der Sozialdemokratie in der Zwischenkriegszeit. »Ich fühlte mich von Anfang an mit allen Fasern meines politischen Denkens an ihn gebunden«, schilderte Kreisky später. In seinen späteren Jahren, besonders als Regierungschef, hielt er sich mehr an den Pragmatiker Karl Renner, den geistigen Gegenspieler von Otto Bauer.

Die beiden Großintellektuellen des Austromarxismus einte einiges und trennte vieles. Beide waren der Meinung, dass eine soziale Revolution nur in einem großen Staat gelingen könne, plädierten also nach dem Zusammenbruch der österreichisch-ungarischen Monarchie 1919 für einen Anschluss Österreichs an Deutschland. Beide hielten auch das kleine Österreich als Rumpfstaat der Monarchie wirtschaftlich nicht für lebensfähig. Als ein Zusammenschluss mit Deutschland nach dem Friedensvertrag von St. Germain kurzfristig nicht möglich schien, beschäftigten sich Renner und Bauer in einer intensiven, zum Teil kontroversen Diskussion damit, wie man das kleine Österreich im sozialdemokratischen Sinn umwandeln könne. Otto Bauer vertrat den radikaleren Ansatz, sowohl was die Ziele als auch den Weg dorthin betraf. Bauer glaubte, dass ein sozialistischer Staat nur verwirklich werden könne, wenn man den Staat »als Vollzugsorgan der herrschenden Kapitalistenklasse« zur Gänze in die Hand bekam. Ein Eintritt der Sozialdemokratischen Arbeiterpartei (SDAP) in eine Koalition mit bürgerlichen Parteien sei daher abzulehnen, Renner sah das viel nüchterner. Auf dem Parteitag 1927 in Wien mahnte er, ohne Bauer namentlich zu erwähnen, jeder führende Genosse hätte nicht in erster Linie die Pflicht, die Massen aufzuhetzen: »Er hat dem flammenden Herzen der Arbeiterklasse die kalt erwägende Vernunft hinzuzufügen«. Es sei eine Gefahr und ein Widerspruch, immer von Revolution zu reden und zugleich behaupten zu müssen, dass man sie nicht machen könne.

So sehr Bruno Kreisky in seiner Jugend Otto Bauer verehrte, als Erwachsener folgte er klar Karl Renners strategischen Überlegungen. Das erhellt, wenn man Renners Rede auf dem Parteitag 1927 analysiert. Renner meinte, Bauers Strategie, die ganze Staatsmacht oder nichts, führe in die Irre. Diese gehe von der falschen Annahme aus, »dass man mit 49 Prozent ohnmächtig ist und mit 51 Prozent allmächtig wird«. Selbst bei 51 Prozent in Gesamtösterreich hätte man in der Landbevölkerung bei Weitem keine Mehrheit, der Umbau zu einer sozialistischen Gesellschaft gegen diesen großen Teil der Bevölkerung wäre nicht möglich. Man müsse alles unterlassen, was die bürgerlichen Parteien eint, sondern den Bürgerblock durch Koalitionsbereitschaft in seine Bestandteile auflösen, auch wenn die SDAP als Minderheit in die Regierung eintrete. Bauer sah das ganz anders. Man müsse die der SDAP noch fernstehenden Angestellten und Arbeiter gewinnen, indem man ihnen den Klassencharakter der bürgerlichen Herrschaft vor Augen führt, sodass sie schließlich erkennen, dass die bürgerlichen Parteien »Werkzeuge des Großkapitals sind«. Bauer wollte also warten, bis die Mehrheit der Wähler das richtige Klassenbewusstsein entwickelt hatte und der SDAP bei Wahlen die absolute Mehrheit verschaffte, womit man dann eine sozialistische Gesellschaft errichten könne. Das wiederum hielt Renner für eine Illusion. Es sei besser, in eine Koalition einzutreten, und notfalls auch Konzessionen an das bürgerliche Lager zu machen. Sei eine Belastung des Proletariats nicht zu vermeiden, so gelte die Maxime, es sei besser »selbst das Maß der Last zu messen, als dies den Gegnern allein zu überlassen«. Die Parteiführung müsse aussprechen, was sie morgen zu tun haben wird, auch wenn sie dadurch in der Regel zunächst alleinsteht: »Notwendigkeiten, die in der Zeit liegen, die morgen jedermann erkennt, heute erkennen, ist Führung!« Nach dieser Maxime handelte Kreisky später als Parteivorsitzender, als er zum Beispiel eine Volksabstimmung über das Atomkraftwerk Zwentendorf durchsetzte oder als er den parteilosen Kirchschläger für das Amt des Bundespräsidenten vorschlug – wovon nicht alle in den Parteigremien überzeugt waren.

Auch in der Koalitionsfrage mit bürgerlichen Parteien folgte Kreisky schließlich Renners Überlegungen und ortete dazu Fehler der Parteiführung in den 1930er-Jahren. Die Regierung des christlich-sozialen Kanzlers Prälat Ignaz Seipel hatte 1930 große wirtschaftliche Schwierigkeiten, als er der SDAP anbot, in eine Koalition einzutreten. Die SDAP lehnte aber ab, weil sie nicht die Verantwortung für die drohende Belastung der Bevölkerung übernehmen wollte. Kreisky meinte, der damalige Parteivorstand hätte den Mut haben sollen, das Angebot Seipels anzunehmen. Dann wäre es nicht zum 12. Februar 1934 gekommen, weil es sehr unwahrscheinlich gewesen wäre, dass die Koalitionspartner von 1931 wenig später aufeinander geschossen hätten. Außerdem hätten Christlich-Soziale und Sozialdemokraten gemeinsam ein Bollwerk gegen die Nazis bilden können. Das ist im Nachhinein eine interessante Spekulation. Das Misstrauen zwischen den von Seipel und Bauer geführten Parteien war damals allerdings schon so groß, dass keiner dem anderen über den Weg traute.

Die Debatten zwischen Bauer und Renner wurden vor allem in der theoretischen Zeitschrift *Der Kampf* publiziert, die damals Pflichtlektüre für jeden sozialdemokratischen Funktionär war. Kreisky war also voll informiert über die innerparteilichen Flügelkämpfe. In seiner Jugend folgte er Otto Bauer ohne Vorbehalt. Dieser beriet ihn sogar bei seiner Studienauswahl. Kreisky sollte auf Wunsch der Eltern eigentlich Medizin studieren. Bauer riet ihm davon ab. Mediziner seien beruflich so eingespannt, sodass sie wenig Zeit für die Parteiarbeit hätten. Juristen hätten es da leichter, außerdem brauche die Partei Juristen. Für Bauer stand also nicht der persönliche Nutzen der Berufswahl für den Studierenden im Vordergrund, sondern der Nutzen für die Partei. Kreisky studierte also Jus. Dem Rat Bauers entsprechend stand für ihn immer die Partei im Mittelpunkt seines Lebens, getreu dem Gedicht des damals sehr populären Dichters Georg Herwegh: »Partei, Partei, wer wolle sie nicht nehmen, die doch die Mutter aller Siege war!« Die Partei war freilich auch die Mutter vieler Niederlagen, wie sich Kreiskys später in seinen Memoiren erinnerte. Aber auch in der Niederlage vermittelte die Partei für ihre Anhänger noch Geborgenheit.

Nach den Februarkämpfen 1934 verbot das seit 1933 autoritär regierende Dollfuß-Regime die SDAP, beschlagnahmte ihr Vermögen und verurteilte zahlreiche Mitglieder des Schutzbundes, der Wehrorganisation der SDAP, zum Tod durch den Strang. Neun Schutzbündler wurden hingerichtet. Otto Bauer floh in die Tschechoslowakei, außer der Schweiz der einzige Nachbarstaat Österreichs, der demokratisch regiert wurde. Die SDAP hatte zu bestehen aufgehört. Von den demoralisierten Parteimitgliedern gingen einige zu den Kommunisten, andere zu den Nationalsozialisten, die meisten blieben indifferent. Ein kleiner Kern vereinte sich zu einer neuen Partei, den Revolutionären Sozialisten (RS). Der Vorsitzende war zuerst Manfred Ackermann, dann Karl Hans Sailer und nach deren Verhaftung Joseph Buttinger.

Die Jugendorganisation des RS wurde von Roman Felleis, Bruno Kreisky und anderen auf einer Lichtung im Wienerwald gegründet. Die Revolutionären Sozialisten waren der Überzeugung, dass nur eine durch eine Revolution erreichte Demokratie den Arbeitern das bringen würde, was ihnen 1919 versagt geblieben war. Wie das funktionieren sollte, blieb in den wenigen theoretischen Schriften der Revolutionären Sozialisten allerdings unklar. Otto Bauer, nie Mitglied bei den Revolutionären Sozialisten, leistete Formulierungshilfe: »Bis zur Erreichung der sozialistischen Demokratie, die die persönliche und geistige Freiheit des Einzelnen bringen wird, ist eine revolutionäre Diktatur als Übergangsform notwendig, um den Klassenstaat der Herrenklasse in einen Verein freier Menschen zu verwandeln«. Das war natürlich eine der typischen revolutionären Phrasen Otto Bauers. Karl Renner hat das nach 1945 in sarkastischen Worten dargestellt: »Otto Bauer war gewiss ein sehr scharfsinniger, viel wissender Mensch. Er hat aber zu viel von dem gehabt, was ich das Rabbinertum unter unseren Dogmatikern nannte wie zum Beispiel Max Adler. Ein Abweichen von der Heiligen Schrift war ein schweres Verbrechen. Links das Rohrstaberl, rechts der aufgeschlagene erste Band des *Kapitals* und wehe dem Sünder, der sich durch ketzerische Äußerung gegen diese heilige Bibel vergangen hatte.« Kreisky war später der Meinung, dass der damalige Führer der Revolutionären Sozialisten Joseph Buttinger an der Notwendigkeit pragmatischen Handelns ebenso gescheitert wäre wie Otto Bauer.

1934 war Otto Bauer aber noch uneingeschränktes Vorbild für Kreisky. Bauer war zwar nicht formell Vorsitzender der SDAP, prägte aber als geistiger Führer die Partei. Bauer hatte Brünn als Exil gewählt. Von dort aus wurden behelfsmäßig hergestellte Exemplare der *Arbeiter-Zeitung* nach Österreich geschmuggelt. Kreisky gehörte zu jenen, die Propagandamaterial über die Grenze brachten. Da die tschechischen Zollbeamten bei jedem Grenzübertritt den Pass stempelten, war es für die Staatspolizei des Dollfuß-Regimes leicht, die illegalen

Kontakte zum Auslandsbüro der SDAP in Brünn festzustellen. Mit einem zweiten (gefälschten) Pass konnte man dem ausweichen. Das war aber teuer. Diejenigen, die sich das nicht leisten konnten, wie der spätere Bundespräsident Franz Jonas, gingen über die grüne Grenze. Kreisky hatte einen zweiten gefälschten Pass auf dem Schwarzmarkt erwerben können.

Kreisky war mehrmals bei Otto Bauer in Brünn, auf jeden Fall aber zur Jahreswende 1934/35 bei einer sogenannten Reichskonferenz der Vereinigten Sozialistischen Partei – wie die alte SDAP sich jetzt nannte. Als Vertreter der Revolutionären Sozialistischen Jugend (RSJ) nahmen Bruno Kreisky, Roman Felleis und Otto Probst teil. Auf dieser Konferenz, an der insgesamt 68 Personen teilnahmen, sollte die weitere Strategie in der Illegalität besprochen werden. Unter den Teilnehmern waren (neben Kreisky) viele, die nach 1945 führende Funktionen in der Politik einnahmen: Franz Jonas (später Wiener Bürgermeister und Bundespräsident), Anton Proksch (Sozialminister), Hans Bock und Hubert Pfoch (beide Wiener Stadträte), Otto Probst (Verkehrsminister). Unter den Delegierten war freilich auch ein Spitzel, sodass die meisten nach ihrer Rückkehr von der Staatspolizei verhaftet wurden. Kreisky besuchte Bauer noch einmal in Brünn, um diesen über die Verhaftungswelle zu informieren. Das ging schief – auch Kreisky landete nach der Rückkehr im Gefängnis. Der Staatspolizei war durch eine Verkettung unglücklicher Umstände der Pass mit dem Stempel der tschechischen Grenzbeamten in die Hände gefallen.

Kreisky konnte sich von seinem geistigen Übervater Bauer erst nach dessen Tod 1938 lösen. Da war Kreisky schon in Schweden in der Emigration. Noch während des Krieges wurde für Kreisky klar, dass die von Bauer vertretene Idee, eine sozialdemokratische Revolution sei nur in einem Gesamtdeutschland unter Einschluss Österreichs möglich, nicht mehr infrage kam. Er war daher einer der wenigen ins Ausland gegangenen höheren Funktionäre der SDAP, die die Wiederherstellung eines unabhängigen demokratischen Österreich vertraten. Er geriet damit in Gegensatz zu vielen sozialdemokratischen Exilanten, die nach wie vor von der Notwendigkeit eines Anschlusses an Deutschland überzeugt waren. Kreiskys Abnabelung von Bauer war für ihn durchaus schmerzhaft. Die nächtlichen Stunden in Brünn mit Otto Bauer zählte Kreisky später »zu den ganz großen Glücksfällen meines Lebens«. Er räumte in seinen Memoiren sogar ein, dass er nicht sicher sei, ob er sich vom Einfluss Bauers hätte lösen können, wenn dieser nicht 1938 gestorben wäre.

Nachdem Kreisky die großdeutsche Idee Otto Bauers begraben hatte, entfernte er sich auch von anderen Dogmen des großen Theoretikers. Insbesondere hielt er Otto Bauers Credo für falsch, keine Kompromisse mit den Bürgerlichen einzugehen. Damit war er wieder bei Renners Überlegungen. Vor allem kritisierte Kreisky das Linzer Parteiprogramm der SDAP von 1926, weil es einen »furchtbaren Fehler« enthalten habe. Kreisky bezog sich da auf eine Passage, die offenbar auf Betreiben Otto Bauers aufgenommen wurde: »Wenn sich aber die Bourgeoisie gegen die gesellschaftliche Umwälzung, die die Aufgabe der Staatsmacht der Arbeiterklasse sein wird, durch planmäßige Unterbindung des Wirtschaftslebens, durch gewaltsame Auflehnung, durch Verschwörung mit ausländischen gegenrevolutionären Mächten widersetzen sollte, dann wäre die Arbeitsklasse gezwungen, den Widerstand der Bourgeoisie mit den Mitteln der Diktatur zu brechen.« Die Androhung der Diktatur, wenn auch mit Vorbehalten versehen, verschreckte viele Bürgerliche und verringerte die Chancen auf eine absolute Mehrheit der Sozialdemokratie. Ganz konnte sich Kreisky allerdings nicht von Bauers politischen Überzeugungen lösen. In der Wirtschaftspolitik folgte Kreisky Bauers Dogma, dass zum Funktionieren eines Gemeinwesens im sozialdemokratischen Sinn Großbanken und Großbetriebe im staatlichen Eigentum unerlässlich seien. Das hat sich schließlich nicht als zukunftsfähig erwiesen.

KREISKY AUF RENNER-KURS

Als die SPÖ 1970 mit 48,4 Prozent der Stimmen 81 von 165 Mandaten erreichte, fehlten ihr zur absoluten Mehrheit nur zwei Mandate. Kreisky traf sich noch in der Wahlnacht mit FPÖ-Obmann Friedrich Peter und sicherte sich die Duldung und Unterstützung einer Minderheitsregierung der SPÖ für ein Jahr gegen die Zusage einer Wahlrechtsreform, die der schrumpfenden FPÖ das Überleben sichern sollte. Das war keine offizielle Koalition, aber eine informelle Zusammenarbeit, die Renners Überlegungen sehr nahekam. Kreisky verhandelte zwar mit der ÖVP über eine mögliche Große Koalition, diese scheiterte aber vor allem an der ÖVP. Die damalige Führung der ÖVP hielt das Wahlergebnis für einen Betriebsunfall, gewissermaßen einen Irrtum der Wähler, der bei der nächsten Wahl korrigiert werde. Sie verlangte daher von der SPÖ eine Parität bei der Anzahl der Ministerien, Kreisky konterte mit einer Ministeriumsliste, die für seine Partei ein Ministerium mehr auswies. Das wollte die ÖVP nicht akzeptieren, weil sie glaubte, die SPÖ-Mehrheit werde nur eine Episode bleiben. Welch ein Irrtum!

Kreisky wagte also eine Minderheitsregierung und hielt 1971 die Zeit für günstig, in Neuwahlen zu gehen. Für Kreisky war klar, dass es in Österreich keine linke Mehrheit für die Umgestaltung des Landes in eine sozialistische Gesellschaft gab, von der noch die Austromarxisten der Zwischenkriegszeit träumten. Er sprach daher im Wahlkampf nicht vom Sozialismus, sondern von der notwendigen Modernisierung

Österreichs. Er appellierte auch an die Wähler, ein Stück des Weges mit der Sozialdemokratie zu gehen, auch wenn sie nicht mit allen Zielvorstellungen der SPÖ übereinstimmen. Das war ein genialer Satz. Er machte die Wähler darauf aufmerksam, dass man der SPÖ die Stimme bei der nächsten Wahl wieder versagen konnte, wenn man nicht zufrieden war. Angestrebt war also ein Bündnis mit nichtsozialistischen Wählern auf Zeit. Im Kern war das Renners Konzept, mit Bürgerlichen Koalitionen einzugehen, allerdings modifiziert: Anstelle einer Koalition mit einer anderen Partei schwebte Kreisky eine Wählerkoalition vor.

Demoskopen rechneten, dass die SPÖ unter Kreisky 5 bis 7 Prozent bürgerliche Wähler erreichte. Das waren keine Stammwähler, um diese Gruppen musste man bei jeder Wahl kämpfen. Diese Wähler durfte man nicht verschrecken. Daraus resultierte Kreiskys Widerstand gegen die Fristenlösung, obwohl sich im Nachhinein herausstellte, dass diese mehrheitlich von der Bevölkerung akzeptiert wurde. Argwöhnisch beobachtete Kreisky auch Brodas Reformen, um festzustellen, ob diese nicht zu weit gingen und bürgerlich-liberale Wähler davon abhalten könnten, ein Stück des Weges mit der Sozialdemokratie zu gehen. In den *Salzburger Nachrichten* fasste Kreisky seine politische Taktik in einem Satz zusammen: »Solange ich regiere, wird rechts regiert!« Er meinte natürlich nicht rechts im üblichen Sinn, sondern rechts innerhalb des sozialdemokratischen Spektrums. In der SPÖ ging diese Aussage einigen zu weit. Kreisky zögerte daher nicht, am nächsten Tag zu dementieren, dass er das gesagt habe. Für Journalisten bestand aber kein Zweifel, dass er es gesagt hat. Dafür stand die Seriosität des Redakteurs und außerdem deckte es sich auch mit seiner Politik.

1972 wurde ein Gesetz beschlossen, das die Parteien finanziell in die Lage versetzte, Bildungsinstitutionen zu betreiben. In der SPÖ war man unschlüssig über den Namen für die Parteiakademie. Die Wiener SPÖ plädierte für Otto-Bauer-Institut, weil sie ihr schon 1958 gegründetes Fortbildungsinstitut Otto-Bauer-Heim genannt hatte. Kreisky sprach sich jedoch für die Benennung nach Karl Renner aus und setzte sich durch. Diese Namensgebung symbolisierte auch die Entwicklung Kreiskys vom jugendlichen Revolutionär und Anhänger Otto Bauers zum Pragmatismus von Karl Renner. Trotz aller Kritik an Otto Bauer distanzierte sich Kreisky nie von ihm. Das wäre ja auf eine Distanzierung von seinem politischen Wirken als Jugendlicher hinausgelaufen. Und das kam für ihn nicht infrage. Kreisky zitierte dazu aus seinem großen Bildungsfundus einen Satz aus *Don Carlos*. Darin bekennt sich Friedrich Schiller zu den Idealen der Jugend, indem der Marquis von Posa dem Königssohn ausrichten lässt: »Sagen Sie ihm, dass er für die Träume seiner Jugend soll Achtung tragen, wenn er Mann sein wird!« Eleganter kann man einen Sinneswandel kaum begründen.

DER EINZELKÄMPFER

Kreisky war während seiner politischen Tätigkeit in der SPÖ in keine Seilschaft eingebettet. Er war ein Einzelkämpfer und als solcher sehr misstrauisch gegenüber möglichen Verschwörungen. Auf Kritik konnte er ziemlich wütend reagieren. Der Psychiater Reinhard Haller erklärt das so: »Narzisstische Menschen reagieren auf Kritik oder Bloßstellung mit oft unbeherrschbarem Zorn, mit blinder Wut, mit Rachegefühlen und Aggressivität. Zweifel an der eigenen Großartigkeit sind für Narzissten nicht zu ertragen. Kränkungen seiner Person erlebt er viel schlimmer als körperliche Verwundungen, tatsächliche oder vermeintliche Kritik ist ihm unerträglich und unverzeihbar«. Viele Weggenossen haben Kreisky genauso erlebt.

Menschen mit einem übersteigerten Selbstdarstellungsbedürfnis haben wenig wirkliche Freunde. Kreisky war daher schon in der Sozialistischen Arbeiterjugend (SAJ) ein Außenseiter. Er hatte sich ganz bewusst dafür entschieden, sein politisches Engagement nicht bei den Sozialistischen Studenten, sondern in der SAJ einzubringen. Er trat daher von den Sozialistischen Mittelschülern direkt in die SAJ über. Unter den führenden Funktionären der SAJ, von denen viele nach 1945 Karriere in der SPÖ machten, war er der einzige Student. Das brachte ihn oft in Gegensatz zu den »Nichtstudierten« in der SAJ. Einer seiner Gegenspieler war Otto Probst, später Bezirksparteiobmann von Wiens größtem Bezirk Favoriten, in dem er bei Wahlen bis zu 75 Prozent für die SPÖ einfuhr, was ihm den Beinamen »Kaiser von Favoriten« einbrachte.

Kreisky war 1967 gegen den erklärten Willen von Teilen der Wiener SPÖ und der SPÖ-Gewerkschafter zum Bundesparteiobmann gewählt worden. Kreisky war danach bemüht, seine Gegner auf seine Seite zu bringen. Das gelang mit ÖGB-Präsident Benya sehr gut. Es war aber keine Freundschaft, sondern eine Interessengemeinschaft. Otto Probst war für Kreisky schwieriger zu gewinnen, er versuchte es aber. Er regte einmal gegenüber Chefredakteur Scheuch an, die *AZ* sollte Probst gut behandeln. Also rückte ich zu einem Interview mit Probst aus. Das Interview war nicht sehr ergiebig. Probst war der typische Arbeiterführer, nicht sehr sprachgewandt, hatte er mit den Intellektuellen in der Partei seine liebe Not – wie das in der Geschichte der SPÖ oft zu beobachten war. Nach dem Interview bei einer Tasse Kaffee wollte ich von Probst wissen, wie das damals in der SAJ war. Probst blieb einsilbig, meinte aber dann doch: »Kreisky hätte ja eigentlich zu den Studenten gehört. Bei der Arbeiterjugend war er dann halt der G'scheite!« Die Art und Weise, wie Probst das sagte, ließen unschwer seine Abneigung gegen Kreisky erkennen. Es ist gut nachvollziehbar, dass der Arbeiter Probst in einer Diskussion dem eloquenten und gebildeten Kreisky nicht gewachsen war. Der Stachel saß tief. Dazu kam, dass Kreisky und Probst zeitweise um dasselbe Mädchen in der SAJ warben. Man soll das nicht überschätzen, aber Sympathie brachte das Kreisky bei den Arbeiterjugendlichen nicht ein. Die Stimmung in der SAJ lässt sich dazu nach den überlieferten Erzählungen etwa so zusammenfassen: Da kommt der studierte Besserwisser zu uns, wo er gar nicht hingehört, und dann macht er sich auch noch an unsere Mädchen heran.

Probst war ein Machtpolitiker, der als Zentralsekretär der SPÖ von 1946 bis 1970 die Zügel fest in der Hand hielt. Als Verkehrsminister in der Großen Koalition unter ÖVP-Kanzler Gorbach von 1963 bis 1966 agierte Probst ungeschickt und

Innerparteiliche Gegnerschaft wird oft sehr erbittert ausgetragen. Daraus entwickelte sich der Kalauer: »Freund, Feind, Parteifreund«. Otto Probst war Kreiskys Gegner von der SAJ bis in die Spitzenfunktionen. Das Foto zeigt Kreisky und Probst bei einem gemeinsamen Auftritt im »Vorwärts« 1967. Die Körpersprache der beiden spricht Bände.

glücklos. Trotzdem hatte ich eine gewisse Achtung für Probst. Er hatte für seine politische Überzeugung viel erdulden müssen. Im diktatorischen Ständestaat zweimal inhaftiert, steckten ihn die Nazis 1939 bis 1943 in das KZ Buchenwald. Anschließend war er bis Kriegsende in einer Strafkompanie der deutschen Wehrmacht an der Ostfront, wo er nur mit Glück überlebte. Als Kreisky 1967 zum Parteiobmann gewählt wurde, sah er sich plötzlich wieder seinem alten Konkurrenten Probst gegenüber, der als Zentralsekretär die Organisation der Partei leitete. Das Wahlprogramm und den Wahlkampf 1970 entwickelte aber Kreisky in enger Zusammenarbeit mit Karl Blecha, dem späteren Zentralsekretär. Erst nach der Wahl gelang es Kreisky, Probst in das Nationalratspräsidium wegzuloben.

Das gemeinsame Foto von Kreisky und Broda auf der Regierungsbank täuscht Harmonie vor. In Wirklichkeit war Broda für Kreisky innerparteilich der gefährlichste Gegner. Broda schmiedete im SPÖ-Präsidium Allianzen für Androsch, sodass Kreisky in diesem Gremium keine Mehrheit gegen Androsch bekam.

In seinen Memoiren berichtet Kreisky selbst, auf welche Vorbehalte er als Maturant in der SAJ stieß. Es gab sogar einmal einen Anlauf, ihn aus der SAJ auszuschließen, »um den proletarischen Charakter der SAJ zu bewahren«. Das war die nächste große Kränkung für Kreisky. Dass bei der Ablehnung durch die SAJ auch antisemitische Überzeugungen eine Rolle gespielt haben, ist nicht auszuschließen. Schließlich wurde er in seiner Bezirksgruppe in Wien-Wieden sogar abgewählt und nach Niederösterreich ins Tullnerfeld geschickt. Treibende Kraft dabei war Otto Probst. Eine Entsendung in das von den Christlich-Sozialen stark beherrschte Niederösterreich kam einer Verbannung in die Wüste gleich. In der Wiener SPÖ konnte er lange nicht reüssieren. Die stark von Arbeitern geprägte Partei der Bundeshauptstadt hatte starke Vorbehalte gegen den als idealistischen Bourgeois geltenden Kreisky. Bei seinem Aufstieg bis zum Parteivorsitzenden musste Kreisky immer wieder innerparteiliche Hürden überwinden. 1933 wurde er in einer Kampfabstimmung gegen Karl Czernetz zum Vorsitzenden des Reichsbildungsausschusses der SAJ gewählt. Damit oblag ihm die Verantwortung für die politische und kulturelle Erziehungsarbeit der SAJ. Diese Funktion galt als Sprungbrett für den Aufstieg zum Verbandsobmann der SAJ. Dazu sollte es allerdings nicht kommen. Der Austrofaschismus unterbrach Kreiskys Parteikarriere.

Aber auch danach war es für Kreisky nicht leicht, in der Partei weiter aufzurücken. Nach seiner Rückkehr aus Schweden verhinderten seine ehemaligen Kollegen aus der SAJ sogar eine Kandidatur für den Nationalrat auf der Wiener Liste. Kreisky musste nach Niederösterreich ausweichen. 1956 zog er für den Wahlkreis St. Pölten als Nationalratsabgeordneter in das Parlament ein, hatte bei der Wahl in den Bundesparteivorstand aber noch eine Hürde zu nehmen: Der mächtige Innenminister Helmer schlug den Bürgermeister von St. Pölten Rudolf Singer als niederösterreichischen Vertreter im Parteivorstand vor, doch in einer Kampfabstimmung wurde Kreisky gewählt, allerdings nur mithilfe von Wiener Stimmen, die sich Kreisky offensichtlich organisiert hatte. Kreisky sammelte also einige Erfahrung in Fraktionskämpfen, bevor er 1967 zur finalen Entscheidungsschlacht um den Parteivorsitz antrat.

Kreisky hatte sich während seiner Tätigkeit in der Wiener SAJ offensichtlich einige Feinde geschaffen. Hubert Pfoch, langjähriger Stadtrat in Wien, gehörte zum engeren Kreis der SAJ. Er hat mir gegenüber seine starken Vorbehalte zum Ausdruck gebracht. Er meinte, dass Roman Felleis damals der unbestrittene Führer war, der es wohl eher verdient hätte, Parteivorsitzender zu werden als Kreisky. Felleis war in der Tat eine herausragende Figur in der SAJ. Kreisky widmete ihm in seinen Memoiren mehrere bewundernde Seiten. Das Schicksal wollte es anders. Felleis starb 1944 im Konzentrationslager Buchenwald tragischerweise während eines US-Bombenangriffs. Laut Pfoch galt es in der SPÖ auch als ausgemacht, dass nach Pittermann der nächste Parteivorsitzende Peter Strasser werden sollte, der charismatische SJ-Obmann. Dieser starb allerdings frühzeitig 1962. Angesichts des frühen Todes der beiden Genannten muss Spekulation bleiben, ob diese die Strahlkraft Kreiskys gehabt hätten, die die Sozialdemokratie in Österreich so lange an der Macht gehalten hat.

Ernst Winkler, Gefährte Kreiskys in der SAJ, hatte auch Vorbehalte gegen Kreisky. Winkler war von 1956 bis 1966 SPÖ-Abgeordneter zum Nationalrat. Als Bezirksparteiobmann von Mistelbach lernte er meinen Vater kennen, der in der SPÖ als Funktionär aktiv war. Es entwickelte sich eine tiefe Freundschaft. Nach dem frühen Tod meines Vaters hatte ich noch einige Male Kontakt mit Winkler. Winkler kam in seinen Erzählungen von der Emigration in Schweden auch auf ein Treffen mit Kreisky zu sprechen. Winkler war 1936 nach Norwegen emigriert und erst 1938 nach Schweden gekommen. Er meldete sich telefonisch bei Kreisky, der damals schon wohlbestallter

Angestellter bei der schwedischen Konsumgesellschaft war, und sie vereinbarten ein Treffen in einem Café. Winkler und Kreisky hatten einander aus der gemeinsamen Parteiarbeit in den 1930er-Jahren gut gekannt. Es kam zu keinem tieferen Gespräch, denn nach einer Stunde musste Kreisky wieder weg. Winkler: »Er hat in dieser Zeit nur von sich erzählt und mich kein einziges Mal gefragt, wie es mir geht. Und mir ging es nicht so gut.« Winkler musste sich als Holzfäller in Schweden durchbringen.

Die Ich-Bezogenheit Kreiskys wurde mit steigendem Lebensalter immer ausgeprägter. In seiner Rede beim Begräbnis von Heinz Brantl, dem legendären Werbechef der SPÖ, sprach er 1977 zum Erstaunen der Trauergäste fast nur über sich und nicht über den Toten. Brantl fühlte sich nach erfolgreichen Werbekampagnen für die SPÖ Anfang der 1970er-Jahre später nicht richtig wertgeschätzt, zumal Karl Blecha als Zentralsekretär das Heft in die Hand nahm und Brantl damit nur zum ausführenden Organ wurde. Brantl hatte sich am Beginn seiner Tätigkeit Hoffnungen gemacht, Staatssekretär für Information werden zu können, so wie Karl Pisa in der Zeit der ÖVP-Alleinregierung von Josef Klaus. Daraus wurde freilich nichts. Es hätte auch nicht funktioniert. Kreisky war ja sein eigener Regierungssprecher. Brantl litt wohl auch unter Depressionen. Nach dem Tod seiner Frau beging er Selbstmord. Dass Kreisky in der Trauerrede für Brantl mehr über sich als über den Verstorbenen sprach, ist gut nachvollziehbar, wenn man einige Male die stundenlangen Monologe Kreiskys in der Villa in der Armbrustergasse erlebt hat. Narzissten haben ein ausgeprägtes Selbstdarstellungsbedürfnis, denken nur an sich und sind unfähig, sich in andere hinein zu fühlen. Jürgen Leinemann, *Spiegel*-Redakteur und Buchautor, hat sich intensiv mit der Droge Politik in seinem Buch *Höhenrausch* auseinandergesetzt. Für ihn ist verweigertes Einfühlungsvermögen ein Selbstschutz: »Man ist selbst am wichtigsten. An den anderen zählt nur, ob sie nützen oder schaden. Für Feinde und Rivalen, für Menschen, die genauso machtgeil sind wie sie und ihnen gefährlich werden können, haben Politiker aber einen ganz feinen Blick. Da sehen sie jede Regung.«

Ernst Winkler hat trotz seiner Mentalreservation gegenüber Kreisky dann doch entscheidende Hilfe geleistet, damit dieser Vorsitzender der SPÖ werden konnte. Nach der Wahlniederlage der SPÖ 1966 hatte Kreisky über Nacht kein Büro mehr. Der damalige SPÖ-Vorsitzende Bruno Pittermann, der Kreisky absolut nicht mochte, wollte diesem zunächst in der SPÖ-Zentrale in der Löwelstraße kein Zimmer geben. Otto Probst, sein alter Gegenspieler in der SAJ, war damals SPÖ-Zentralsekretär und wollte Kreisky auch nicht in der Parteizentrale sehen. Mit seiner Funktion als stellvertretender Parteiobmann der SPÖ Niederösterreich konnte Kreisky dann ein Zimmer in der Grillparzerstraße ergattern, dem Sitz der SPÖ-Landesorganisation. Wenig später überließ Ernst Winkler seinem Gefährten aus der Jugendzeit den Vorsitz der SPÖ Niederösterreich. Kreisky hatte nun den Parteiapparat einer großen Landesorganisation zur Verfügung und konnte von hier aus seine weitere Parteikarriere vorantreiben. Er initiierte sofort einen Plan für Niederösterreich, parteiintern »Hessen-Plan« genannt. In Hessen hatte der legendäre SPD-Ministerpräsident Georg-August Zinn schon 1951 ein Entwicklungsprogramm für Wohnen, Soziales, Kultur, Bildung, Wirtschaft und Verkehr ausarbeiten lassen, das 1965 mit einem Schwerpunkt für den Ausbau der Infrastruktur im ländlichen Raum ergänzt wurde. Kreisky holte Zinns Regierungsdirektor Otto Georg für einen Vortrag nach Wien und beorderte schließlich noch niederösterreichische SPÖ-Mandatare nach Hessen. Deren Erkenntnisse mündeten dann in einen Plan für die Entwicklung von Niederösterreich, der 1968 präsentiert wurde. Inzwischen war Kreisky 1967 zum Bundesparteivorsitzenden gewählt worden und schied damit aus der Landespolitik aus. Der »Hessen-

Plan« hat dann aber doch Spuren hinterlassen, und zwar auf Bundesebene. Es war dies gewissermaßen der Vorläufer für die später von Kreisky forcierten Pläne der 1400 Experten. Es waren zwar im Kern nur einige Dutzend Autoren, die tatsächlich mit der Endredaktion der Papiere beschäftigt waren, aber der Slogan der 1400 Experten blieb propagandamäßig im Bewusstsein.

DIE TRAUMATA KREISKYS UND BRANDTS

Journalisten, die versuchten, hinter den Fassaden von Kreisky oder Brandt den Menschen zu entdecken, scheiterten. Oriana Fallaci, italienische Starjournalistin, interviewte Willy Brandt mehrmals: »Wenn man versucht, seine Seele zu durchstöbern, zieht er sich höflich zurück und schweigt. Ich versuchte es immer wieder, vergeblich. Er öffnete sich, sobald ich den Politiker befragte, er verschloss sich, als ich den Menschen suchte.« Die österreichische Journalistin Elisabeth Horvath machte ähnliche Erfahrungen. Trotz mehrerer Interviews auf Mallorca kam sie an den Menschen Kreisky nicht heran: »Bruno Kreisky war nicht dazu zu bewegen, aus sich heraus zu gehen. Trotz seiner oft geübten Bereitschaft, über sich, sein Leben, seine Beweggründe, seine Entscheidungsfindungen zu reflektieren; sobald ich nach dem tiefer greifenden ›Warum‹ in bestimmten personalpolitischen Entscheidungen zu fragen begann, verfiel er in Schweigen.« Viktor Reimann, der 1972 die erste Biografie über Kreisky vorlegte, kam zu ähnlichem Urteil: »Kreisky ist in sich geschlossen wie ein Berg. Er lässt seine inneren Gefühle nicht nach außen dringen.« Reimann meinte, Kreisky ziehe einen Schleier über seine Persönlichkeit, ähnlich dem *Mann ohne Eigenschaften* von Robert Musil, das Kreiskys Lieblingsbuch war. Bedeutende Politiker lassen sich eben von Journalisten nicht auf die Couch legen.

Wenn man von Kreisky begrüßt wurde, legte er seine schlaffe Hand in die Hand des Begrüßten. Lars Brandt berichtet über Ähnliches bei seinem Vater Willy Brandt in seinem Buch *Andenken*: »Die Hand, die er einem zum Gruß entgegenstreckte, griff nicht zu.« Diese Art des Handgebens signalisiert Desinteresse am Begrüßten, wohl auch Unsicherheit. Lars Brandt hat seinen Vater so beobachtet: »Persönliche Kontakte forderten ihm etwas ab, was aufzubringen schwerfiel.« Tatsächlich konnte man auch bei Kreisky beobachten, dass er sich in Menschenansammlungen besser aufgehoben fühlte als bei einzelnen. Sowohl Kreisky wie auch Brandt hatten in ihrer Kindheit frühe Traumata erleben müssen. War es bei Kreisky die Kränkung durch die vermeintliche familiäre Benachteiligung gegenüber seinem Bruder sowie die Diskriminierung als Jude, so war es bei Brandt die uneheliche Geburt, unter der er lange litt. Seine Mutter war ledig, als sie ihren Sohn Willy gebar, sie verriet ihm den Namen des Vaters erst, als er schon ein erwachsener Mann war. Persönlich getroffen hat er seinen leiblichen Vater nie. Zu seiner Mutter, die als desorganisierte Person beschrieben wird, hatte Brandt keine Beziehung. Er nannte sie distanziert »die Frau, die meine Mutter war«. Als diese heiratete, wuchs Brandt bei seinem Stiefgroßvater auf. Brandt bezeichnete seine Kindheit als chaotisch. Dazu kam die öffentliche Stigmatisierung. Ein uneheliches Kind zu sein, das war zu jener Zeit eine Schande, man war der Bankert. Diese »Schande« verfolgte Brandt sogar bis in den Wahlkampf für die Bundestagswahl, als Bundeskanzler Konrad Adenauer darauf Bezug nahm und ihn als Herrn Frahm verspottete – mit dem Mädchennamen seiner Mutter, den er in der Emigration abgelegt hatte. Brandt litt sein Leben lang darunter, dass er als Kind nie die Nestwärme einer Familie kennenlernen durfte.

Brandts Biograf Peter Merseburger erklärt dessen Affären mit der ständigen Suche nach dieser vermissten Geborgenheit.

Es gab aber einige deutliche Unterschiede zwischen diesen beiden großen Männern der europäischen Sozialdemokratie. Kreisky stammte aus dem Bürgertum, Brandt wurde im proletarischen Milieu Deutschlands sozialisiert. Er holte sich die Motivation für sein politisches Handeln direkt aus persönlichen Erfahrungen im Elend des Proletariats. Für Kreisky war auch die Arbeitslosigkeit prägend, wenn auch nicht aus direkter Erfahrung. Der im Judentum verankerte Gerechtigkeitssinn mag wohl zusätzlich Ansporn gewesen sein, sich in der Sozialdemokratie zu engagieren. Beide brauchten die Droge Politik aber auch zur Bewältigung ihrer ganz persönlichen Probleme. Brandt brauchte dazu noch andere Drogen: Tabak und Alkohol. Auch bei Frauen war Brandt nicht zurückhaltend, obwohl dies nach Auskunft seiner Söhne von der Publizistik übertrieben dargestellt wurde. Kreisky rauchte nicht, trank kaum Alkohol, war aber nicht ganz so abstinent bei Frauen. Kreisky war kein schöner Mann im klassischen Sinn. Er wusste das und spöttelte über sich selbst, aus Friedrich Torbergs *Tante Jolesch* zitierend: »Alles, was a Mann schöner is als a Aff, is a Luxus!« Gleichwohl hatte Kreisky eine große Wirkung auf Frauen. Macht, gepaart mit Intellekt, hat zu allen Zeiten schöne Frauen angezogen. Kreisky konnte gegenüber Frauen aber auch ausnehmend charmant sein. Wenn er Journalisten zum Heurigen Zimmermann geladen hatte, umgarnte er besonders Journalistinnen mit Höflichkeiten.

Marietta, die Frau des oben zitierten Schriftstellers, etwa erlag Kreiskys Charme. Die Beziehung mit ihr führte 1962 dazu, dass Friedrich Torberg sich scheiden ließ. Gegenüber der Schriftstellerin Brigitte Schwaiger, die mit Torberg eine kurze Liaison hatte, beklagte er sich, dass seine Frau »sich nicht für seine Texte, sondern für die eines Wahlredners interessierte«. Das Verhältnis zwischen Friedrich Torberg und Bruno Kreisky blieb trotzdem intakt. Kreisky hielt bei Torbergs Begräbnis sogar die Trauerrede. Später hatte Kreisky eine Affäre mit der Schauspielerin Senta Wengraf, wie diese nach dem Tod Kreiskys in einem Interview bestätigte. Bei Empfängen oder Heurigenabenden ließ Kreisky sie auf die Einladungsliste setzen. Da sie nicht die einzige Teilnehmerin aus der Kulturszene war, fiel ihre Anwesenheit nicht weiter auf. In der SPÖ wussten aber einige Bescheid. Auch Journalisten wussten davon, schrieben aber nicht darüber. Nicht nur die Politiker waren früher anders, sondern offenbar auch die Journalisten. Ein Skandal wäre es ja nur gewesen, wenn er eine Geliebte in ein politisches Amt gehievt hätte. Weithin bekannt war, dass Kreiskys Frau Vera schwer krank war. Sie hatte nach der sehr schweren Geburt ihres zweiten Kindes eine postnatale Stoffwechselstörung erlitten, die in eine schwere Depression mündete. Kreiskys Sekretäre berichten übereinstimmend, dass der Kanzler selbst während wichtiger Sitzungen Anrufe seiner Frau annahm und beruhigend auf sie einredete, wenn sie wieder einmal von Depressionen geplagt wurde. Anders als Willy Brandt, der sich zweimal scheiden ließ, verließ Kreisky seine Frau nicht. In dieser Hinsicht war er altmodisch und die Zuneigung zu seiner kranken Frau ungebrochen.

KREISKY UND DIE »KLEINEN LEUTE«

Nach der Angelobung der Minderheitsregierung Kreisky durch Bundespräsident Franz Jonas im Frühjahr 1970 gingen die Minister zurück ins Bundeskanzleramt. Da stellte sich Kreisky ein altes Ehepaar in den Weg. Der Mann stellte sich als pensionierter Straßenbahner vor und sagte, er sei extra hierhergekommen, um Kreisky alles Gute zu wünschen: »Zum ersten

Mal in der Geschichte stellt ein Vertreter der klan Leut den Regierungschef! Ich bin so dankbar, dass i des noch derleben hab' dürfen! I wünsch Ihnen alles Gute!« So dachten damals viele und das gab der Sozialdemokratie die Kraft, die österreichische Politik für Jahrzehnte zu bestimmen. Kreisky war sichtlich gerührt.

Wo immer Kreisky hinkam, wurde er von Menschen umringt, wie hier bei einer Wahlveranstaltung 1975.

Dass Kreisky auch außerhalb von Wahlkampfzeiten nicht den Kontakt zu den »kleinen Leuten« verlor, dafür sorgte seine Telefonnummer, die Zeit seines Lebens im Telefonbuch stand. Und diese Nummer wurde von den Menschen auch benützt. Wenn Kreisky um 10 Uhr ins Bundeskanzleramt kam, hatte er zu Hause schon zahlreiche Telefonate geführt. Dabei ging es meist nicht um große politische Themen, sondern um Alltagssorgen der Menschen. Das reichte von Wohnungsnöten, dem Fehlen eines Kindergartenplatzes bis zu ganz trivialen Problemen wie etwa die Schwierigkeit, Ersatz für den kaputten Kühlschrank zu finanzieren. Kreisky kam in das Büro mit einem handgeschriebenen Zettel, der die Namen der Anrufer enthielt, und beauftragte die Mitarbeiter, sich darum zu kümmern. Wenn die Adresse unleserlich war, ließ Kreisky nicht locker: »Ruft's im Innenministerium an, die werden mit dem Namen wohl die Adresse herausfinden können!« Stunden später, wenn die große Politik ihn wieder im Griff hatte, fragte er plötzlich sein Sekretariat: »Habt ihr schon die Adresse herausgefunden, konntet ihr der Anruferin helfen?«

Die Telefonanrufe der »kleinen Leute« erinnerten Kreisky aber auch an sein Trauma – den Antisemitismus. Immer wieder meldete sich ein anonymer Anrufer, sagte »Saujud!« und legte auf.

DIE ARBEITER UND DIE REPUBLIK

In keiner historischen Abhandlung fehlt der Hinweis auf die Bemühungen Kreiskys, das Verhältnis zwischen Sozialdemokratie und katholischer Kirche zu verbessern, das durch die unheilige Allianz von Kirche und Dollfuß-Regime auf Jahrzehnte schwer belastet war. Noch wichtiger aber war, dass erst mit den Wahlerfolgen Kreiskys die Arbeiter mit der Republik versöhnt wurden. Diese waren bis dahin in einer Art innerer Opposition zum Staat gestanden. Auch die SPÖ-Politiker in der Großen Koalition hatten Mentalreservationen, was seinen Ausdruck darin fand, dass SPÖ-Vorsitzender Bruno Pittermann sich als Vizekanzler oft wie ein Oppositionsführer benahm. In den Reihen der SPÖ-Abgeordneten gab es noch viele, die vom Dollfuß-Schuschnigg-Regime verfolgt worden waren.

Zu Beginn meiner Karriere in der SPÖ-Druckerei »Vorwärts« im Jahr 1956 kamen ältere Arbeiter immer wieder auf die 1930er-Jahre zu sprechen. Nach der Ausschaltung des Parlaments am 4. März 1933 durch Dollfuß waren Demonstrationen verboten, was sich nach dem 12. Februar 1934 noch verschärfte. Was als Demonstration galt, wurde von der Polizei oft weit ausgelegt. Da konnte es schon passieren, dass arbeitslose Jugendliche, die am Gehsteig standen, von berittener Polizei mit dem Gummiknüppel auseinandergetrieben wurden. Die Polizeischüler wurden in dieser Zeit übrigens nicht aus Wien rekrutiert, sondern vorwiegend aus dem niederösterreichischen Umland. Wiener galten für den Ständestaat als nicht verlässlich genug beim Vorgehen gegen Arbeiter der Stadt. Für die Schüler der Wiener Polizei wurde in Mistelbach eine eigene Ausbildungsstätte geschaffen. Das trug Wiener Polizisten den Spottnamen »Mistelbacher« ein, der noch Jahrzehnte später in Gebrauch stand. Als 1938 Hitler in Österreich einmarschierte, freuten sich viele Sozialdemokraten über die Meldung, dass Major Fey, der Scharfmacher des Ständestaates, von der SS erschossen wurde. Historiker fanden später heraus, dass Fey Selbstmord begangen hatte, aber zunächst freuten sich die Sozialdemokraten. Dass die nächsten Jahre noch schlimmer werden sollten, spielte in diesen Tagen keine Rolle.

30 Jahre später, am 12. Februar 1964, nahm die Koalitionsregierung der SPÖ und ÖVP einen damals historisch genannten Anlauf zur Versöhnung. Bundeskanzler Gorbach und Vizekanzler Pittermann hielten gemeinsam eine Gedenkveranstaltung am Zentralfriedhof vor den Gräbern der Opfer des Bürgerkriegs 1934 und des Faschismus. Die Bevölkerung wurde in das Gedenken miteinbezogen. Von 11.55 bis 12 Uhr ruhte die Arbeit. Die als Versöhnung angelegte Veranstaltung wurde von den älteren Mitarbeitern im Vorwärts-Verlag nicht wirklich angenommen. Die Erinnerung an die Beschießung der Gemeindebauten war zu frisch. Die damals weit verbrei-

tete These, dass beide Seiten gleichermaßen schuld waren, wurde vom Kern der SPÖ-Anhänger nicht akzeptiert. ÖVP-Wahlveranstaltungen am Victor-Adler-Markt in Favoriten, wo die SPÖ damals mehr als 70 Prozent der Stimmen bekam, waren für die Redner ein Spießrutenlauf. Noch Anfang der 1970er-Jahre gab es dabei Zwischenrufe wie »Arbeiter-Mörder!« oder »Hahnenschwänzler«. Der Austrofaschismus war also nicht nur für Kreisky ein Trauma, sondern auch für Teile der Arbeiterschaft.

Wie emotionsgeladen das Thema war, zeigte sich auch in einigen Nationalratssitzungen bis in die Mitte der 1970er-Jahre hinein. Während der Rede des ÖVP-Justizsprechers Walter Hauser im Jahr 1969 gab es aus den Reihen der SPÖ den Zwischenruf: »34er Jahr!«. Der an sich besonnene Hauser antwortete: »Sie können mir den Hobel ausblasen mit dem 34er Jahr!« Das löste einen der turbulentesten Zwischenfälle im Parlament der Zweiten Republik aus. Der SPÖ-Abgeordnete Sekanina stürzte zum Rednerpult, auch andere SPÖ-Abgeordnete konnten nur mit Mühe zurückgehalten werden. Nationalratspräsident Waldbrunner musste die Sitzung unterbrechen. Während der Unterbrechung gingen die Auseinandersetzungen weiter. Es hat nicht viel gefehlt, und es wäre zu Handgreiflichkeiten gekommen. Nach der Unterbrechung setzte Hauser seine Rede fort, allerdings vor leeren SPÖ-Bänken. Die Abgeordneten der SPÖ waren ausgezogen. Hauser bemühte sich dann um einen versöhnlichen Ton. Er sei damals zwölf Jahre alt gewesen und habe das Dollfuß-Regime für ein autoritäres und undemokratisches Regime gehalten, er verwahre sich aber dagegen, dass diese Ereignisse von der SPÖ immer wieder aufgewärmt würden.

Immer wieder kam es in den 1970er-Jahren im Nationalrat zu Debatten über die Jahre 1933/34. Im April 1973 endete eine derartige Debatte mit einem großen Auftritt von Bruno Kreisky. SPÖ-Abgeordneter Heinz Fischer wollte in einem Zwischenruf wissen, warum im ÖVP-Klub das Bild vom Demokratiezerstörers Dollfuß hänge. Der ÖVP-Abgeordnete Hermann Withalm wehrte sich dagegen mit dem Hinweis, dass Dollfuß als Erster im Kampf für Österreichs Freiheit und Unabhängigkeit sein Leben lassen musste. Withalm, in den 1930er-Jahren Funktionär des Ständestaates in Niederösterreich, sah wie viele in der damaligen ÖVP Dollfuß nur als Opfer und nicht als Täter, der durch einen Putsch die Demokratie beseitigt hatte. Kreisky meldete sich darauf von der Regierungsbank aus zu einer Replik. Er erinnerte daran, dass er als Bundeskanzler selbstverständlich erlaubt habe, dass am Todestag von Dollfuß an einer im Kanzleramt eingerichteten Gedächtnisecke des Toten gedacht wird. Respekt vor einem Toten, der gefallen ist, sei das eine. Das andere sei die historische Würdigung einer Person, deren Taten schnurstracks in den nazistischen Abgrund geführt hätten. Es habe auch andere Opfer als Dollfuß gegeben, nämlich frühere Opfer, die gegen Dollfuß für die österreichische Freiheit und Demokratie gekämpft hätten: »Dafür wurden wir eingesperrt, einige von uns hingerichtet, darunter Freunde von mir – wegen Hochverrats.« Abschließend hob Kreisky die Stimme: »Die Zeit, die war, können diejenigen, die die Schläge nur gezählt haben, leichter vergessen als jene, die sie bekommen haben!« Danach war es still in den Reihen der ÖVP-Abgeordneten, und die Sitzung konnte ordnungsgemäß weitergeführt werden. Kreisky war bei diesem Auftritt im Nationalrat sichtlich emotionalisiert.

Etwas mehr als ein Jahr nach diesem Zwischenfall im Nationalrat erinnerte Kreisky in einem ganzseitigen Artikel in der *Arbeiter-Zeitung* noch einmal an die Ereignisse der Jahre 1933/34. Anlass dafür war die 40. Wiederkehr der Ermordung von Dollfuß durch Nationalsozialisten am 25. Juli 1934. Er prangerte die mangelnde Achtung der Demokratie durch Dollfuß an, zitierte dann aber aus einem Nachruf, den Otto Bauer beim Tod von Seipel geschrieben hatte, der auch für Dollfuß Geltung habe: »Der Tote ist uns kein Feind mehr. Er ist uns, eben weil wir Marxisten sind, deshalb, weil er uns bekämpft hat und wir ihn bekämpft haben, nicht ein Bösewicht, sondern das ›Geschöpf der Verhältnisse‹, dass er sozial bleibt, so sehr er sich auch subjektiv über sie erheben mag!«

Kreisky und die Journalisten

ERSTES TELEFONAT MIT KREISKY

Mein erster direkter Kontakt mit Kreisky war im November 1968. Ich hatte Wochenenddienst in der *Neuen Zeitung*, einem von der Wiener SPÖ gegründeten Boulevardblatt, das nur wenige Jahre überlebte (1967–1971). Ich war erst vor wenigen Wochen von der Chronik-Redaktion in die Innenpolitik gewechselt, als die Telefonistin aufgeregt anrief, Parteivorsitzender Kreisky möchte mit einem politischen Redakteur sprechen. Ich hob ab und Kreiskys sonore Stimme meldete sich. Er machte mich auf eine Äußerung des US-Außenministers Dean Rusk aufmerksam, in der dieser gemeint hatte, ein Angriff der Sowjetunion auf Österreich würde eindeutig die Interessensphäre der NATO berühren und ein Eingreifen der USA und seiner Verbündeten nach sich ziehen. Kreisky meinte, man müsste in einem Kommentar darauf hinweisen, dass Österreich nicht NATO-Mitglied sei und fremde Truppen auf österreichischem Staatsgebiet nur auf Verlangen Österreichs tätig werden könnten. Auf meinen Einwand, dass Rusk wohl kaum von einem Kommentar eines unbekannten Redakteurs in einem unbedeutenden Blatt beeindruckt wäre, meinte Kreisky: »Die in der Botschaft lesen das schon!« Als ehemaliger Außenminister (1959–1966) wusste Kreisky genau, dass in jeder Botschaft Angestellte damit beschäftigt sind, Zeitungsartikel zu sammeln und an das eigene Außenministerium zu melden. Und so kam es, dass ich dank Kreisky mit meinem ersten Kommentar gleich den US-Außenminister »in die Schranken wies«.

DIE QUADRATUR DES KREISKY

Im Wahlkampf 1970 konnte ich einen Tag lang Kreisky als überragenden Kommunikator bewundern. Kreisky absolvierte an einem Tag zwölf Veranstaltungen im Burgenland und ich hetzte mit meinem altersschwachen Ford hinter Kreiskys Wahltross her. Kreisky wurde im Burgenland wie ein Messias empfangen. Am Nachmittag tauchte in einem kleinen Ort der burgenländische Landtagsabgeordnete Josef Peck auf und versuchte, Kreisky auch nach Andau zu lotsen, obwohl das gar nicht auf der Wahlkampfroute eingeplant war. Peck war Bürgermeister in Andau und hatte 200 Leute zusammengetrommelt. Kreisky gab nach und wurde in dem burgenländischen Dorf an der ungarischen Grenze begeistert empfangen. Da zeichnete sich sein Wahlerfolg bereits ab. Der Abstecher nach Andau brachte natürlich den Terminplan durcheinander, und Kreiskys Kolonne versuchte die Verspätung durch ein Höllentempo wettzumachen, was mein Auto an die Grenzen seiner Leistungsfähigkeit brachte. Kreiskys Reden wurden dem jeweiligen Publikum angepasst. Am Vormittag vor einigen Dutzend älteren Frauen empörte er sich, dass ein Sänger an der Wiener Oper für einen Abend 80.000 Schilling bekäme, am Abend vor 200 Arbeitern standen die Arbeitsplätze im Vordergrund.

Das Muster der Reden Kreiskys orientierte sich an einem Duktus, den US-Präsident Woodrow Wilson einmal so formuliert hat: »Erst sage ich den Leuten, was ich ihnen sagen werde, dann sage ich's ihnen. Und dann sage ich ihnen, was ich gesagt habe.« Kreisky selbst nannte das so: »Das Überzeugenwollen ist ein Prozess. Man fordert den anderen auf, mitzudenken, und trachtet danach, diesen Prozess des Mitdenkens nicht zu unterbrechen, indem man Fragen selber stellt, die der andere dann für beantwortet hält.« Das hörte sich dann so an: »Und wenn mich einer fragt …, dann sage ich …« Eine andere oft gebrauchte Formel lautete: »Und so bin ich halt der Meinung …« Das war ein rhetorischer Schuhlöffel, der dem Zuhörer Zeit geben sollte, sich auf den kommenden wichtigen Satz Kreiskys vorzubereiten. Die langsame Sprechweise Kreiskys gab dem Zuhörer außerdem das Gefühl, er könne dem Redner beim Denken zuschauen. Willy Brandt, auch ein großer Kommunikator, meinte, eine Rede muss so sein, »dass ein Universitätsprofessor es noch akzeptiert und ein Bauhilfsarbeiter es noch versteht«. Brandt bedauerte, dass er dieses Prinzip nicht so perfekt beherrschte wie sein österreichischer Freund. Brandt nannte das die »Quadratur des Kreisky«.

Die Reden von Willy Brandt waren stilistische Meisterwerke. Brandt hatte aber als Redenschreiber den Nobelpreisträger Günter Grass und den Spitzenjournalisten Klaus Harpprecht. Kreisky verließ sich da weitgehend auf sich selbst. Er diktierte seine Reden, sein Sekretariat erhielt dann Anweisungen, bestimmte Zitate zu suchen oder Passagen aus früheren Reden Kreiskys einzufügen. Kreisky würzte seine Reden gern mit Zitaten berühmter Schriftsteller. Diese stammten nicht aus Zitatensammlungen, sondern waren Zeugnisse seiner großen Belesenheit. Wenn ihm eine Formulierung in einem Buch gefiel, markierte er diese mit Kugelschreiber oder Filzstift. Marietta Torberg, die Ex-Gattin des Schriftstellers Friedrich Torberg, war mit Kreisky befreundet und tadelte ihn deswegen als »Buchzerstörer«. Das war aber Kreiskys Methode, ein Buch für seinen Gebrauch als Politiker auszuwerten. Lieblingsautor Kreiskys beim Zitieren war Anatole France. Ein Satz des Literaturnobelpreisträgers aus *Die Rote Lilie* hatte es ihm besonders angetan und wurde öfter in seine Reden eingebaut: »Das Gesetz in seiner erhabenen Majestät verbietet es Armen wie Reichen gleichermaßen, unter Brücken zu schlafen.« Manchmal verwendete er auch ein Zitat, das viele Zuhörer vor ein Rätsel stellte. Als die ÖVP 1966 die absolute

Mehrheit im Nationalrat gewann und zum ersten Mal seit 1945 eine Alleinregierung wagte, war Bruno Kreisky einer der Hauptredner der SPÖ nach der Regierungserklärung von Bundeskanzler Josef Klaus am 22. April 1966. Kreisky war noch nicht Parteivorsitzender, aber seine Rede war wie die eines Oppositionsführers angelegt. Es war eine der besten Reden, die er je im Nationalrat gehalten hat. Sie endete mit der Drohung an ÖVP-Regierungschef Klaus: »Herr Bundeskanzler, bei Philippi sehen wir uns wieder!« Daraufhin begann ein Getuschel unter den Abgeordneten: »Was meint er damit?« Nicht allen war diese Redewendung geläufig, die sich auf ein abgewandeltes Zitat aus Shakespeares *Julius Cäsar* stützt und sinngemäß heißt: »Ich werde mich bei nächster Gelegenheit rächen!«

Wenn Kreisky vorbereitete Reden vom Blatt las, wie bei Regierungserklärungen und auf Parteitagen, wirkte er deutlich weniger überzeugend. Er war kein großer Rhetoriker. Er verhedderte sich manchmal auch in den Blättern des Redetextes. Nach einer Parteitagsrede wurde er in der darauffolgenden Pressekonferenz gefragt, ob es politische Gründe waren, warum er einige Absätze, die in dem vorab an die Journalisten verteilten Manuskript enthalten waren, nicht gesprochen hatte. Kreisky trocken: »Da is mir ein Blattl runterg'fallen. Es gilt aber als gesagt.« Für Zeitungen war das kein Problem, fürs Fernsehen fehlte uns allerdings eine Passage, die wir gern gebracht hätten. Wir konnten Kreisky ja nicht noch einmal ans Rednerpult schicken. Kreisky wich bei Reden oft vom Manuskript ab. Das ergab bei den vorab ausgeschickten Presseaussendungen oft Nachfragen der Zeitungen im Büro des Kanzleramtes. Um das abzuwenden, erhielten die Vorabaussendungen dann den Vermerk: »Es gilt das geschriebene Wort.«

Kreiskys Stärke zeigte sich in freien Reden. Er hat sich gern als *terrible simplificateur* bezeichnet, als schrecklichen Ver-

Mit Kreisky als Redner waren alle Plätze immer voll.

einfacher. Tatsächlich hat Kreisky oft mit einfachen Metaphern versucht, Verständnis für seine politischen Anliegen zu erreichen. Das klappte nicht immer. Nach dem Erdölschock 1973, der eine Vervierfachung des Rohölpreises brachte, warb Kreisky um Energiesparmaßnahmen und griff auf der Suche nach einem einfachen Beispiel daneben, als er empfahl, statt des Gebrauchs von elektrischen Rasierern wieder zum Nassrasieren zurückzukehren. Zeitungen rechneten dann penibel vor, dass das Erwärmen des Wassers mehr Energie verbraucht als der Elektrorasierer. Das war Stoff für die Karikaturisten, schadete Kreisky aber nicht.

WIE KREISKY JOURNALISTEN »EINKOCHTE«

Ein Wochenenddienst für die »Zeit im Bild« im Mai 1977 verschaffte mir einen guten Einblick in die Art, wie Kreisky mit den Medien kommunizierte. Ich erfuhr, dass Verteidigungsminister General Lütgendorf in Kreiskys Villa sei, um seinen Rücktritt einzureichen. Karl Lütgendorf war unter Beschuss gekommen, als sich herausstellte, dass er in einen Waffenexport nach Syrien involviert war. Im Dezember 1976 war eine Lieferung von 600 Mannlicher-Scharfschützengewehren sowie 400 000 Schuss Munition am Flughafen Schwechat vom Zoll aufgehalten worden. Diese Lieferung war als Sportschützengewehre für den Armee-Sportklub Damaskus deklariert. Als Exporteur trat der Waffenhändler und Bordellbesitzer Weichselbaumer auf, der die Munition leihweise vom Bundesheer erhalten hatte. Lütgendorf bestritt, in den illegalen Waffenhandel verstrickt zu sein, obwohl es ein seit 15 Jahren bekanntes Naheverhältnis zu Weichselbaumer gab. Lütgendorf war politisch jedenfalls nicht mehr zu halten und man erwartete täglich seinen Rücktritt.

Als ich über den Besuch Lütgendorfs in der Armbrustergasse einen Wink bekam, fuhr ich mit dem Kamerateam los. Außer mir hatte nur noch Hans Mahr von der *Kronen-Zeitung* Wind von der Sache bekommen. Wir warteten beide, bis Lütgendorf herauskam und erklärte, der Kanzler habe soeben sein Rücktrittsangebot angenommen. Auf die Frage, was er jetzt machen werde, antwortete er: »Ich werde mich jetzt um mein verschuldetes Gut kümmern!« Lütgendorf fuhr mit seinem PKW ab, da öffnete sich im ersten Stock ein Fenster, Kreisky winkte uns zu: »Kommt's herauf!« Dort erklärte uns Kreisky, dass er Lütgendorf nicht wegen der »paar potscherten Gewehre« entlassen musste, sondern wegen seines Verhaltens

Verteidigungsminister Lütgendorf erklärt vor dem Wohnsitz Kreiskys in der Armbrustergasse, dass er soeben dem Kanzler seinen Rücktritt erklärt hat. Nach dem Interview öffnete sich im 1. Stock ein Fenster und Kreisky lud den Autor und Hans Mahr von der *Kronen-Zeitung* ein, ihnen *off the records* seine Sicht der Dinge zu erklären.

im Ministerium: »Ich hab' aus dem Ministerium erfahren, dass der Minister wegen der Gewehr-Affäre völlig die Contenance verloren hat. Da muss ich mir als Regierungschef schon Sorgen machen, wie reagiert der Chef der Landesverteidigung erst bei einer größeren Krise. Deshalb konnte er nicht bleiben!« Kreisky fügte dann hinzu. »Das sag ich nur Ihnen, Sie sollen aber den Hintergrund wissen!« Das war wieder der große Kommunikator. Indem er zwei kleine Reporter mit Hintergrundwissen fütterte, gab er ihnen das Gefühl, wichtig zu sein. Und viele Journalisten dankten es ihm.

Lütgendorf kam dann noch einmal in die Schlagzeilen, als er 1981 Selbstmord beging. Nach seinem Rücktritt hatte er sich weiter der Förderung der österreichischen Waffenindustrie gewidmet. Er vermittelte vor allem Waffengeschäfte in den Nahen Osten. Nach seinem Tod wurde bekannt, dass er auf einem Schweizer Bankkonto vier Millionen Schilling hatte. Auch im Fall der Aufarbeitung des sogenannten Lucona-Skandals tauchte der Name Lütgendorf wieder auf. Er hatte 1976 dem Demel-Konditor Udo Proksch 250 Kilogramm Heeres-Sprengstoff zukommen lassen, der im Jahr darauf für die Sprengung des Schiffes *Lucona* zum Zweck eines Versicherungsbetruges verwendet worden sein soll. Möglicherweise war die Verstrickung in solche dubiosen Geschäfte der Grund für Lütgendorfs Freitod. Als Kreisky Lütgendorf entließ, konnte er von dem alles nichts wissen. Da ging es nur um »die paar potscherten Gewehre«!

So wie Kreisky Hans Mahr und mich an die Brust nahm, um uns Lütgendorfs Entlassung zu erklären, kümmerte sich Kreisky oft um Redakteure. So unbekannt konnte der Journalist gar nicht sein, dass Kreisky sich ihm nicht widmete. Zum Entsetzen seines Büros türmten sich oft die unerledigten Akten auf dem Schreibtisch, weil Kreisky wieder einmal eine Stunde lang dem Redakteur einer unbedeutenden Wochenzeitung aus Tirol oder Salzburg am Telefon die Welt erklärte.

Ein junger Redakteur des Ressorts Außenpolitik der »Zeit im Bild«, der mir vorher nur als bekennender CVer (Cartellverband der katholischen Studentenverbindungen) und Konservativer aufgefallen war, kam mir eines Tages strahlend im ORF-Zentrum entgegen: »Du, der Kreisky ist aber nett. Der hat sich eine Stunde Zeit genommen, mir den Nahostkonflikt zu erklären.« Was war passiert? Der Redakteur hatte für einen Bericht der ZiB 2 ein Statement Kreiskys zu eben jenem Nahostkonflikt eingeholt. Damals hatte ich schon einige Scharmützel mit Kreisky hinter mir, daher meine Antwort: »Du solltest ihn einmal interviewen, warum die Inflationsrate schon wieder gestiegen ist! Da wäre er nicht so nett!« Doch der Kollege schwebte wie auf Wolken von dannen. Kreisky hatte wieder einen eingefangen, noch dazu einen CVer.

Kreisky versuchte sogar, den bei allen Linken verhassten Kolumnisten der *Kronen-Zeitung* Richard Nimmerrichter persönlich zu beeinflussen. Unter dem Titel »Staberl« geißelte Nimmerrichter täglich mit beißendem Spott alles und jeden, vorzugsweise aber alles, was er für links hielt. Kreisky scheute sich trotzdem nicht, den Kolumnisten in die Sauna in seinem Wohnsitz einzuladen. Naturgemäß ist nicht bekannt, was da unter vier Augen gesprochen wurde. Man kann aber davon ausgehen, dass Kreisky versuchte, »Staberl« Nimmerrichter einzuwickeln, wie er dies mit anderen Journalisten tat. Irgendeine Wirkung muss das doch gehabt haben. Von dem ätzenden Spott, den »Staberl« über andere Politiker ausschüttete, blieb Kreisky weitgehend verschont.

Diese »Einwickelmethode« verwendete Kreisky auch bei Künstlern. André Heller berichtete, dass er einmal bei Kreisky vorsprach, um ihm die Kritik seiner Künstlerkollegen an einer politischen Maßnahme zu überbringen. Doch Kreisky bog das ab: »Bevor wir das besprechen, möchte ich Ihnen was sagen. Ich habe gerade mit dem sowjetischen Generalsekretär telefoniert und wir haben – aber das erzähle ich nur Ihnen …« Dann folgte ein weltgeschichtlicher Tour d'Horizon, worüber Heller den eigentlichen Anlass seines Kommens vergaß oder jedenfalls nicht mehr vorbringen konnte.

Kreisky beherrschte auch die Kunst, Indiskretionen zu lancieren. Dazu benutzte er Journalisten, getreu dem Motto: Journalisten sind auf jeden Fall bestechlich – durch News. Kreisky suchte sich dazu vorwiegend Hans Mahr aus, der in der *Kronen-Zeitung* die Kolumne »Politik inoffiziell« schrieb. Mahr durfte ihn also öfter bei einem Spaziergang über den Schreiberweg in Döbling begleiten, wo Kreisky ihm einiges erzählte – oft mit dem Nachsatz: »Das ist *off the records*!« Am Beginn dieser Spaziergänge klappte das nicht so ganz. Mahr hielt sich zunächst an die Vertraulichkeit. Beim nächsten Spaziergang über den Schreiberweg rügte Kreisky Hans Mahr: »Warum erzähle ich Ihnen etwas, wenn Sie es dann nicht schreiben?« Zu Mahrs Einwand, dass dies *off the records* gewesen sei, meinte Kreisky: »Verstehen Sie nicht, was eine Indiskretion ist?« Mahr schrieb also dann, was Kreisky ihm einflüsterte, bis es zum nächsten Eklat kam. Kreisky schimpfte ihn: »Ich habe Ihnen doch gesagt, dies ist nicht zum Schreiben!« Was war passiert? Die Indiskretion war so geschrieben, dass man den Urheber leicht erraten konnte. Und das war nicht im Interesse Kreiskys. Mahr fand dann mit der Zeit die richtigen Formulierungen und füllte damit seine Kolumne.

Gerhard Steininger von den *Salzburger Nachrichten* glaubte, die Codes von Kreiskys Botschaften an Journalisten entschlüsselt zu haben: »Dös derfen S' net schreiben!« oder »Dös derfen S' wirklich net schreiben!« war nicht eindeutig. Es kam darauf an, durch Analyse von Sachverhalt, Tonfall und Mienenspiel herauszufinden, ob es sich dabei um Schreibverbot oder Schreibgebot handelte. Lediglich im Fall von »Dös sag' ich nur Ihnen!« war ziemlich eindeutig, dass Kreisky Wert auf Indiskretion legte. Innenpolitik-Journalisten, die für die Montag-Ausgabe ihrer Zeitungen eine Schlagzeile suchten, wussten auch die beste Uhrzeit, um Kreisky einige Sätze zu entlocken: Das war bei einem Telefonanruf am Sonntag beim Frühstück. Das war die einzige Zeit, die nicht mit einem politischen Termin vollgepflastert war. Einen politikfreien Sonntagmorgen wollte sich der 24-Stunden-Politiker nicht genehmigen. Als medienbewusster Politiker wusste er, dass der Inhalt des Telefonats am Montag in der Zeitung stand.

Kreisky brach mit der in der SPÖ seit Jahrzehnten üblichen Gepflogenheit, dass politische Probleme zuerst innerhalb der Parteigremien diskutiert wurden, bevor man dann mit einem Beschluss an die Öffentlichkeit ging. Er wollte mit der Öffentlichkeit Politik machen und nicht zuerst den mühsamen Weg der Diskussion in den Parteigremien gehen. Natürlich stand am Ende ein Beschluss in einem Gremium oder in der Regierung, aber vorher hatte er schon die Stimmung über die vorgesehene Maßnahme ausgelotet – beim wöchentlichen Pressefoyer oder durch Interviews in Zeitungen. In einigen Fragen hatte er über Indiskretionen auch personelle Entscheidungen vorweggenommen, bevor ein Gremium der Partei seinen Sanktus geben konnte. So erfuhren die SPÖ-Abgeordneten und -Minister während einer Klubtagung in Salzburg 1975 aus der »Zeit im Bild« von einer geplanten Regierungsumbildung während der Legislaturperiode (Gerhard Weißenberg sollte Sozialminister Häuser ersetzen, Günther Haiden sollte Oskar Weihs als Landwirtschaftsminister folgen, Willibald Pahr sollte Erich Bielka als Außenminister beerben). Das löste einige Empörung unter den Abgeordneten aus, doch die Autorität des »Alten« war so groß, dass es zu keinem Aufstand kam.

Sozialminister Häuser litt stark unter den Umständen seiner Ablöse: »Kreisky war offenbar zu feig, mit mir über meine mögliche Ablöse zu sprechen. Hätte er mir das gesagt, wäre ich dazu bereit gewesen. So etwas über die Fernsehnachrichten zu erfahren, war nicht schön.« Auch Gesundheitsministerin

Ingrid Leodolter erfuhr ihre bevorstehende Ablösung 1979 aus der Zeitung. Kreisky hatte eine unbegreifliche Scheu, in menschlichen Konflikten mit führenden Genossen die direkte Aussprache zu suchen. Stattdessen erfuhren Minister durch lancierte Zeitungsmeldungen, dass sie demnächst aus der Regierung ausscheiden sollten. Auch Kreiskys Auseinandersetzung mit Androsch spielte sich fast nie in direkten Gesprächen ab, sondern wurde über Zeitungen ausgetragen.

Andere erfolgreiche Politiker gingen ähnlich vor. Der deutsche Kanzler Adenauer liebte es besonders, mit bewusster Indiskretion, die er Journalisten steckte, auch seine eigene Partei unter Druck zu setzen. Dazu gibt es eine Anekdote, die auch von Kreisky stammen könnte. Adenauer: »Ich gehe durch meinen Garten in Rhöndorf und denke über ein schwieriges Problem nach. Wat soll ich Ihnen sagen, am nächsten Tag steht das alles in der Zeitung.« Löste er mit einem Interview zu starken Widerstand aus, dementierte der deutsche Langzeit-Kanzler seine Aussagen so: »Es ist sogar möglich, dass ich das gesagt habe. Aber wenn ich das so gesagt habe, dann habe ich es nicht so gemeint!«

DAS PRESSEFOYER

Die große Kommunikationsbühne für Kreisky war das wöchentliche Pressefoyer nach dem Ministerrat jeden Dienstag. Das Pressefoyer war eine von Kreisky in Szene gesetzte Form des Interviews, das man im normalen journalistischen Sprachgebrauch als ein »Auflauer-Interview« bezeichnet: Vor einer verschlossenen Tür warten Journalisten auf das Ergebnis einer Sitzung. In der ersten Zeit war das Thema meistens ein im Ministerrat verabschiedeter Gesetzesentwurf. Die Minister, allen voran Broda, waren da sehr produktiv. Mehr und mehr koppelte sich das Pressefoyer allerdings vom Inhalt des Ministerrates ab. Kreisky hatte übrigens dafür gesorgt, dass der Ministerrat am Dienstag zu einem reinen Beschlussorgan wurde – ohne politische Debatten. Diese fanden hauptsächlich in der von Kreisky eingeführten Ministerratsvorbesprechung montagabends statt, bei der auch der jeweilige SPÖ-Klubobmann, die SPÖ-Zentralsekretäre sowie die Chefredakteure von *Arbeiter-Zeitung* und der Parteiagentur »Sozialistische Korrespondenz« anwesend waren. Kreisky wollte mit dieser Vorbesprechung vermeiden, dass Debatten im offiziellen Protokoll des Ministerrates aufschienen. Außerdem sah er die Vertraulichkeit im Ministerrat angesichts der Anwesenheit der Beamten, die damals überwiegend dem CV nahestanden, nicht gegeben. Der Ministerratsvorbesprechung ging am Montag um 11 Uhr vormittags ein Jour fixe Kreiskys mit ÖGB-Präsident Benya im Bundeskanzleramt voraus, um in einem Vier-Augen-Gespräch die Haltung des Gewerkschaftsbundes mit der Regierungspolitik in Übereinstimmung zu bringen.

Da nicht jede Woche ein für Journalisten interessantes Gesetzesvorhaben im Ministerrat beschlossen wurde, versorgte Kreisky die Journalisten mit »Futter« abseits der Tagesordnung, indem er oft noch im Sitzungssaal seinen Ministern ankündigte: »Jetzt gehe ich hinaus und mache eine *opinion*!« Er sprach dieses Wort nicht in der geläufigen englischen Diktion aus, sondern in der französischen. Dann wurden die Journalisten mit irgendeinem Vorschlag überrascht. War der Widerstand in der Öffentlichkeit zu stark, ließ er den Vorschlag auch schnell wieder fallen. Manchmal diente dies auch nur dazu, den innerparteilichen Widerstand auszuloten. Als er einmal bei einem Journalistenheurigen auf seine zahlreichen Vorschläge der letzten Wochen angesprochen wurde, meinte Kreisky, man müsse sich das so vorstellen: »Ein kleiner Bub geht im Prater in eine Halle, in der viele Wurlitzer stehen. Er wirft in jeden dieser Wurlitzer einen Schilling und wählt jeweils ein anderes Stück. Und dann schaut er zu, wie die Leute reagieren!«

Kreisky hätte natürlich mit der absoluten Mehrheit der SPÖ (1971–1983) im Parlament alles allein beschließen können – außer Verfassungsgesetzen. Das entsprach aber nicht seinem Naturell. Er vermittelte mit den Interviews nach dem Ministerrat den Menschen das Gefühl, sie seien in die Debatte über Regierungsvorhaben eingebunden. Und die meisten Journalisten glaubten das auch. Es war gar nicht so einfach, sich dem zu entziehen. Kreisky war ja bei jedem Pressefoyer für eine Schlagzeile gut. Man konnte daher nicht wegbleiben, konnte nicht sicher sein, ob Kreisky wieder einmal nur eine Seifenblase hatte steigen lassen oder ob er es ernst meinte, wenn er etwas vorschlug. Die Art und Weise, wie Kreisky mit der Öffentlichkeit spielte, veranlasste SPÖ-Zentralsekretär Blecha damals, seinem Vorsitzenden den Beinamen »Zampano« zu geben. Das war jener von Anthony Quinn gespielte Gaukler, der in Federico Fellinis Filmklassiker *La Strada* mit einfachen Zaubertricks versuchte, die Zuschauer in eine Märchenwelt zu versetzen. Kreisky nahm eines Tages Karl Blecha zur Seite und fragte ihn: »Mir wurde zugetragen, dass die Journalisten mich ›Zampino‹ nennen. Wer ist das?« Kreisky hatte sich offensichtlich verhört. Blecha nannte den richtigen Namen und klärte Kreisky auf, dass es sich dabei um einen Zauberer in einem Fellini-Film handelte. Kreisky schien das zu gefallen. Blecha verschwieg wohlweislich seine Urheberschaft des Vergleichs.

Vor Kreiskys Kanzlerschaft spielte sich die innerparteiliche Debatte über politische Vorhaben hauptsächlich im Parteivorstand ab. Kreiskys intensive Öffentlichkeitsarbeit machte das obsolet. In Zeitungsinterviews und vor allem im Pressefoyer nach dem Ministerrat lancierte Kreisky viele jener Themen, die vor seiner Ära im Parteivorstand besprochen worden waren. Das führte bei Mitgliedern des Vorstandes zu dem Scherz:

Jeden Dienstag stellte sich Kreisky nach dem Ministerrat den Fragen der Journalisten.

»Wenn du die Haltung der Partei zu einem politischen Thema wissen willst, geh nicht in den Parteivorstand, sondern schau dir die Pressefoyers im Fernsehen an«. Selbst sein innerparteilicher Gegner Christian Broda zeigte dafür ein gewisses Verständnis: »Entweder man akzeptiert die Ausstrahlungskraft Kreiskys und seine Art, mit der Partei umzugehen, oder man will die parteiinterne Korrektheit eines Waldbrunner, aber dann muss man auch die Ausstrahlungskraft eines Waldbrunner akzeptieren.« Dieser galt als graue Eminenz in der Partei, sein Charisma war aber – freundlich gesagt – enden wollend.

Das wöchentliche Pressefoyer Kreiskys war in dieser Form ein Unikum, das nur in der damaligen Medienlandschaft machbar war. Es gab damals weder privates Fernsehen noch privates Radio. So standen also vor dem Ministerratssaal nur ein TV-Team sowie ein Radioreporter vom ORF, dazu kamen maximal ein Dutzend Zeitungsjournalisten. Es galt ein zwischen den Journalisten unausgesprochenes Ritual: Die ersten Fragen stellte der TV-Redakteur, dann folgte der Reporter vom Hörfunk, anschließend stellten die Zeitungsleute ihre Fragen. Die Journalisten umringten den Bundeskanzler, die Fragen prasselten von links, rechts und von hinten auf den Kanzler ein. Kreisky stürzte sich wie ein raufllustiger Bursche ins Getümmel. Bis zu einer Stunde dauerte manchmal das Frage-und-Antwort-Spiel.

Das Pressefoyer ist in der Art, wie es Kreisky führte, heute nicht mehr machbar. Einerseits gab es nach Kreisky keinen Bundeskanzler mehr, der mit so großer Lust an Debatten so gekonnt die öffentliche Meinung beeinflussen und wohl auch manipulieren konnte. In einer Koalitionsregierung kann der Regierungschef außerdem nicht so in der Öffentlichkeit auftreten wie in einer Alleinregierung. Das Aufkommen von Pri-

Außer dem Pressefoyer jeden Dienstag gab es mehrmals im Jahr auch Pressekonferenzen im Presseklub Concordia, die immer überfüllt waren.

vatfernsehen und damit die Vervielfachung der TV-Kameras hat einem Pressefoyer, wie es Kreisky liebte, schon rein räumlich Grenzen gesetzt.

Das Pressefoyer war auch bei den in Wien tätigen Korrespondenten ausländischer Zeitungen beliebt. Wenn die Heimatredaktion eine Stellungnahme Kreiskys zu einem Thema anforderte, brauchte der Korrespondent am Dienstag nur zum Pressefoyer zu gehen und bekam, was er wollte. Meist ging es dabei um ein außenpolitisches Thema. Kreiskys Meinung als Außenpolitiker zählte damals in der Welt sehr viel. Die Korrespondenten konnten dann ihre Berichte aus Wien mit Zitaten Kreiskys schmücken. Einige Male tauchten auch ausländische TV-Teams auf, vor allem das schwedische Fernsehen. Kreisky gab dann in fließendem Schwedisch, das er ja in der Emigration gelernt hatte, Interviews. Es dürfte damals in keinem europäischen Land so leicht gewesen sein, Stellungnahmen von einem Regierungschef zu erhalten. Interview-Ansuchen ausländischer Medien wurden von Kreiskys Pressechefs meist auf das Pressefoyer verwiesen. Der eine oder andere ausländische Journalist wurde auch da manchmal von Kreiskys Wortschöpfungen überrascht. Der Vertreter einer deutschen Zeitung wollte einmal im forschen Ton von Kreisky wissen, was er dazu sage, dass die sozialdemokratische Regierung Österreichs Panzer an das faschistische Regime des Herrn Pinochet in Chile liefere. Kreiskys meinte dazu lapidar: »Wir sagen dazu Kettenfahrzeuge!« Der deutsche Redakteur war darüber so verblüfft, dass er keine Nachstoßfrage stellte. Für ausgewählte Auslandsredakteure gab es natürlich Extratermine. Fritz Raddatz, Feuilleton-Chef der angesehenen deutschen Wochenzeitung *Die Zeit*, führte mit Kreisky ein Interview, das über zwei volle Seiten abgedruckt wurde. Keiner von Kreiskys Nachfolgern bekam diese Ehre. Es hätte wohl auch keiner zwei Seiten der *Zeit* mit intellektuell anregendem Inhalt füllen können.

Kreiskys offensive Öffentlichkeitsarbeit hat natürlich dazu geführt, dass ein Status quo ante, also eine Rückkehr zur restriktiven Verlautbarungspolitik der Zeit vor 1970, nicht mehr möglich ist. In der Zeit der Großen Koalition vor 1966 bis 1970 erfuhr die Öffentlichkeit meist nur aus Aussendungen der Parteisekretariate, was in der Regierung vor sich ging – jeweils aus Sicht von ÖVP oder SPÖ. Im Radio und dem damals noch nicht sehr verbreiteten Fernsehen gab es Interviews mit vorher eingereichten Fragen. Mit der Rundfunkreform 1967 änderte sich das. In der Regel gab es aber nach dem Ministerrat für die Zeitungen weiterhin nur eine Mitteilung vom Bundespressedienst oder eine dürre Erklärung des Staatssekretärs für Information Karl Pisa. Dann und wann gab es ein Interview mit Bundeskanzler Klaus im Fernsehen. Selten gab der Bundeskanzler eine Pressekonferenz im Presseklub Concordia. Die Inszenierung war staatstragend. Hinter Klaus wurde eine rot-weißrote Fahne mit dem Bundesadler auf einer Standarte aufgestellt. Klaus gab seine Erklärungen ab, die so waren wie die Inszenierung: trocken und steif. Auch in TV-Interviews, die nach der Rundfunkreform nicht mehr mit vorher eingereichten Fragen abgewickelt wurden, kam Klaus mit seinem pastoralen Stil nicht an. In seinen Erinnerungen, die zu den besseren Memoiren der Nachkriegspolitiker gehören, war Klaus dazu sehr offen: »Woher kam meine lähmende Scheu vor dem Interviewer, vor dem Mikrofon und der Fernsehkamera? Mir fehlte die vielen Presse- und Rundfunkleuten zu Gebote stehende *ars formulandi*, die Kraft und Kunst der unmittelbaren Artikulation dessen, was ich dachte und wollte, aber auch das rechte Augenmaß dafür. Bei Presseterminen, ob im Inland oder Ausland, fühlte ich mich immer noch so, als ob ich auf Stelzen ginge.«

Josef Klaus hatte im Umgang mit Medien vieles gemeinsam mit Kreiskys Nachfolger Fred Sinowatz. Einige Jahre nach seinem Rückzug aus der Politik erzählte mir Sinowatz, dass er die von Kreisky vorbereitete Übernahme des Parteivorsitzes und Kanzleramtes im letzten Augenblick verhindern wollte. Mit einem handgeschriebenen Zettel, auf dem alle Gründe aufgezählt waren, die gegen ihn als Nachfolger Kreiskys sprachen, ging er in die entscheidende Sitzung des SPÖ-Präsidiums. Er sei nicht telegen, nicht eloquent genug und so weiter. Das nützte aber nichts. Man beschied ihm: »Du musst das machen.« Und ÖGB-Präsident Benya in seiner direkten Art hielt sich nicht lange mit höflichen Floskeln auf: »Du musst das machen, wir ham kan andern!« Sinowatz fügte sich und war vor der TV-Kamera dann wirklich unsicher, wie ich als Interviewer miterlebte. Schon als Unterrichtsminister vor der TV-Kamera unbeholfen, steigerte sich das noch als Bundeskanzler. Klaus hatte ein ähnliches Problem und hat das in seinen Memoiren thematisiert: »Allmählich dämmerte mir, dass die höchste Stufe der lebendigen Demokratie auf dem Gebiet der Information und Kommunikation zu suchen ist.« Klaus und Sinowatz konnten das nicht. Beide wurden von den Medien und auch vom Wähler unter ihrem Wert geschlagen. Man muss Politik auch verkaufen können. Kreisky konnte das.

Wenn Spitzenpolitiker erst zur Kandidatur für ein hohes Amt überredet werden müssen, ist der Misserfolg vorprogrammiert, besonders dann, wenn sie auf einen ehrgeizigen Gegner treffen, der mit allen Fasern seines Seins signalisiert, dass er gewinnen will. Kurt Steyrer musste erst zur Wahl gegen Kurt Waldheim überredet werden so wie auch Rudolf Streicher gegen Thomas Klestil. Man spürte bei beiden SPÖ-Kandidaten, dass sie in die Pflicht genommen worden waren, während Waldheim und Klestil mit Ehrgeiz und Geltungssucht ihren Siegeswillen öffentlich zelebrierten.

DER MEISTER DER PRÄZISEN UNSCHÄRFE

Bruno Kreisky beherrschte die Finessen der deutschen Sprache wie kein Kanzler vor oder nach ihm. Er war auch ein Meister der präzisen Unschärfe. Auf die Frage, ob er nach einer Niederlage der Zwentendorf-Abstimmung zurücktreten werde, hatte Kreisky wörtlich geantwortet: »Ich werde sicher nicht sagen, dass ich sicher nicht zurücktreten werde!« Mit dieser etwas verworren klingenden doppelten Verneinung hatte Kreisky also den Rücktritt nicht definitiv angekündigt, sondern nur in den Raum gestellt. Man konnte ihn nach der Abstimmung also nicht festnageln. Dieser Satz Kreiskys wäre den TV-Sehern fast vorenthalten worden. Er fiel 1978 in einer Pressekonferenz gegen Ende einer Regierungsklausur in Neusiedl am See. Ich war mit zwei weiteren ORF-Redakteuren vor Ort, und wir überlegten, ob wir den Transport der Videokassette mit der Aufnahme nach Wien noch rechtzeitig schafften. In der Hektik hatten wir die Antwort Kreiskys außerdem falsch eingeschätzt, also als Nichtbeantwortung. Ich plädierte in der Diskussion mit meinen Kollegen trotzdem dafür, diesen Satz zu senden, und setzte mich durch. Die Videokassette wurde jedenfalls unter Verletzung einiger Verkehrsregeln nach Wien gebracht. Die Umfragen zur Volksbefragung über das Atomkraftwerk Zwentendorf hatten zuvor eine knappe Pro-Mehrheit ergeben. Erst als Kreisky den Ausgang der Abstimmung mit seiner Person verknüpfte, neigte sich das Pendel in die andere Richtung. Auch ÖVP-Wähler, die an sich für Zwentendorf waren, wollten Kreisky eine Niederlage bereiten. Es ist nicht auszudenken, was passiert wäre, wenn die »Zeit im Bild« diesen Satz Kreiskys nicht gesendet hätte. Zwar haben die Zeitungen über Kreiskys Satz berichtet, aber die »Zeit im Bild« war damals mit Abstand das wirkungsmächtigste Medium, weil der ORF damals noch ein Monopol hatte. Ohne die Berichterstattung in der »Zeit im Bild« wäre möglicherweise eine Mehrheit für die Inbetriebnahme Zwentendorfs herausgekommen. Das wäre allerdings ein Pyrrhussieg geworden. Eine Inbetriebnahme des Atomkraftwerkes hätte der SPÖ in der darauffolgenden Nationalratswahl wohl den Verlust der absoluten Mehrheit gebracht.

1980 kam Zwentendorf noch einmal auf die politische Agenda. Von Benya bedrängt, Zwentendorf doch noch in Betrieb zu nehmen, machte Kreisky beim Pressefoyer eine von ihm sogenannte *opinion* und schlug vor, über Zwentendorf noch einmal abzustimmen. Nach der völlig naheliegenden Frage, ob er so oft abstimmen lassen wolle, bis er das gewünschte Ergebnis hätte, giftete mich Kreisky an. Nach heftiger Kritik in der Öffentlichkeit ließ Kreisky diesen Vorschlag schnell fallen. Wollte man ihn beim Pressefoyer auf frühere Aussagen festnageln, griff Kreisky öfter zu einem Trick: »So habe ich das nicht gesagt, schauen Sie nach in Ihren Bändern!« Das ORF-Archiv war weit entfernt, eine Überprüfung an Ort und Stelle nicht möglich.

Bei für die Regierung unangenehmen Themen war Kreisky sehr erfindungsreich beim *wording*. Als die Regierung wegen Panzerexporten in die Kritik geriet, versuchte Kreisky das Thema zu verniedlichen, indem er konsequent von Kettenfahrzeugen sprach. Mein Einwand beim Pressefoyer: »Sie meinen Panzer!«, brachte mir einen empörten Blick ein. Auch bei Munitionsexporten legte sich Kreisky ein verharmlosendes Wort zu: Er sprach nicht von Munition, sondern von »Kapseln«.

Kreiskys Pressechefs bestätigen, dass der Bundeskanzler gegenüber SPÖ-nahen Redakteuren viel unduldsamer war als gegenüber sogenannten Bürgerlichen. Fragen eines ehemaligen *AZ*-Redakteurs wurden offensichtlich als Insubordination betrachtet. Selbst ausgewiesene Gegner wurden dagegen von Kreisky mit Geduld umworben. Für den Machterhalt war Kreiskys Bemühen um die Gunst unabhängiger Zeitungen sicher wichtig. Kreisky brauchte ja die Macht zur Verwirklichung seiner politischen Ziele, wohl aber auch zur Befriedigung seiner Geltungssucht, wie sie bei allen politischen Führern zu finden ist und bei Kreisky im Übermaß vorhanden war. Kreisky wusste genau, dass man nicht nur Chefredakteure gewinnen musste, sondern vor allem jene Redakteure, die an der Front tätig waren. Redakteure, denen Kreisky so viel Zeit widmete, hatten danach eine gewisse Beißhemmung in ihren Kommentaren, auch wenn sie politische Gegner der SPÖ waren.

ÖGB-Präsident Benya nahm mich nach einem Interview mit ihm einmal zur Seite: »Sag, was hast du mit dem Bruno?« Mein Hinweis, dass ich nur Fragen stellte, die sich aufdrängen, quittierte Benya verständnisvoll: »Das is dei Gschäft!« Benya, der kritische Fragen nie übel nahm, blieb beim Genossen-Du, das zwischen *AZ*-Redakteuren und SPÖ-Politikern üblich war. Als ehemaliger Schriftsetzer, der sich erst im zweiten Bildungsweg zum Journalisten hochgearbeitet hatte, blieb ich für den ehemaligen Metallarbeiter Benya noch immer der »Kollege«. Benya konnte kritische Fragen natürlich leichter wegstecken als Kreisky. Er musste angesichts der Dominanz der SPÖ-Gewerkschafter niemals fürchten, seine Macht bei Wahlen zu verlieren. Kreisky musste das sehr wohl.

DIE GENERALVOLLMACHT

Kreisky hatte nach der Niederlage bei der Zwentendorf-Abstimmung 1978 von der Partei eine Generalvollmacht erhalten, die es ihm ermöglichen sollte, politische Entscheidungen allein, also ohne Befassung der Parteigremien, zu treffen. In der entscheidenden Sitzung des Parteipräsidiums fehlte der burgenländische Landeshauptmann Theodor Kery. Unterrichtsminister Sinowatz wurde aufgetragen, Kery zu verständigen. Mit einiger Mühe erreichte Sinowatz Theodor Kery in Afrika, wo dieser auf Safari weilte. Kery wollte wissen: »Generalvollmacht? Was ist das?« Sinowatz: »Das ist das, was du im Burgenland schon immer hast!« Tatsächlich hatte Kery sein Amt als Landeshauptmann schon immer autokratisch ausgeübt. Sein herrisches Auftreten hatte er offensichtlich bei der SA und NSDAP gelernt, deren Mitglied er vor 1945 war. Wenn er als Landeshauptmann im Süden des Burgenlands war, fand er auch mehrmals Zeit, dem früheren kurzzeitigen Gauleiter von Burgenland Tobias Portschy, dessen Familie in Rechnitz ein Gasthaus betrieb, einen Besuch abzustatten. Man musste aber kein Nazi gewesen sein, um autoritär zu sein. Die meisten Landeshauptleute übten ihr Amt schon immer selbstherrlich aus – ohne formelle Generalvollmacht. Als der junge Tiroler SPÖ-Chef Salcher Landeshauptmann Eduard Wallnöfer einmal darauf aufmerksam machte, dass eine Geldausgabe nicht durch das Gesetz gedeckt sei, entgegnete dieser trocken: »Herr Doktor, Sie wer'n das auch noch lernen: Man kann das Land Tirol nur regieren mit jedem Tag an Missbrauch der Amtsgewalt!«

Kreisky hatte schon vor der Generalvollmacht weitgehend ohne das Plazet von Parteigremien regiert. Der formelle Beschluss war dann aber doch für eine sozialdemokratische Partei sehr ungewöhnlich. Die Bewegung, die einst ausgezogen war, die Macht der wenigen durch die Macht der vielen zu ersetzen, konzentrierte die Macht plötzlich auf einen einzigen. So total war seine Macht dann allerdings doch nicht: Im SPÖ-Präsidium fand Kreisky keine Mehrheit gegen Androsch. Eine diesbezügliche Frage von mir gefiel Kreisky so wenig, dass er sich in einer Ministerrats-Vorbesprechung über mich beklagte. Gegenüber Karl Blecha, seinem Intimus, äußerte er den Verdacht, ich sei ein Androsch-Mann. Das war das schlimmste Verdikt aus dem Munde Kreiskys, das damals möglich war, als er Androsch mit nahezu biblischem Hass verfolgte. Ich war aber kein Androsch-Mann, ich erlaubte mir damals keine Parteinahme in diesem persönlichen Kampf. Mich störte die Art und Weise, wie Kreisky seinen Vizekanzler mit Verbalinjurien belegte, andererseits konnte ich trotz einer gewissen Sympathie für Androsch dessen übermäßiges Streben nach Reichtum nie ganz nachvollziehen. Wirtschaftspolitisch hatte Androsch auf jeden Fall die besseren Rezepte für die Zukunft Österreichs.

WIE ICH DIE GUNST KREISKYS VERLOR

Beim wöchentlichen Pressefoyer konnte Kreisky seine unbändige Vorliebe fürs Debattieren ausleben. Er tat das bis etwa 1977/78 ziemlich souverän. Da konnte man ihm kaum beikommen. Er brillierte mit Wortwitz und Schlagfertigkeit. Danach aber ging es bergab, einerseits durch natürliche Abnützung nach langer Regierungszeit, anderseits durch den sich rapid verschlechternden Gesundheitszustand des Kanzlers. Kreisky war jedenfalls schon 1979 so krank, dass seine Wahlreise nur noch auf Sparflamme stattfand. Es gab vor der Wahl sechs Wochen lang außer dem Pressefoyer jeden Dienstag noch jeden Donnerstag eine Pressekonferenz im Presseklub Concordia. Es herrschte also in diesen Wochen ein Überangebot von Kreisky für die Medien. In der letzten Pressekonferenz vor der Wahl im Presseklub Concordia hatte Kreisky kein Einleitungsstatement abgegeben und sofort um Fragen gebeten. Außer einigen Auslandskorrespondenten fragte niemand. Es gab daher keinen sendbaren »Sager« von Kreisky, der Neuigkeitswert hatte. Ich war wenige Monate vorher zum Ressortleiter Innenpolitik im Fernsehen ernannt worden, war selbst bei dieser Pressekonferenz und entschied, dass davon nichts in der »Zeit im Bild« zu senden sein sollte.

Um Mitternacht weckte mich das Telefon aus dem Schlaf und SPÖ-Zentralsekretär Blecha beschwerte sich bei mir. Das sei noch nie vorgekommen, dass von einer Pressekonferenz des Bundeskanzlers nichts in der ZiB gebracht wurde. Ich verteidigte meine Entscheidung. Blecha meinte, Kreisky sei sehr wütend, ich möge ihn noch in der Nacht anrufen. Das verweigerte ich. Als *AZ*-Redakteur hätte ich anrufen müssen, als ORF-Redakteur nicht. Ich wusste, wie emotional Kreisky sein konnte, und wollte mich nicht am Telefon zurechtweisen lassen. Wie wenig es auf einen TV-Auftritt mehr oder weniger ankam, bewies das Wahlergebnis: Die SPÖ gewann 1979 mit neuem Rekord. Von diesem Tag an sprach Kreisky nie wieder ein Wort abseits der Kamera mit mir. Ich erhielt auch keine Einladung mehr in die Villa in der Armbrustergasse. Offenbar betrachtete Kreisky meine Entscheidung als Insubordination. Interviews sollten aber noch viele folgen, weil ich bis zum Rücktritt Kreiskys fast jeden Dienstag beim Pressefoyer für das ORF-Fernsehen die Fragen stellte, insgesamt wohl an die 150 Mal.

»LERNEN S' GESCHICHTE, HERR REPORTER!«

Am 24. Februar 1981 kam es zu dem viel zitierten Eklat mit der Aufforderung Kreiskys an mich, Geschichte zu lernen. Dieses Pressefoyer hatte eine komplizierte innenpolitische Vorgeschichte. Der parlamentarische AKH-Untersuchungsausschuss hatte nach über einem Jahr Beratung einen Abschlussbericht beschlossen – mit den Stimmen von SPÖ und

FPÖ. Die SPÖ erleichterte der FPÖ die Zustimmung, indem sie einige von der Mehrheitsmeinung abweichende Stellungnahmen der FPÖ in den Bericht aufnahm. Die FPÖ stimmte wohl auch als Vorleistung für eine zu erwartende Regierungsbeteiligung zu, die dann 1983 tatsächlich eintrat. Mit dem Bericht war der Ausschuss beendet, wogegen die ÖVP wütend protestierte. Sie hätte das Thema als Oppositionspartei gern weiter am Köcheln gehalten. Vor allem suchte die ÖVP die »rauchende Pistole«, um Androsch zur Strecke zu bringen, was aber nicht gelang. Es ging dabei vor allem um die Firma Ökodata, die von einem früheren Mitarbeiter der Consultatio, der Firma von Hannes Androsch, gegründet worden war und beim Bau des AKH beschäftigt war. Die Vermutung, dass Androsch an der Ökodata beteiligt war, konnte aber im Ausschuss nicht bewiesen werden. Die ÖVP sah sich mit dem Ende des AKH-Untersuchungsausschusses um die Möglichkeit gebracht, die SPÖ unter Druck zu setzen. Um der Empörung Nachdruck zu verleihen, setzte ÖVP-Obmann Mock einen ungewöhnlichen Schritt. Er pilgerte zu Bundespräsident Kirchschläger, um sich über die Vorgangsweise der SPÖ zu beschweren. Diesen Propaganda-Coup von Mock sah Kreisky in einem Interview in den *Salzburger Nachrichten* als einen Versuch, das Parlament zu entmachten, und erinnerte an die Pläne von Otto von Habsburg, nach Österreich als eine Art Justizkanzler zurückzukehren, der anstelle des Bundespräsidenten über den Parteien stünde. Der Bundespräsident sei kein Schiedsrichter über das Parlament, erklärte Kreisky.

Im darauffolgenden Pressefoyer empörte sich Kreisky weiter. Er habe die Justiztricks der 1930er-Jahre bei der Ausschaltung des Parlaments erlebt und warne vor Wiederholungen. Ich erlaubte mir die Frage, ob der Hinweis auf die 1930er-Jahre nicht übertrieben sei. Kreisky: »Angesichts des gestrigen Putschversuchs in Spanien fragen Sie mich das?« Mein Einwurf: »Wir sind aber in Österreich und nicht in Spanien!« Da explodierte Kreisky: »Wir waren auch früher Österreich. Lernen S' a bisserl Geschichte, Herr Reporter. Da werden S' sehen, wie das damals war im Parlament!« Ich wusste, wie das damals war, und hielt dagegen: »Mir ist die Geschichte bewusst, damals war aber doch eine ganz andere politische Situation …« Weiter kam ich nicht: »Das ist doch eine primitive Argumentation! Lernen S' Geschichte!«, unterbrach Kreisky. Auf nochmaliges Nachfragen von mir kam dann die dritte Aufforderung, Geschichte zu lernen. Kreisky leistete sich noch eine subtile Bosheit, indem er mich als Reporter titulierte. Ein Redakteur steht in der Redaktionshierarchie normalerweise etwas höher als ein Reporter. Kreisky zieh mich also nicht nur der historischen Unwissenheit, sondern degradierte mich im Vorbeigehen auch noch.

Von den beim Pressefoyer anwesenden Redakteuren war ich als ehemaliger *AZ*-Redakteur wahrscheinlich am besten über die Zwischenkriegszeit informiert. In meiner Bibliothek stand damals fast die gesamte Literatur über die Erste Republik. Daraus geht eindeutig hervor, dass im März 1933 nicht eine Selbstausschaltung des Parlamentes stattgefunden hatte, wie die Austrofaschisten das damals nannten, sondern ein Putsch von Dollfuß. Eine Abstimmungspanne wurde als Vorwand genommen, um die Wiederaufnahme der unterbrochenen Sitzung des Nationalrats unter Polizeieinsatz zu verhindern. Anlass für die Sitzung des Nationalrates am 4. März war ein arbeitsrechtlicher Konflikt der Regierung mit den Eisenbahnern. Die Regierung Dollfuß hatte die monatliche Lohnauszahlung auf drei Raten ausgedehnt. Dagegen traten die Eisenbahner am 1. März in einen zweistündigen Warnstreik, worauf die Regierung mit Verhaftungen und Disziplinarverfahren reagierte. Bei einer Sondersitzung des Nationalrats forderten die Sozialdemokraten die Rücknahme der Sanktionen und die Sicherung der Gehälter. Ein entsprechender Antrag der Sozialdemokraten wurde mit einer Stimme Mehrheit abgelehnt. Ein ähnlich formulierter Antrag der Großdeutschen wurde mit 81 zu 80 Stimmen angenommen, endete also mit einer Niederlage der Regierung. Bei der Auszählung tauchten zwei Stimmzettel desselben sozialdemokratischen Abgeordneten auf, aber keiner seines Sitznachbarn, obwohl beide abgestimmt hatten. Die Christlich-Sozialen verlangten die Ungültigkeit der Stimme – womit die Abstimmung zu ihren Gunsten gekippt wäre. Die drei Nationalratspräsidenten waren ziemlich hilflos.

Nach stundenlanger Unterbrechung setzte Renner einen verhängnisvollen Schritt. Auf Anraten des SP-Klubvorstandes mit Otto Bauer an der Spitze demissionierte Renner als Präsident. Der amtierende Präsident war damals als Abgeordneter nicht stimmberechtigt. (Das wurde nach 1945 geändert, um ähnliche Turbulenzen zu verhindern). Durch die Demission sollte bei einer drohenden Wiederholung der Abstimmung die Mehrheit auf jeden Fall gesichert werden. Die Christlich-Sozialen durchschauten das Manöver und veranlassten auch die Demission des von ihnen gestellten Zweiten Präsidenten Rudolf Ramek. Zur Überraschung Renners demissionierte auch der von den Großdeutschen gestellte Dritte Präsident Sepp Straffner. Die Sitzung konnte damit nicht ordnungsgemäß geschlossen werden. Dollfuß war schon länger überzeugt gewesen, dass Österreich autoritär regiert werden sollte. Die Vorgänge im Nationalrat erschienen den Christlich-Sozialen nun wie ein Geschenk des Himmels. Vizekanzler Wolfgang Schmitz triumphierte: »Gott hat uns noch einmal eine Gelegenheit geschickt, das Land und die Partei zu retten!« Dollfuß sprach sofort von der Selbstausschaltung des Parlaments und machte sich daran, diktatorisch zu regieren. Als die sozialdemokratischen und großdeutschen Abgeordneten am 15. März wieder zusammentreten wollten, wurden sie von der Polizei am Betreten des Parlaments gehindert. Die Hoffnungen der Sozialdemokraten auf den Verfassungsgerichtshof durchkreuzte Dollfuß, indem er die von seiner Partei bestellten

Richter zum Rückzug zwang. Damit war der Verfassungsgerichtshof nicht mehr beschlussfähig. Bundespräsident Wilhelm Miklas hätte eingreifen können, blieb aber untätig.

Ich war damals allerdings überzeugt, und bin es noch heute, dass man 1981 die Warnung Kreiskys vor einer Wiederholung der 1930er-Jahre nicht unwidersprochen hinnehmen konnte. Es war dies eine meiner Meinung nach unpassende Instrumentalisierung der 1930er-Jahre für die aktuelle innenpolitische Debatte um den Untersuchungsausschuss des AKH-Skandals. Kreisky hatte dieses Pressefoyer, in die Enge getrieben, von der Sachebene auf die Machtebene verschoben, wo er nicht verlieren konnte. Es war gewissermaßen der Untergriff eines in Argumentationsnotstand geratenen Politikers.

Die Aufregung Kreiskys war umso unverständlicher, als Kreisky in seinen Erinnerungen über die Ära der ÖVP-Alleinregierung zu dem Schluss kam, diese habe »keinerlei Reminiszenzen an die 30er-Jahre erkennen« lassen. Wenn in dieser Hinsicht die ÖVP-Alleinregierung für ihn unverdächtig war, hätte es die ÖVP als Oppositionspartei erst recht sein müssen. Vielleicht resultierte sein Unmut auch aus der Tatsache, dass Kirchschläger, der seiner Ansicht nach ihm allein die Funktion des Bundespräsidenten verdankte, von der Opposition zum Schiedsrichter über ihn und die SPÖ angerufen wurde. Der Satz »Lernen S' Geschichte!« blieb für den Rest meines Journalistenlebens an mir hängen. Er wurde fälschlicherweise oft zitiert, wenn es galt, jemanden einer historischen Unwissenheit zu beschuldigen. Wenn ich heute meinen Namen nenne, verbindet diesen kaum jemand mit meiner journalistischen Tätigkeit im Fernsehen und Radio. Wenn ich aber sage, ich bin derjenige, den Kreisky aufgefordert hat, Geschichte zu lernen, haben fast alle ein Aha-Erlebnis. So ging ich dank Kreisky als Fußnote in die Zeitgeschichte ein.

Bei diesem denkwürdigen Pressefoyer kanzelte Kreisky außer mir auch einige Zeitungsredakteure ab. Kreisky wollte

Auf einer Litfaßsäule im Kreisky-Park in Wien-Margareten ist Kreiskys oft zitierter Satz als Mahnung festgehalten. Auch wenn diese Worte in falschem Zusammenhang fielen, sind sie grundsätzlich richtig.

auf die Frage, warum die SPÖ mit ihrer Mehrheit im Nationalrat das Ende des AKH-Untersuchungsausschusses beschlossen hatte, persönlich nicht die Verantwortung übernehmen, sondern versuchte, dies als autonome Entscheidung des Parlamentsklubs der SPÖ darzustellen. Das war angesichts der Machtfülle Kreiskys, er war ja formell Klubobmann, natürlich nicht sehr glaubwürdig. Irgendwann im Verlauf des Pressefoyers muss Kreisky gedämmert sein, dass seine Argumentation auf schwachen Beinen stand, und er flüchtete sich in Aggression gegenüber den fragenden Journalisten. Besonders gegenüber Barbara Stiglmayr, einer Redakteurin der steirischen ÖVP-Zeitung *Südost-Tagespost*, benahm sich Kreisky ziemlich rüde, als diese ihn aggressiv auf die Unhaltbarkeit seiner Argumentation hinwies. Kreisky rüffelte sie mit den Worten: »Sie haben ja Tränen der Wut in den Augen!« Als die Redakteurin wütend insistierte, drohte Kreisky sogar mit der Einstellung des Pressefoyers. Das war freilich eine Drohung, die niemand ernst nahm, hätte er sich doch damit selbst geschadet. Die solcherart gerügte Redakteurin hielt sich eine Woche später beim Pressefoyer abseits und stellte keine Fragen. Nach dem Pressefoyer ging Kreisky auf sie zu und fragte: »Sie haben mich heute gar nichts gefragt. Sind Sie böse auf mich?« Mit einer derartigen Zuwendung konnte kein Redakteur einer SPÖ-Zeitung rechnen.

Die Auseinandersetzung mit Kreisky beim Pressefoyer konnte natürlich nicht zur Gänze in der »Zeit im Bild« gesendet werden, zumal der damalige Chefredakteur Franz Kreuzer mir für die Wiedergabe dieses Interviews in der »Zeit im Bild« nicht mehr Zeit als von mir gewünscht zugestehen wollte, »weil dann der Skandal ja noch größer wäre.« Kreuzer machte sich damals Hoffnungen, Intendant zu werden, und wollte offensichtlich mit seinen Entscheidungen seine Karriereplanung nicht gefährden. Ich dagegen wollte noch eine Frage von mir unterbringen, weil ich vor den TV-Zusehern nicht schlecht dastehen wollte. Der gesendete Ausschnitt aus dem Pressefoyer war aber genug, um bei vielen Zuschauern helle Empörung auszulösen. Das Telefonprotokoll verzeichnete mehr als 100 Anrufe, fast alle gegen Kreisky. Das war umso bemerkenswerter, als die Telefonprotokolle der vergangenen Jahre fast immer voll Kritik an den Fragestellern waren. Kritische Fragen an Kreisky wurden damals von einer breiten Mehrheit in der Bevölkerung wie eine Majestätsbeleidigung bewertet.

Kreisky wurde bei SPÖ-Veranstaltungen einige Male darauf angesprochen, dass er mir gegenüber ungerecht gewesen sei. Er räumte das später auch parteiintern ein. Er versuchte allerdings weiter Journalisten zu überzeugen, dass er im Recht war mit seiner Kritik, den Bundespräsidenten in die Causa AKH-Untersuchungsausschuss hineinzuziehen. Gerhard Vogl, innenpolitischer Redakteur der »Zeit im Bild«, erhielt dazu ein Privatissimum: »Wenn statt Kirchschläger der Lugger [der bei der Wahl gegen Kirchschläger unterlegen war] Präsident gewesen wäre, hätte er mich entlassen und ein Beamtenkabinett einsetzen können. Der Sektionschef Neumayer wäre dann vielleicht Regierungschef gewesen. Das muss man sich einmal vorstellen!« Neumayer war einer jener aus der ÖVP-Zeit stammenden Beamten im Bundeskanzleramt, die Kreisky nicht schätzte. Kreisky wusste übrigens sehr genau, welche Kompetenzen der Bundespräsident hatte. Als Bundespräsident Franz Jonas 1974 starb, übernahm Kreisky als Bundeskanzler bis zu Neuwahlen verfassungsgemäß dessen Agenden. Davor hatte sich Kreisky genau über die Kompetenzen des Staatsoberhauptes erkundigt. Kreisky war überrascht, was alles möglich ist, und meinte: »Da könnte ich ja als amtierender Bundespräsident die Bundesregierung, also mich selbst, entlassen!«

DER NIMBUS DES UNBESIEGBAREN

Der Vorschlag Kreiskys, den parteilosen Außenminister Kirchschläger als Kandidaten der SPÖ in die Bundespräsidentenwahl 1974 zu schicken, folgte hauptsächlich strategischen Überlegungen. Die SPÖ hatte viele Jahre erfolgreich argumentiert, dass die Funktionen von Bundeskanzler und Bundespräsident nicht von einer Partei besetzt werden sollten. Diese Argumentation honorierten die Wähler, indem sie als Gegengewicht zu ÖVP-Kanzlern durchgehend Bundespräsidenten wählten, die von der SPÖ gestellt wurden: von Theodor Körner über Adolf Schärf bis Franz Jonas. Der alte Fuchs Kreisky wollte die Argumentation mit dem Mächtegleichgewicht unterlaufen – Kirchschläger war kein Mitglied der SPÖ. Mit dem praktizierenden Katholiken Kirchschläger wollte Kreisky auch ein Signal gegenüber der katholischen Kirche setzen, um das wegen der Fristenlösung belastete Verhältnis wieder zu verbessern. Kreiskys Vorschlag, einen Nichtsozialisten als Kandidat für die SPÖ ins Rennen zu schicken, empfanden einige in der Partei als Tabubruch. Außer einem Murren hinter vorgehaltener Hand regte sich aber kein Widerstand.

Der Wahlkampf für Kirchschläger ging dann nicht ohne Panne über die Bühne. Ich war damals noch Redakteur der *AZ*. Einige Wochen vor der Wahl, Kirchschläger war schon auf Wahlreise, brachte der *Kurier* einen großen Bericht, dass Kirchschläger einige Jahre Mitglied beim ÖAAB war. Der Bericht war mit einem Faksimile der Mitgliedskarte untermauert. Das war für Kreisky insofern ein Problem, als Kirchschläger von ihm als parteiloser Kandidat vorgeschlagen worden war und als solcher auch beworben wurde. In der Redaktion herrschte zunächst Ratlosigkeit, wie damit umzugehen war. Eine Stellungnahme Kreiskys musste her. Dieser war aber auf einem offiziellen Besuch in Moskau. Kreisky war von *AZ*-Redakteur Friedrich Katscher begleitet worden. Eine telefonische Kontaktaufnahme war damals technisch nicht möglich. Also wartete ich, bis Katscher seinen Bericht aus Moskau per Fernschreiber sandte und schrieb, bevor er wieder den Fernschreibraum verließ, zurück: »*Kurier* berichtet: Kirchschläger war beim ÖAAB. Bitte Stellungnahme Kreiskys einholen!« Katscher nahm das Fernschreiben und rannte damit zum Festakt, bei dem Kreisky einen Bösendorfer-Flügel als Gastgeschenk an die damalige Kulturministerin Furzewa übergab. Er drückte Kreisky das Fernschreiben in die Hand und sagte etwas zu laut: »Kirchschläger war bei der ÖVP!« Das hörte Paul Lendvai, der für die *Kleine Zeitung* als Berichterstatter in Moskau war. Er schilderte dann genüsslich, wie Kreisky mit versteinerter Miene die Zeremonie der Klavierübergabe über sich ergehen ließ.

In Wien hatte Leopold Gratz die Situation in einem TV-Interview zu retten versucht, indem er listig meinte, es wäre gut gewesen, wenn viele ÖAAB-Mitglieder dem Beispiel Kirchschlägers gefolgt und ausgetreten wären. Wir wollten natürlich auch eine Stellungnahme von Kirchschläger. *AZ*-Redakteur Günther Traxler war für die Dauer von sechs Wochen für den Wahlkampf Kirchschlägers abgestellt worden. Ich erreichte ihn in Ybbs und schilderte ihm das Problem. Er rief zunächst den damaligen Werbechef der SPÖ Heinz Brantl an. Dessen Reaktion war harsch: »Warum hat er uns das nicht gesagt?« Brantl, ein feinsinniger, zurückhaltender Mensch, konnte sich kaum beruhigen. Das Werbekonzept mit dem parteilosen, unabhängigen Kandidaten Kirchschläger war plötzlich Makulatur. Brantl sah jetzt alles den Bach hinuntergehen. Es kam aber dann doch anders. Die nächsten Wahlveranstaltungen waren noch besser besucht mit dem Tenor: Wir lassen uns unseren Kandidaten nicht von der ÖVP hinausschießen. Kirchschläger wurde gewählt. Bei einer Niederlage wäre Kreiskys innerparteiliche Position deutlich geschwächt gewesen, schließlich war Kirchschläger sein persönlicher Kandidat. Angeblich spielte Kreisky für den Fall der Niederlage sogar mit Rücktrittsgedanken. Mit der Wahl Kirchschlägers aber bekam Kreisky den Nimbus des Unbesiegbaren. Alles, was er angriff, gelang.

Es ist heute kaum mehr vermittelbar, wie stark Kreisky die Politik damals dominierte. Als er 1970 die Minderheitsregierung installierte, wurde er bei seiner Regierungserklärung von wütenden Zwischenrufen aus den Reihen der ÖVP-Abgeordneten gestört. In der damaligen ÖVP-Führung betrachtete man Kreiskys Kanzlerschaft nur als ein vorübergehendes Intermezzo, das die ÖVP bei der nächsten Wahl wieder korrigieren werde. Der Gang der ÖVP in die Opposition war für die ÖVP viel dramatischer als jener der SPÖ 1966. Die SPÖ musste 1966 als ewiger Zweiter einer Großen Koalition auf die Oppositionsbänke, die ÖVP stürzte hingegen als scheinbar ewige Kanzlerpartei ins Nichts. Wie wenig die ÖVP je daran dachte, dass sie einmal nicht mehr den Bundeskanzler stellen würde, ließ sich aus dem damals geltenden Parteistatut ablesen. Da wurde als Mitglied des Parteivorstandes unter anderem auch »der Bundeskanzler« angeführt, was zu hämischen Kommentaren der SPÖ führte. Mit der Rückeroberung des Kanzlerpostens für die ÖVP wurde es nichts. Kreiskys SPÖ erhielt sowohl 1971 und 1975 die absolute Mehrheit an Stimmen und Mandaten. Die Zwischenrufe der ÖVP bei den Regierungserklärungen Kreiskys wurden von Mal zu Mal seltener und erstarben, als Kreisky 1979 zum dritten Mal die Regierungserklärung einer absoluten Mehrheit im Parlament verlas. Von da an genoss Kreisky den Nimbus des Unbesiegbaren. Gustave Le Bon hat dafür schon 1895 in *Psychologie der Massen* eine prägnante Formulierung gefunden: »Der Nimbus ist in Wahrheit eine Art Zauber, den eine Persönlichkeit, ein Werk oder eine Idee auf uns ausübt. Diese Bezauberung lähmt alle unsere kritischen Fähigkeiten und erfüllt unsere Seelen mit Staunen und Ehrfurcht. Die Gefühle, die so hervorgerufen werden, sind unerklärlich wie alle Gefühle, aber wahrscheinlich von derselben Art wie die Suggestion, der ein Hypnotisierter erliegt.«

Man konnte diese Ehrfurcht vor Kreisky schon an der Körpersprache ablesen, mit der sich ÖVP-Abgeordnete dem Bundeskanzler näherten. Sogar meine Fragen beim Pressefoyer fanden in der ÖVP Beachtung. ÖVP-Abgeordneter Felix Ermacora kam im Parlament auf mich zu: »Herr Brunner, ich bewundere die Intransigenz ihrer Fragen!« Ähnlich äußerte sich Marga Hubinek, zweite Nationalratspräsidentin für die ÖVP. Das schmeichelte natürlich meiner Eitelkeit, aber ich stellte mir auch die Frage, ob ich hier nicht unbewusst die Arbeit der ÖVP machte. Ich war ja immerhin seit meinem 14. Lebensjahr Mitglied der SPÖ und fühlte mich der sozialdemokratischen Idee nach wie vor verbunden, auch wenn ich nicht mit allen aktuellen Entscheidungen der SPÖ und Kreiskys übereinstimmte.

Rückblickend glaube ich, dass das Spektakel des dienstäglichen Pressefoyers im Fernsehen Kreisky besonders dann nützte, wenn kontroverse Fragen gestellt wurden. Der kleine Mann vor dem Fernseher bekam das Gefühl, dass Kreisky mit ihm kommunizierte, wenn Fragen gestellt wurden, die auch er dem Bundeskanzler gern gestellt hätte. Eines der Geheimnisse eines guten Interviews ist ja, dass der Interviewer jene Fragen stellt, die den Normalbürger bewegen. In der SPÖ sahen das nicht alle so. SPÖ-Zentralsekretär Fritz Marsch zischte mich am Rande einer Regierungsklausur einmal an: »Mir ist jeder Schwarze im ORF lieber als du!« Diese Aggression verdankte ich ORF-Chef Gerd Bacher. In einem Interview mit der *Wochenpresse* hatte mich Bacher als »Helden vom Ballhausplatz« bezeichnet, und bezog sich dabei auf meine Scharmützel mit Kreisky beim Pressefoyer. Diese völlig überflüssige Übertreibung Bachers kostete mich jedenfalls Sympathien bei einigen SPÖ-Funktionären.

Der SPÖ-Nationalratsabgeordnete Peter Schieder stand gewissermaßen stellvertretend für jene Funktionäre, die von einem Parteimitglied im ORF Hofberichterstattung erwarteten. Er wollte zum Beispiel von mir wissen, was die SPÖ davon habe, dass ich Ressortleiter Innenpolitik der »Zeit im Bild« sei. Meine Antwort: »Der Vorteil für die SPÖ erschöpft sich darin, dass an dieser Stelle kein CVer sitzt, der die SPÖ mit Feuer und Schwert bekämpft. Ich bemühe mich, die Politik von Regierung und Opposition so wahrheitsgetreu wie möglich darzustellen. Wahlen müsst ihr selber gewinnen.« Seine Reaktion erstaunte mich etwas: »Du bist ja ein Moralist!« Mit dem Vorwurf konnte ich nichts anfangen. Schieders Reaktion erinnerte mich an ein Erlebnis in der *AZ*-Redaktion. In der Redaktion war man unschlüssig, ob man über eine Unregelmäßigkeit in einer SPÖ-nahen Wohnbau-Genossenschaft berichten sollte. Ich plädierte für Berichterstattung, wurde aber mit dem Argument eines älteren Redakteurs abgeschmettert: »Die Schwarzen machen es genauso!« Meine Antwort: »Ich dachte, wir sind nicht so wie die Schwarzen!« Da war ich wohl etwas zu naiv.

Das Pressefoyer wurde auch im Ausland beachtet, jedenfalls dort, wo der ORF empfangbar war. Nach dem Zusammenbruch des Sowjetimperiums lud ORF-Chef Gerd Bacher Rundfunk- und Fernsehleute der osteuropäischen Nachbarländer zu einer Tagung nach Wien ein, um ihnen beim Aufbau öffentlich-rechtlicher Anstalten behilflich zu sein. Zwei Redakteure aus Bratislava kamen auf mich zu: »Wir kennen Sie vom Pressefoyer!« Sie erzählten mir, dass die der deutschen Sprache mächtigen Redakteure im TV-Zentrum in Bratislava die »Zeit im Bild« oft gemeinsam ansahen und bedauerten, dass sie ihre Politiker nie so befragen konnten. So kam ich zu einer grenzüberschreitenden Bekanntheit, jedenfalls bei einigen Redakteuren des slowakischen TV-Programms.

Beim Pressefoyer stellten natürlich nicht nur ORF-Journalisten Fragen, auch Zeitungsredakteure beteiligten sich eifrig daran. Soweit wie möglich, wurden diese Fragen auch in der »Zeit im Bild« gesendet. Es zeigte sich dann allerdings oft am Schneideplatz, dass die meisten Fragen der Zeitungskollegen nicht verständlich waren. Oft waren die Fragen keine Fragen, sondern Meinungskommentare. Kreisky reagierte dann darauf mit der Feststellung: »Das war jetzt Ihr Leitartikel, den ich morgen in Ihrer Zeitung lese. Dazu muss ich heute nicht Stellung nehmen! Ihre Frage bitte!« Als einer der wenigen Zeitungsredakteure, der klare Fragen formulierte, ist mir der Wiener Korrespondent der *Tiroler Tageszeitung* Josef Nowak in Erinnerung. Dieser an sich SPÖ-kritische Journalist wurde von Kreisky meist huldvoll mit Antworten bedacht. Das führte auch zu skurrilen Situationen. Kreisky ließ mich manchmal mit einer Frage durch Nichtbeantwortung auflaufen. Wenn Nowak dieselbe Frage Minuten später wortgleich stellte, bekam er eine ausführliche Antwort. Ich war eben der unbotmäßige ehemalige *AZ*-Redakteur und Nowak war der SPÖ-kritische Journalist, den er gewinnen wollte.

Mehrmals musste ich mir von SPÖ-Politikern den Vorwurf anhören, dass ÖVP-Politiker nie so hart befragt wurden wie Kreisky. Das ist wahr, liegt aber daran, dass Politiker, die an der Macht sind, mehr Gründe für Fragen liefern als Oppositionspolitiker. Regierungsmitglieder kann man fragen, warum sie etwas tun oder nicht tun, man kann sie auf ihre Fehler abklopfen. Bei Oppositionspolitikern erschöpft sich der Fragenkatalog meist im Suchen nach Gegenvorschlägen zum Regierungsprogramm. Unglückseligerweise hatte die ÖVP damals einen Medienberater engagiert, der ihren Repräsentanten einschärfte, sie müssten in Interviews ihre politische Botschaft anbringen, egal, was der Interviewer fragte. Das führte zu manchmal skurrilen Interviews. Die ÖVP plakatierte zum Beispiel, sie trete für eine »andere Politik« ein. Nachfragen an ÖVP-Obmann Mock ergaben nur die stereotype Aussage »eben für eine andere Politik«. Eine Präzisierung war nie zu bekommen, auch wenn mehrere Interviewer das probierten. Um Interviews mit Kreisky, Androsch oder Benya gab es in der Redaktion jedes Mal ein Gerangel. Wenn es um ein Interview mit einem Oppositionspolitiker von ÖVP oder FPÖ ging, verdrückten sich die Redakteure unter der Tischplatte.

FPÖ-Obmann Steger gestand mir einmal nach einem Routine-Interview für die ZiB, er würde auch gern so kontrovers interviewt werden wie Kreisky beim Pressefoyer. Die Chance hätte sich später ergeben, als ich als Radio-Chefredakteur für die Sendereihe »Im Journal zu Gast« bei Steger schon einen Termin hatte, den er dann aber kurzfristig absagte. Er war damals Vizekanzler und Handelsminister in der SPÖ-FPÖ-Koalition unter Sinowatz und hätte sich gegen Sozialminister Alfred Dallinger positionieren müssen, der gegen eine Öffnung der Geschäfte am 8. Dezember, einem Feiertag, eingetreten war. Dieser Konflikt war eskaliert, als der Salzburger Landeshauptmann Wilfried Haslauer für Salzburg die Öffnung der Geschäfte für 8. Dezember erlaubte. Damit sollte verhindert werden, dass an diesem Tag die Salzburger ins benachbarte Bayern fuhren, wo die Geschäfte offenhielten. Sozialminister Dallinger, ein Gewerkschafter, hielt das für eine Kompetenzüberschreitung des Salzburger Landeshauptmanns. Die Wirtschaft erwartete ein Eingreifen von Handelsminister Steger zu ihren Gunsten. Steger fürchtete jedoch um den Koalitionsfrieden und hielt sich heraus. Ich stand schon im Vorraum des Parlamentsklubs der FPÖ, als Steger das Interview absagte. So vergab der damalige FPÖ-Obmann eine Chance, sich in der Regierung als wirtschaftsnaher Politiker zu präsentieren. Und das kontroverse Interview, das er sich wünschte, kam auch nicht zustande.

DER UNBEHERRSCHTE KREISKY

Kreisky umgarnte Journalisten, fütterte sie mit Nachrichten, wofür diese immer empfänglich sind. Das trug ihm den Beinamen »Journalistenkanzler« ein. Er konnte aber auch sehr grob zu Journalisten sein. Ich war nicht der einzige Journalist, der Ziel von Kreiskys Aggression war. Auch ORF-Redakteur Helmut Pfitzner, so wie ich ehemaliger *AZ*-Redakteur, bekam bei einem Interview für die ZiB 2 sein Fett weg. Pfitzner interviewte Kreisky zur stark gestiegenen Inflation, bis Kreisky der Kragen platzte. Er beschuldigte Pfitzner lautstark, der ORF wolle offensichtlich eine Kampagne starten, brach das Interview ab, stand auf und ging. Schon im Weggehen drehte er sich wütend um und sagte zwischen Tür und Angel: »Ich will, dass auch der Schluss, also meine Kritik am ORF, gesendet wird.« Zwei Stunden später rief Kreiskys Pressesekretär an und teilte mit, dass der Kanzler den Angriff auf den ORF zurückziehe. In seiner Wut hatte Kreisky sich wieder einmal vergessen. Seine Pressesekretäre mussten öfter Feuerwehr spielen und den Bundeskanzler von seinen Emotionen »herunterbringen«.

Im Hintergrund dieser Debatte über die Inflation stößt man wieder auf einen Konflikt zwischen Kreisky und Androsch. Im Gefolge des Jom-Kippur-Krieges 1973 zwischen Israel und den arabischen Staaten hatten letztere beschlossen, als »Bestrafung des Westens« die Fördermenge von Erdöl zu drosseln, was innerhalb kurzer Zeit zu einer Vervierfachung des Ölpreises führte. Der höhere Erdölpreis verteuerte viele Produkte, die Inflation stieg. Als Ausgleich verlangten die Gewerkschaften höhere Löhne. Androsch war der Meinung, man könne diese Preiserhöhung nicht zur Gänze durch Lohnerhöhungen abgelten, weil dies die Inflationsrate unweigerlich stark antreiben würde. Diesmal war aber ÖGB-Präsident Benya nicht wie sonst auf Seite von Androsch. Autofahren wurde teurer, was durch eine Erhöhung der Pendlerpauschale abgegolten wurde, die Androsch vergeblich abwehren wollte. Der Ölpreisschock führte zu einem Einbruch der Wirtschaft in ganz Europa. Die Inflationsrate stieg in allen Ländern, egal ob sozialdemokratisch oder konservativ regiert. Die Menschen im Westen wollten ebenso weiter leben wie bisher – und die Politik in den westlichen Ländern wusste keine Antwort darauf als weiter Schulden zu machen. Aus dieser Ohnmacht resultierten die Wutanfälle Kreiskys, wenn man ihn auf die Inflation ansprach.

Ronald Barazon, Wirtschaftsredakteur der *Salzburger Nachrichten*, wurde besonders übel beschimpft, allerdings aus anderen Gründen. Barazon hatte schon öfter in seinen Kommentaren die Ansicht vertreten, dass Androschs Wirtschaftskompetenz höher einzuschätzen sei als die Kreiskys. Beim SPÖ-Parteitag 1983 im Konzerthaus in Wien, bei dem die Wachablöse von Kreisky zu Sinowatz vollzogen wurde, steuerte Kreisky auf den am Gang stehenden Barazon zu, richtete den Zeigefinger auf ihn und brüllte ihn an: »Sie sind ein Haderlump! Ein Haderlump! Sie können mich jetzt klagen!« Der verdatterte Barazon entgegnete: »Herr Bundeskanzler, ich will Sie gar nicht klagen!« Kreisky: »Sie können mich aber klagen! Sie Haderlump!« Dann drehte sich der Kanzler um und ging wutentbrannt ab. Die Vorgeschichte: Barazon hatte in den *Salzburger Nachrichten* am Vortag beschrieben, dass die neue SPÖ-Führung sich bemühte, für Kreisky Ersatzeinnahmen zu organisieren, die diesem nach seinem Ausscheiden aus der aktiven Politik ermöglichen sollten, seinen großbürgerlichen Lebensstil beizubehalten. Außer dem Wegfall der Aktivbezüge als Politiker sah sich Kreisky plötzlich auch mit einer höheren Miete für die von der Wiener Städtischen Versicherung gemietete Villa konfrontiert, weil bei einer Prüfung in der Versicherung festgestellt worden war, dass die Miete zu niedrig war. Barazon merkte in seinem Bericht süffisant an, dass ausgerechnet jener Politiker, der von anderen Politikern (gemeint war Androsch) Genügsamkeit verlangte, seinen großbürgerlichen Lebensstil beibehalten wollte. Das ließ Kreisky ausflippen.

Ambivalent gestaltete sich das Verhältnis Kreiskys zu Peter Rabl, damals innenpolitischer Ressortleiter beim *Kurier*. Trotz einer prinzipiell SPÖ-kritischen Blattlinie des *Kuriers* ließ Kreisky die Gesprächsbasis zu der bürgerlichen Zeitung nicht abreißen. Es gab Interviews und wohl auch die eine oder andere Exklusiv-Story über Vorhaben der Regierung. Das Verhältnis zu Rabl änderte sich, als dieser von seinem damaligen Schwiegervater ORF-Chef Gerd Bacher 1980 in den ORF geholt wurde, um ein politisches Magazin namens »Politik am Freitag« aus der Taufe zu heben. Kreisky argwöhnte, dass Rabl nur deshalb in den ORF geholt wurde, um ein SPÖ-feindliches Magazin zu gestalten, und verweigerte der von Rabl präsentierten Sendung fortan jedes Interview, obwohl das Magazin Kreiskys Befürchtungen nicht bestätigte. Als der ORF im Wahlkampf 1983 die Konfrontation der Spitzenkandidaten in »Politik am Freitag« stattfinden lassen wollte, weigerte sich Kreisky zunächst, in Rabls Sendung zu kommen. ORF-Chef Bacher blieb aber hart, nach einigem Hin und Her kam Kreisky doch in Rabls Sendung und diskutierte mit ÖVP-Obmann Mock. In einer der nachfolgenden Sendungen beschäftigte sich die »Politik am Freitag« mit dem sogenannten Mallorca-Paket. Peter Rabl erklärte das Selbstverständliche – dass nämlich die geplante 10-prozentige Quellensteuer von den Zinsen und nicht vom Sparkapital abzuführen sei, was die ÖVP und vor allem die *Kronen-Zeitung* mit ihrer Kampagne »gegen die Sparbuchsteuer« unter den Tisch fallen ließen. Noch während der Sendung rief Kreisky an und ersuchte um einen Rückruf von Rabl. Kreisky bedankte sich für die gute Erklärung und fügte hinzu: »Damit ist alles vergessen, was zwischen uns war!«

Anfang der 1970er-Jahre kam es in einer Pressestunde im Fernsehen zu einem Showdown zwischen Kreisky und einigen Spitzenjournalisten der wichtigsten Tageszeitungen. Es gab offensichtlich eine Absprache der Redakteure, diesmal Kreisky besonders aggressiv zu befragen. Kreisky ließ das einige Zeit zu und holte dann zu einem Gegenschlag aus. Angesichts der Eigentumsverhältnisse der Zeitungen müsste jedem Fernsehzuschauer klar sein, dass ein SPÖ-Kanzler von den anwesenden Redakteuren keine objektive Behandlung erwarten könne. Thomas Chorherr von der *Presse* warf er vor, dass seine Zeitung der Bundeswirtschaftskammer gehört. Alfred Payrleitner vom *Kurier* wurde von Kreisky daran erinnert, dass seine Zeitung im Eigentum einer Industriellengruppe stand. Kurt Vorhofer von der steirischen *Kleinen Zeitung*, die vom Katholischen Preßverein herausgegeben wurde, musste dann noch hinnehmen, dass ihn Kreisky als prominenten CVer bezeichnete, von dem erst recht keine faire Behandlung eines Sozialdemokraten zu erwarten sei. Kreisky dann: »Und jetzt können Sie weiter fragen!« Das war eine mediale Hinrichtung einiger Zeitungsredakteure, die ORF-Redakteuren zeigen wollten, wie man Kreisky interviewen muss.

Printjournalisten beklagten sich dann und wann, dass sie Kreisky im Interview nicht gewachsen seien, weil dieser eine Medienschulung absolviert habe. Das war natürlich Unsinn. Kreisky hatte das nicht notwendig. Er handelte nach seinem untrüglichen Instinkt, er brauchte keine Spindoktoren. Als sein Pressesekretär Wolfgang Petritsch einmal einen Vorschlag machte, entgegnete Kreisky grantelnd: »Tun S' mich nicht insinuieren, Herr Doktor!« Neben seiner schlagfertigen Sprachmächtigkeit hatte Kreisky natürlich auch noch einige Tricks auf Lager. Er setzte in Diskussionen unter anderem seine Brille als Waffe ein. Die Brille war da weniger ein Sehbehelf, sondern ein Kommunikationswerkzeug. In TV-Diskussionen konnte man das beobachten. Nach Attacken der jeweiligen ÖVP-Obmänner nahm Kreisky bedächtig seine Brille ab, legte die Bügel um und apostrophierte dann sein Gegenüber, mit der Brille in der Hand, nach einer Kunstpause: »Herr Dr. Schleinzer!«, »Herr Dr. Taus!«, »Herr Dr. Mock!« Nach dieser Einleitung wussten aufmerksame TV-Zuseher, dass nun auf den Angriff der jeweiligen Oppositionspolitiker eine elegante Riposte folgte, wie in der Fechtersprache ein Gegenangriff mit Ausfallschritt hieß.

Aus Kreiskys Umgebung sind viele Wutanfälle überliefert. Einen konnte ich gewissermaßen exklusiv erleben. Es war 1975, einige Wochen nach meinem Wechsel von der *Arbeiter-Zeitung* zum ORF. Ich wurde zum Spätdienst im Parlament eingeteilt. Damals gab es im Nationalrat noch keine Redezeitbeschränkung, was oft zu Debatten bis nach Mitternacht führte.

Gegen 23 Uhr, der letzte Redner war am Pult, verließ ich die TV-Kabine im oberen Stock und beobachtete das Plenum durch die Glastür im sogenannten Couloir auf der SPÖ-Seite. Die Debatte war sehr hitzig, es gab viele Zwischenrufe. Um diese späte Zeit hatte der eine oder andere Abgeordnete schon einen erhöhten Alkoholspiegel, was öfter zu verbalen Ausfällen führte. Plötzlich kam Kreisky herein und beobachte die Debatte ein paar Minuten durch die Glastür, dann schüttelte er den Kopf, wandte sich an mich und einen neben mir stehenden Angestellten des SPÖ-Klubs und legte mit rotem Kopf wütend los: »Habt ihr so etwas schon gesehen? Diese Neandertaler! Unglaublich!« Er drehte sich um und ging. Ich war einigermaßen konsterniert darüber, dass ein Mann seines Formats so ausflippen konnte. Offensichtlich sah Kreisky in mir noch den *AZ*-Redakteur, der ich ja einige Wochen zuvor noch war. Vor einem Wildfremden hätte er sich wohl nicht so gehen lassen. Kreisky wusste um seine gelegentliche Unbeherrschtheit und hatte gewissermaßen zur Mahnung an sich selbst in seinem Zimmer in der Parteizentrale ein Zitat von Horaz an die Wand gehängt: »Den Gleichmut wahr dir mitten im Ungemach, wahr ihn desgleichen, lächelt dir hold das Glück!« Er hat das aber nicht immer beherzigt, konnte das wohl aufgrund seines Temperaments auch nicht.

Mit Verbalinjurien war Kreisky ziemlich freigebig. »Das ist ein dummer Mensch!« Das war ein öfters von Kreisky geäußertes Urteil über andere Politiker. Das konnte Oppositionspolitiker treffen oder auch Politiker seiner eigenen Partei. »Das ist die rundeste Null, die mir je untergekommen ist!«, war eine andere häufig gebrauchte Floskel. Der solcherart Beurteilte konnte schwerlich wieder seine Anerkennung gewinnen. Besonders Helmut Zilk war mehrmals Adressat bissiger Bemerkungen. Als Gerd Bacher 1967 Kreisky mitteilte, er werde Helmut Zilk zum TV-Direktor machen, antwortete Kreisky laut Bacher: »Den Falotten?« Nach seiner TV-Karriere wurde

Zilk unter Bundeskanzler Sinowatz Unterrichtsminister, verließ die Bundesregierung aber bald Richtung Wiener Rathaus und wurde Bürgermeister. Am Tag nach der Bestellung Zilks läutete beim damaligen Wiener ÖVP-Obmann und Vizebürgermeister das Telefon. Kreisky war am Apparat und wollte von Busek wissen, wie er sein neues Gegenüber empfände. Busek kann sich nach eigenen Angaben nicht mehr erinnern, was er geantwortet hat, wohl aber an Kreiskys Worte, wie er in seinem Buch *Lebensbilder* schildert: »Ich wünsche Ihnen viel Vergnügen mit dem Hutschenschleuderer und seiner Tschinellen-Fifi«. Mit diesem Vergleich aus Ferenc Molnárs *Liliom* drückte Kreisky seine ganze Verachtung für Zilk aus. Dessen Frau Dagmar Koller bekam da auch noch ihr Fett ab.

Als Sozialminister Häuser, der auch Vizekanzler war, 1975 aus der Regierung ausschied, entschied sich Kreisky für Androsch als Vizekanzler. In der Öffentlichkeit war allgemein damit gerechnet worden, dass Wissenschaftsministerin Hertha Firnberg als Signal an die Frauen Vizekanzlerin werden würde. Auf die Nichtberücksichtigung von Firnberg angesprochen, meinte Kreisky: »Alt bin i selber!« Diesen Satz hat ihm Firnberg nie verziehen.

Auch die Verballhornung von Namen war eine von Kreisky gern eingesetzte Waffe, um jemanden zu demütigen. In einer Pressekonferenz erläuterte Kreisky die Regierungsumbildung nach der Wahl 1975. Als Nachfolger von Rudolf Häuser war Gerhard Weißenberg schon in den Zeitungen publiziert worden. Kreisky bestätigte im Presseklub Concordia, dass »Weißengruber« Nachfolger Häusers werde. Nach einem Zwischenruf aus den Reihen der Journalisten korrigiert Kreisky auf »Weißenberger«. Erst beim dritten Mal klappte es mit dem wirklichen Namen Weißenberg. Beim Abgang von der Pressekonferenz erinnerte ihn sein damaliger Pressesprecher Johannes Kunz noch einmal an den korrekten Namen »Weißenberg«. Kreisky brummte: »Weiß ich eh!«. Der Posten des Sozialministers wurde aus Tradition immer vom ÖGB nominiert. Kreisky konnte das nicht ändern, drückte aber seine Abneigung gegen den Kandidaten mit einer durch Vergesslichkeit getarnten Namensänderung aus. Verbale Untergriffe waren Kreisky nicht fremd. Opfer wurde zum Beispiel der ÖVP-Abgeordnete Friedrich König. Dieser trat im Nationalrat mit scharfen Reden gegen den Bau der UNO-City auf, einem Lieblingsprojekt des Bundeskanzlers. Kreisky konnte seinen Ärger nicht verhehlen und nannte den klein gewachsenen ÖVP-Abgeordneten von der Regierungsbank aus einen »kleinen Galoppeur«. Er spielte damit auf den einst beliebten Tanz Galopp an, bei dem die Paare im Kreis hopsten. Eine besondere Kränkung hatte Kreisky für den streitbaren Präsidenten der Journalistengewerkschaft Günther Nenning parat. Das SPÖ-Mitglied engagierte sich gegen das AKW Zwentendorf und lag auch in anderen Fragen nicht auf Parteilinie. Auf Nenning angesprochen meinte Kreisky: »Der Nenning? Der ist halt a bissl a Wurschtl!« Nenning gestand Jahre später, dass ihn das mehr gekränkt hatte als alle anderen Angriffe im Lauf seines politischen Wirkens. Kreisky ließ Nenning allerdings nicht aus der Partei ausschließen, das tat erst sein Nachfolger Fred Sinowatz, als Nenning sich gegen das Kraftwerk Hainburg in Stellung brachte.

DER RASTLOSE POLITIKER

Kreisky zitierte sehr gern einen Ausspruch des liberalen französischen Politikers Édouard Herriot: »Wer die Demokratie stabilisieren will, muss sie in Bewegung halten.« Das sei die Richtschnur seines politischen Handelns. Er schonte sich dabei auch selbst nicht. Politik ist an sich ein anstrengender Beruf, doch Kreisky betrieb Raubbau am eigenen Körper. Er war auch bei der Einnahme der Medikamente sehr undiszipliniert. Die Medikamente zur Senkung des hohen Blutdrucks ließ er oft weg, weil sie ihn müde machten, was letzten Endes zur weiteren Schwächung des Herzens und der Nieren führte. Auch die für die Beherrschung seines Diabetes erforderliche Diät hielt Kreisky nicht immer ein. Der Schriftsteller Gerhard Roth durfte Kreisky einige Tage für ein Buch über ihn begleiten. Er äußerte danach in einem Interview sein Erstaunen über die Intensität des Kreisky-Lebens. Nach den vielen Terminen, die die Regierungsgeschäfte mit sich brachten, wurden mehrmals pro Woche Gäste zu einem Abendessen in die Villa in der Armbrustergasse eingeladen: einmal Chefredakteure, dann Jungredakteure, Generaldirektoren großer Betriebe, Künstler usw. Ich war selbst mehrmals Gast in so einer Runde. Die Gäste mussten fast immer einen Monolog des Kanzlers über sich ergehen lassen. Nur selten konnte man Fragen stellen. Diese Abende waren oft erst nach Mitternacht zu Ende. Kreisky konnte das körperlich nur durchstehen, weil er täglich ein Mittagsschläfchen hielt. In einem kleinen Raum hinter seinem Arbeitszimmer im Bundeskanzleramt legte er sich eine Stunde zur Ruhe. Sein Sekretariat war angehalten, ihn dabei nicht zu unterbrechen, egal wer am Telefon nach ihm verlangte.

Bei den Journalistenrunden ging man nach dem Abendessen normalerweise in das im Stil der 1950er-Jahre eingerichtete Wohnzimmer. Diese Möbel hatte Kreisky aus Schweden mitgenommen. Sie ähnelten den damals auch in Österreich hergestellten SW-Möbeln (SW stand für »Soziale Wohnkultur«, eine vom Gewerkschaftsbund ins Leben gerufene Aktion für die Produktion von leistbaren Möbelstücken). Da nicht genug Sitzgelegenheiten vorhanden waren, saßen einige Journalisten am Boden und lauschten den Worten des großen Vorsitzenden, gruppiert wie einst die Jünger um Jesus am Ölberg. Im Bücherregal standen viele Fotos, die Kreisky mit berühmten Staatsmännern seiner Zeit zeigte: Indiens Ministerpräsident Nehru, Ägyptens Präsident Sadat, US-Präsident Nixon und viele andere. Kreisky war damals international ein gefragter Gesprächspartner. Nachdem Nixon sich im Zuge der Watergate-Affäre einem Amtsenthebungsverfahren stellen musste, verschwand das Foto, das Kreisky mit Nixon im Gespräch zeigte, aus dem Bücherregal. Kreisky wusste, was zu einer guten Inszenierung gehört.

Kreisky war ein begnadeter Erzähler und baute in seine politischen Belehrungen immer wieder geschickt Ereignisse aus der Zwischenkriegszeit ein – er erzählte Geschichten und lehrte damit Geschichte. Da erfuhr man, wie klerikal und antimodernistisch etwa die Kulturpolitik zwischen den beiden Weltkriegen in Österreich war. Die Oper *Wozzeck* von Alban Berg durfte zum Beispiel in der Wiener Staatsoper nicht aufgeführt werden. Mit besonderem Nachdruck erinnerte Kreisky an die Unterdrückung des Buches *Im Westen nichts Neues* von Erich Maria Remarque. Der christliche-soziale Heeresminister Carl Vaugoin ordnete 1929 an, dass dieser Roman aus allen Soldatenbüchereien entfernt werden musste, »weil darin die Schattenseiten des Krieges in widerlich übertriebener Weise geschildert werden.« Die Verfilmung dieses Romans führte zu einer seltsamen Allianz von klerikalen Reaktionären und Deutschnationalen: Die Regierung empfahl den Landesregierungen ein Aufführungsverbot, das der Innenminister 1931 dann für ganz Österreich aussprach. Wer diesen Film sehen wollte, musste nach Bratislava fahren. Kreisky vermied es aber bei diesen Abenden, die mehrheitlich nicht der Sozialdemokratie nahestehenden Redakteure politisch zu missionieren. Er wollte die Stimmung dieser Zeit vermitteln. Daher flocht er manchmal auch nicht politische Ereignisse ein, etwa wenn er erzählte, dass sich Menschenansammlungen vor Buchhandlungen bildeten, wenn ein neuer Roman von B. Traven erschien.

Wenn Kreisky über die Parteiarbeit in der Zwischenkriegszeit berichtete, fiel auch schon einmal ein kritisches Wort über Schrebergärten: »Sobald ein Genosse einen Schrebergarten besaß, blieb er den Sektionsabenden fern und am 1. Mai musste er den Garten umstechen!« In den 1970er-Jahren, als viele Arbeiter sich ein Auto leisten konnten, verschärfte sich das Problem für die Basisarbeit der SPÖ. Statt der Teilnahme an den Feiern zum 1. Mai lockte eine Fahrt mit dem eigenen Auto ins Grüne. Für Kreisky, den 24-Stunden-Politiker, war das unverständlich. Dass mit steigendem Wohlstand das Interesse an einer politischen Tätigkeit in der Partei abnahm, konnte er nicht verstehen. Kreisky blieb, wohl geprägt durch seine persönlichen Erfahrungen mit Gefängnis und Zwang in die Emigration, der Kampfzeit der Sozialdemokratie verhaftet. So interessant die Erzählungen Kreiskys meistens waren, bei wiederholten Besuchen konnte das aber auch enervierend sein. Vor einem dieser Abende kam es vor der Kreisky-Villa zu einer Art Verschwörung von Journalisten, diesmal keinen Monolog zuzulassen, sondern Kreisky mit Fragen zu unterbrechen. Die Verschwörung scheiterte.

DER FALL SCHRANZ ALS MEDIENEREIGNIS

1972 wurde der damals weltbeste Skifahrer Karl Schranz knapp vor seinem Antreten bei den Olympischen Spielen in Japan wegen angeblicher Verletzung der Amateurbestimmungen disqualifiziert. Das löste einen Proteststurm aus, den es in dieser Form in der Zweiten Republik weder vorher noch nachher gegeben hat. Außer dem gestürzten Helden Schranz gab es noch einige Hauptdarsteller bei diesem Ereignis: Der für den Sport zuständige Unterrichtsminister Fred Sinowatz und ORF-Chef

Gerd Bacher sowie Bundeskanzler Kreisky, der sich dem nicht entziehen konnte oder wollte. Zu den Nebendarstellern bei diesem Medienereignis gehörten fast alle Journalisten des Landes und Millionen Österreicher.

ORF-Chef Gerd Bacher war treibende Kraft für einen großen Empfang von Karl Schranz. Unterrichtsminister Sinowatz, dessen Berater hier eine Profilierungschance sahen, tat allzu willig mit. Bacher setzte die »Medienorgel« ORF voll ein. Der ORF meldete stundenlang die Ankunftszeit von Schranz auf dem Wiener Flughafen und die Route, die die Wagenkolonne auf dem Weg ins Bundeskanzleramt nehmen würde. Die Nation war in Aufruhr. Sogar André Heller ließ sich anstecken und kreierte gemeinsam mit Georg Danzer einen Schlager mit dem etwas simplen Text »Der Karli soll leb'n!«

Unterrichtsminister Sinowatz verlangte von der Delegationsleitung die sofortige Rückreise der gesamten Mannschaft. Alle Zeitungen ohne Ausnahme überboten sich an Empörung. Auch die *Arbeiter-Zeitung* tat mit. Jacques Hannak, Historiker und ehemaliges Redaktionsmitglied, meldete sich aus der Pension und schrieb einen langen Kommentar, in dem er die Skifunktionäre als »Urheber der Entehrung des guten Namens Österreich« bezeichnete und die Skifahrer, die nicht mit Schranz abgereist waren, als »Verräter ihres Kameraden Schranz« an den Pranger stellte. Er machte geltend, dass der von der Sozialdemokratie hochgehaltene Wert der Solidarität auch für das Skiteam gelten sollte. Der ORF übertraf aber alle. Bacher rühmte sich später, dass zuvor nur Hitler mehr Wiener auf die Beine gebracht hatte als der ORF bei der Heimkehr von Schranz. Um die Ankunft von Schranz in Wien sicherzustellen, musste aber dieser erst nach Wien gelotst werden. Die Maschine aus Tokio landete nämlich zunächst in Frankfurt. Dort warteten schon österreichische Journalisten – und Gerd Bacher, der Schranz erst überzeugen musste, nach Wien zu kommen, weil dort ein großer Empfang auf ihn warte.

Schranz wurde schließlich am Wiener Flughafen nicht nur von Sinowatz, sondern auch vom niederösterreichischen ÖVP-Landeshauptmann Maurer empfangen. Keine Partei glaubte damals, sich verweigern zu können. Die ORF-Aufrufe zeigten Wirkung, und an die 100 000 Menschen bejubelten entlang der Ringstraße ihren Helden Schranz, der im Dienstwagen von Sinowatz fuhr. Am Rücksitz hatte ORF-Chef Bacher neben Sinowatz Platz genommen. Schranz schüttelte bei offenem Fenster immer wieder Hände der begeisterten Menschen. Bacher ermunterte Schranz schließlich, das Schiebedach zu öffnen und sich den Menschen zu zeigen. Schranz folgte, sein Oberkörper ragte aus dem Schiebedach, er beugte sich immer wieder hinunter, um Hände zu schütteln. Rückblickend ergibt das ein seltsames Bild. Neben Sinowatz war Bacher, als oberster Boss des ORF für die Berichterstattung zuständig, auch führend an der Inszenierung dieses Ereignisses beteiligt. Wenn Schranz später über den Empfang in Wien erzählte, vergaß er nicht darauf hinzuweisen, dass seiner Meinung nach Sinowatz erst durch ihn richtig populär wurde. An Selbstbewusstsein hat es dem Skistar vom Arlberg nie gemangelt.

Ich war an diesem Tag für die *Arbeiter-Zeitung* als Berichterstatter im Bundeskanzleramt dabei, als Sinowatz mit Schranz eintraf und von Kreisky begrüßt wurde. Unten am Ballhausplatz hatten sich mittlerweile an die 10 000 Menschen versammelt, die in Sprechchören »Karli, Karli« skandierten. Irgendein Bediensteter öffnete die Türe zum Balkon und Schranz ging hinaus. Er wollte Kreisky mitnehmen, der lehnte aber ab: »Gehen Sie nur, Herr Schranz, das ist Ihr Tag!« Unten tobte die Menge, Schranz ging wieder herein und noch einmal hinaus. Beim zweiten Mal gelang es ihm, Kreisky auf den Balkon mitzunehmen. Nach wenigen Sekunden kam Kreisky wieder herein, während Schranz am Balkon weiter den Beifall der Massen genoss. Kreiskys Körpersprache verriet, dass er die Situation am Balkon als unangenehm empfunden hatte. Als

Schranz zeigt sich auf dem Balkon des Bundeskanzleramtes den jubelnden Massen.

Schranz vom Balkon zurückkam, sagte Kreisky zu ihm: »Gott sei Dank gilt dieser Empfang einem Sportler und nicht einem Politiker!«

Kreisky verband mit dem Balkonauftritt von Politikern unangenehme Erinnerungen. Auf demselben Balkon, von dem aus Schranz den Massen zuwinkte, hatte Kurt Schuschnigg Reden an Anhänger der Vaterländischen Front, der Massenorganisation des Ständestaates, gehalten, und am 11. März 1938 ließ sich der Führer der österreichischen Nationalsozialisten Arthur Seyß-Inquart auf diesem Balkon von den jubelnden Nazis feiern. Schräg gegenüber dem Bundeskanzleramt lag jener Balkon der Hofburg in Sichtweite, von dem aus Hitler nach dem Einmarsch in Österreich 1938 seine Rede hielt.

Mit der Verzögerung von mehreren Tagen versuchten einige Journalisten dann doch, die Dinge zurechtzurücken. Hugo Portisch schrieb, die Heimat habe sich nicht besser verhalten als die Funktionäre in Sapporo. Manfred Scheuch vertrat in der *Arbeiter-Zeitung* die Ansicht, dass der »Blick für das rechte Augenmaß verloren« gegangen sei. Bacher versuchte später, auch Kreisky einen Anteil anzuhängen, dass der Empfang für Schranz völlig aus dem Ruder lief. Nach Bachers Darstellung habe Kreisky ihn nach der Disqualifikation von Schranz angerufen und gesagt: »Na, Herr Skigeneral, lassen S' Ihnen was einfallen!« Man muss Bachers spätere Erklärungen mit Vorsicht genießen, weil diese offensichtlich seiner Reinwaschung dienten, als der ORF mit einer nie da gewesenen Kampagne die ohnehin vorhandene Empörung weiter anheizte. Abgesehen davon gibt es für dieses Telefonat keine Zeugen, einen derartigen Rummel hätte sich Kreisky sicher nicht gewünscht.

Karl Schranz blieb Kreisky dann noch viele Jahre verbunden. Wenn Kreisky am Arlberg urlaubte, fungierte Schranz als Skilehrer und bescheinigte dem Kanzler passable Geschicklichkeit im Schnee. Im Alter, als Kreisky das Skifahren aufgegeben hatte, verbrachte er fast jedes Jahr im Dezember eine Woche im Hotel von Karl Schranz. Kreisky und Schranz waren beide Einzelkämpfer, der eine in der Politik, der andere im Sport. So etwas verbindet offenbar.

Wenn überhaupt, dann kann man heute diesen kollektiven Gefühlsausbruch Österreichs rund um die Disqualifikation von Schranz nur verstehen, wenn man sich vor Augen hält, welche Rolle der alpine Skisport für die Nationwerdung nach 1945 gespielt hat. Nach dem Krieg – den viele Österreicher als bedauerliche Niederlage empfanden – wurde die depressive Stimmung im Land von der Euphorie abgelöst, die die Erfolge österreichischer Sportler im Skisport auslösten. Von Christian Pravda über Toni Sailer bis Karl Schranz rankten sich die Österreicher empor: »Wir sind wieder wer!« Und dann kam ein greiser Amerikaner in Gestalt des Präsidenten des Olympischen Komitees namens Avery Brundage daher und beraubte den armen Karli Schranz seiner Erfolgschancen! Schranz war ein Opfer und mit ihm die ganze Nation. Deutsche Zeitungen zogen in ihren Kommentaren zum Schranz-Empfang Vergleiche zu dem rauschenden Empfang, der Adolf Hitler im Jahr 1938 in Wien bereitet worden war. Die Häme deutscher Medien war wohl etwas selbstgerecht. Die identitätsstiftende Rolle des Skisports in Österreich spielte in der Bundesrepublik Deutschland der Fußball. Man stelle sich einmal vor, das deutsche Fußball-Nationalteam wäre 1954 vor dem Finale gegen Ungarn wegen Verletzung der Amateurbestimmung disqualifiziert worden! Wie da wohl die Menschen in der Bundesrepublik reagiert hätten?

KREISKY UND BACHER

Als Kreisky 1970 Bundeskanzler wurde, war Gerd Bacher ORF-Chef. Bacher war 1967 nach einem von den parteiunabhängigen Zeitungen initiierten Volksbegehren an die Spitze des Monopolunternehmens gelangt. Er reformierte die verschlafene Rundfunkgesellschaft RAVAG (Radio Verkehrs AG), baute die Informationssendungen aus, sorgte aber auch dafür, dass das Unternehmen eine konservative Schlagseite hatte. Als ehemaliger Chefredakteur diverser Zeitungen sah sich Bacher jetzt als oberster Journalist Österreichs an der Spitze der »größten Medienorgel des Landes«, wie er das selbst nannte. Er entfernte die bisherige Führungscrew der RAVAG und teilte dies auch Kreisky als damaligem Führer der größten Oppositionspartei (Alleinregierung der ÖVP 1966–1970) mit. Das sorgte für die erste Verstimmung zwischen Kreisky und Bacher, der den SPÖ-nahen TV-Direktor Gerhard Freund durch Helmut Zilk ersetzte. Kreiskys Reaktion war harsch: »Den Freund ersetzen Sie durch diesen Falotten?« Dass der ehemalige *AZ*-Chefredakteur Kreuzer von Bacher als TV-Chefredakteur vorgesehen war, beruhigte Kreisky nicht, wurde diesem doch Alfons Dalma als Gesamtchefredakteur vorgesetzt. Dieser hatte eine Vergangenheit im faschistischen Ustascha-Regime Kroatiens vor 1945 und war nachher als ultrakonservativer Publizist aufgefallen.

Dalma nutzte dann seine Stellung, um die Inhalte in Radio und Fernsehen in einigen Fragen »auf Linie zu bringen«. Das geschah etwa in der Berichterstattung über die Ostpolitik des deutschen Bundeskanzlers Willy Brandt. »Wandel durch Annäherung« – mit dieser Formel hatte Brandt-Intimus Egon Bahr eine Politik entworfen, die anstelle des permanenten Säbelrasselns viele kleine Schritte der Annäherung gegenüber der DDR und den anderen Oststaaten setzen sollte. Am Ende sollte die Anerkennung der Oder-Neiße-Linie sowie der DDR als selbstständiger Staat stehen. Diese Politik wurde von der CDU heftig bekämpft. Alfons Dalma geißelte in Kommentaren in Radio und TV die Ostpolitik der Regierung Brandt-Scheel, als ob sie von der CDU-Zentrale diktiert worden wären. Kreisky ärgerte sich darüber maßlos. Für ihn war das Missbrauch des ORF für politische Agitation gegenüber seinem Freund Willy Brandt, dessen Ostpolitik er vorbehaltlos mittrug. Bacher und Dalma agierten in dieser Frage wie die Bosse einer Zeitung, die ihnen gehört, und vergaßen die für eine öffentlich-rechtliche Anstalt gebotene Zurückhaltung. Dalma lieferte einen der Gründe dafür, warum Bacher 1974 nicht wiederbestellt wurde. Noch aber hatte sich Kreisky nicht entschieden.

Bacher sah sich offensichtlich als ideologischen Gegenspieler Kreiskys. In internen Sitzungen machte er kein Hehl daraus, dass ihm alles, was er für links hielt, zuwider war. Er tat das auch öffentlich in Vorträgen und Interviews. Bei den Salzburger Humanismus-Gesprächen 1972 reagierte er sich an der 68er-Bewegung ab: »Die revolutionäre Linke glaubt im

Alleinbesitz des Zeitgeistes unterwegs zu sein – wie einst Hitler im Namen der Vorsehung!« Der Vergleich mit Hitler löste in der SPÖ Entrüstung aus, selbst bei jenen, die mit der 68er-Bewegung nichts am Hut hatten. Schritt für Schritt überzog Bacher sein Konto, das für eine Wiederwahl sprach.

1972 folgte der nächste unüberlegte Schritt Bachers. Als der Skistar Karl Schranz bei den Olympischen Spielen wegen angeblicher Verletzung der Amateurstimmen disqualifiziert wurde, half Bacher – wie zuvor geschildert – mit, die ohnehin große Empörung in Österreich noch mit einer beispiellosen Kampagne in Radio und Fernsehen anzuheizen.

Dann legte sich Bacher auch noch mit ÖGB-Präsident Benya an. Der ÖGB war der Meinung, dass eine von Bacher gewünschte Gebührenerhöhung von der Paritätischen Kommission, also den Sozialpartnern, geprüft werden müsse. Bacher war anderer Meinung. Benya drängte deshalb auf eine Ablöse Bachers. Er meldete sich Anfang 1974 in einer Klubsitzung zu Wort und wollte wissen, wie die SPÖ nun mit Bacher vorgehen werde. Kreisky ließ Benya auflaufen. Er beantwortete unwichtige Fragen anderer Abgeordneter so weitschweifig, bis die Glocke den Beginn der Plenarsitzung einläutete und alle aufbrachen, sodass eine Antwort an Benya nicht mehr möglich war. Benya bekam einen roten Kopf, sagte aber nichts. Eine frühe Festlegung in der ORF-Frage hätte wohl Kreiskys Politikstil widersprochen, bis zuletzt alles Für und Wider abzuwägen, um ja keine Entscheidung treffen zu müssen, die die Macht gefährden könnte.

Die selbstherrlichen Eskapaden Bachers veranlassten die SPÖ schließlich 1974 zu einem neuen Rundfunkgesetz, mit dem Bacher »ein Nasenring« eingezogen werden sollte. Der Generalintendant verlor das Weisungsrecht, für das Programm der beiden TV-Kanäle sollte je ein Intendant verantwortlich sein. Bacher polemisierte gegen dieses Gesetz schon vor der Beschlussfassung und leistete sich dann einen verbalen Ausrutscher, als er erklärte, Kreisky betreibe Psychoterror gegen ihn. Dieser Äußerung flatterte über den Fernschreiber als Vorrangmeldung der Austria-Presse-Agentur. Pressesekretär Johannes Kunz legte die Meldung Kreisky auf den Schreibtisch. Kreisky las das Statement Bachers aufmerksam durch und entgegen den Erwartungen explodierte er nicht, sondern sagte ganz ruhig: »Bacher nennt mich einen Terroristen. Das ist eine Kriegserklärung. Diesen Krieg darf er nicht gewinnen!« Damit war die Ablöse Bachers besiegelt. Die SPÖ hatte aber ein Problem: Sie hatte keinen geeigneten Nachfolger aus der Medienbranche. Justizminister Broda glaubte, in einem seiner Juristen, der sich bei der Übersiedlung des Justizministeriums verdient gemacht hatte, einen geeigneten Mann zu haben: Otto Oberhammer. Der branchenfremde neue ORF-Chef kümmerte sich dann nur um die Administration, ließ den Programmmachern aber überraschend viel Raum für Innovationen. In seine Amtszeit fiel die Gründung der ZiB2 und des Club2, eines Diskussionsformats, das im deutschsprachigen Raum viel bewundert wurde.

1978 rechneten viele mit einer Wiederbestellung Oberhammers. Es kam aber anders. Außer Bacher kandidierten mit Oberhammer und Helmut Zilk zwei SPÖ-nahe Kandidaten. Im ersten Wahlgang erreichte keiner eine Mehrheit. Im zweiten Wahlgang gab es 16 Stimmen für Bacher, 13 für Oberhammer bei einer Enthaltung. Nach der Papierform hatte die SPÖ 16 Stimmen im 30-köpfigen Gremium. Es waren also zwei SPÖ-Stimmen zu Bacher gewechselt, einer enthielt sich. Nur ein Überläufer wurde später bekannt: Ein mit Spielschulden in Millionenhöhe belasteter Betriebsrat war plötzlich schuldenfrei. Die beiden anderen wurden nie bekannt.

Während Fraktionsführer Karl Blecha auf der Suche nach den Verrätern war, handelte Kreisky. Er erreichte spätabends Bacher am Telefon und meinte, er habe eh mit der Wahl Bachers gerechnet, und dann: »Ham S' an Hunger? Kommen S' vorbei auf a Eierspeis!« Bacher fuhr sofort in die Armbrustergasse, Kreisky rührte persönlich die Eierspeise. Es war gegen Mitternacht. Das Gespräch dauert bis zwei Uhr früh. Kreisky schlug Bacher einen Deal vor: »Behalten S' den In der Maur als Intendant, und ich verspreche Ihnen, dass ich mich in Ihre Geschäftsführung nicht einmischen werde!« Wolf In der Maur war ein liberaler Publizist und Kreisky-Verehrer, aber mit Bacher verfeindet. Bacher schlug gleichwohl ein. So rettete Kreisky In der Maur mit einer Eierspeise dessen Job. Alfons Dalma, Stein des Anstoßes für die SPÖ, war schon 1975 als Korrespondent nach Rom entsorgt worden. Trotzdem hatte Kreisky natürlich mit der Bestellung Bachers keine Freude, wollte sich aber im September 1978 keine öffentliche Auseinandersetzung leisten, schließlich sollte schon im November 1978 die Volksabstimmung über die Inbetriebnahme des Atomkraftwerks Zwentendorf stattfinden. Diese ging aber ebenso verloren wie die ORF-Wahl. Zwei Niederlagen hintereinander – das verhieß für die Nationalratswahl 1979 nichts Gutes. Wider Erwarten errang die SPÖ wieder die absolute Mehrheit, noch deutlicher als bei vorangegangenen Wahlen.

Das Verhältnis Kreiskys mit Bacher blieb nicht friktionsfrei, aber es kam zu keinem neuerlichen Rundfunkkrieg. Vier Jahre später hatte die SPÖ wieder versäumt, einen herzeigbaren Gegenkandidaten zu Bacher aufzubauen. Also rief Kreisky 1982 Bacher an und teilte ihm mit, dass die SPÖ ihn zur Wiederwahl vorschlagen werde. Die Überlegungen waren die gleichen wie 1978: vor der darauffolgenden Nationalratswahl keinen neuen Konflikt eröffnen. Kreisky handelte da als gewiefter Taktiker: »If you can't beat him, join him!«

Kreisky
und die Macht

POLITIK ALS KUNST DES MÖGLICHEN

Kreiskys Leben war von zahlreichen Kränkungen geprägt. Nach der vermeintlichen Benachteiligung gegenüber seinem älteren Bruder folgte der Antisemitismus in der Schule, danach die Ablehnung in der SAJ. Schließlich 14 Monate Haft durch das Dollfuß-Regime, dann einige Monate bei der Gestapo. Der Zwang in die Emigration war die nächste Kränkung, gefolgt von der Weigerung seiner Parteigenossen, ihn nach 1945 nach Österreich zurückzuholen. Auch die Wahl zum Parteiobmann 1967 lief nicht ohne Verletzungen ab. Jede Zurückweisung, jede Kränkung hat Kreisky noch mehr angestachelt, sein Ziel zu erreichen: an der Spitze der sozialdemokratischen Bewegung Politik zu gestalten. Gegen Ende seines Lebens musste er allerdings zur Kenntnis nehmen, dass ein von ihm gern zitierter Sinnspruch auch für sein politisches Wirken galt: »Der Sinn des Lebens ist das Unvollendete.«

Im Schlusswort seiner Memoiren erklärte Kreisky, er lege keinen Wert auf Denkmäler, er lege aber Wert darauf, wenn einmal die Periode, in der er gewirkt habe, als eine Periode der Einleitung großer Reformen betrachtet würde, die ihre gesellschaftlichen Spuren hinterlassen und eine Besserung der gesellschaftlichen Verhältnisse gebracht hätten, denn »nichts wäre grauslicher als der Gedanke, dass man nur administriert hat.« Das kann man Kreisky in der Tat nicht vorwerfen. Selbst eine sehr konservative Regierung würde heute die wichtigsten Reformen der Ära Kreisky im Familien- und Justizbereich nicht rückgängig machen. Dass der Ehemann seiner Frau eine

Berufstätigkeit verbieten kann, dass sie ihn um Erlaubnis für die Ausstellung eines Reisepasses fragen muss – wer kann sich das heute noch vorstellen? Die Fristenlösung, die Straffreiheit der Homosexualität und vieles andere gilt heute als Selbstverständlichkeit. Man kann nicht ausschließen, dass unter dem Druck der Globalisierung das Einkommen der Menschen in Österreich sinkt, die Reformen im Familien- und Justizrecht sind das, was bleibt.

Politik ist von Bismarck als die Kunst des Möglichen beschrieben worden. Kreisky hat diese Kunst bis an die Grenzen ausgelotet – und einige Male auch überschritten. Richard Coudenhove-Kalergi, der Gründer der Paneuropa-Bewegung, war ein hellsichtiger Beobachter politischen Geschehens. Er prägte den Aphorismus: »Die Triebfeder der Politik ist Eitelkeit, Ehrgeiz, Machtwille, selten Habsucht und noch seltener der uneigennützige Wille, einer Idee oder einer Menschengruppe zu dienen.« Kreisky hatte zweifellos eine politische Agenda: Er wollte Österreich moderner machen, den Sozialstaat nach skandinavischem Vorbild ausbauen und »alle Bereiche mit Demokratie durchfluten«. Ohne Ehrgeiz und Machtwille hätte Kreisky aber nicht erfolgreich sein können. Hin und wieder kam es jedoch zum Widerstreit zwischen den hehren Zielen und dem Willen zur Machterhaltung, als er zum Beispiel die Fristenlösung opfern wollte, um die Macht nicht zu gefährden.

Kreisky war im Umgang mit der Macht ein begnadeter Jongleur – wie alle Führergestalten. Der deutsche Reichskanzler Bismarck hat seinerzeit als Maxime seines Handelns formuliert: »Es gilt, auf Gottes Schritte zu lauschen und den Zipfel seines Mantels zu ergreifen, wenn er unsichtbar vorüberweht.« Kreisky hat einige Male den Zipfel instinktiv ergriffen. Das war 1970 der Fall, als er mit einer relativen Mehrheit eine Minderheitsregierung wagte. Auch beim Konflikt um das Atomkraftwerk Zwentendorf ließ sich Kreisky von seinem Instinkt leiten, als er den Protesten den Wind aus den Segeln nehmen wollte, indem er darüber eine Volksabstimmung ansetzte. Bei der Volksabstimmung votierte eine knappe Mehrheit gegen eine Inbetriebnahme, die darauffolgende Nationalratswahlen gewann Kreisky wieder. Zeitungskommentatoren schrieben damals viel über die Fortune des Kanzlers. Die Ansetzung der Volksabstimmung folgte aber klarem Machtkalkül. Kreisky hat das nachher glasklar analysiert: »Ohne diese Volksabstimmung wären die Nationalratswahlen Zwentendorf-Wahlen geworden, und wir hätten die Mehrheit verloren.«

Der Bau des Atomkraftwerkes war noch von der ÖVP-Alleinregierung Klaus beschlossen und begonnen worden. Die ÖVP stand aber nicht zu dieser Entscheidung, sondern glaubte, sie könnte mit der Causa Zwentendorf Kreisky eine Niederlage bereiten. Die Umfragen signalisierten für die Volksabstimmung eine knappe Pro-Mehrheit, bis Kreisky das Ergebnis mit seinem persönlichen Schicksal verband – oder jedenfalls damit spielte. Das führte dazu, dass viele ÖVP-Anhänger sich dann von dem Prestigeobjekt der ÖVP-Alleinregierung verabschiedeten, um gegen die SPÖ-Regierung zu stimmen. Hätte die Volksabstimmung allerdings ein knappes Ja gebracht, wäre das ein Pyrrhussieg gewesen. Angesichts der breiten Ablehnung der Atomkraft besonders unter der Jugend hätte eine Inbetriebnahme von Zwentendorf erst recht dazu geführt, die Nationalratswahlen 1979 zu verlieren. So aber waren die Atomkraftgegner mit ihrem Erfolg zufrieden und gingen weiter »ein Stück Weges mit der SPÖ«.

Um einen Machtverlust zu vermeiden, scheute Kreisky auch nicht davor zurück, bei einem der Kernziele sozialdemokratischer Politik, nämlich der Umverteilung von Vermögen und Einkommen, zu bremsen. In einer Sitzung der SPÖ-Abgeordneten, bei der ich dabei war, verwahrte sich Kreisky auch gegen eine radikale Umverteilung. Niemand lasse sich gern etwas wegnehmen. Das könnte zu viele Stimmen kosten.

Er sei natürlich prinzipiell schon für eine Umverteilung von den Reichen zu den Armen, das könne aber nur in der Weise geschehen, dass man von dem Zuwachs der Volkswirtschaft für die Ärmeren mehr vorsehe als für die Reicheren. Daher brauche man Wirtschaftswachstum.

Wenn es um historische Beispiele für geschickte Machterhaltung geht, kommt man am deutschen Reichskanzler Bismarck nicht vorbei. Dieser schloss mit allen wichtigen Staaten Europas wechselnde Verträge, die das Gleichgewicht in Europa für viele Jahre sicherstellten. Kaiser Wilhelm I. schwärmte von seinem Kanzler: Bismarck sei »der einzige Mann, der mit fünf Kugeln jonglieren konnte«. Bismarcks nicht so erfolgreicher Nachfolger Leo von Caprivi griff des Kaisers Vergleich auf und klagte, er könne nicht einmal mit zwei Bällen jonglieren. So ähnlich ging es Fred Sinowatz, Kreiskys Nachfolger als Bundeskanzler.

BRODA UND ANDROSCH ALS ZUGPFERDE

Dass die SPÖ unter Kreisky 1970 stärkste Partei wurde, ist rückblickend betrachtet keine so große Überraschung. Damals war die Sozialdemokratie fast in ganz Europa auf dem Vormarsch. Schon 1969 hatte Willy Brandt in der Bundesrepublik Deutschland in einer Koalition mit der FDP das Kanzleramt erobert. Einmalig blieb aber, dass Kreisky danach noch dreimal die absolute Mehrheit an Stimmen und Mandaten gewann, was bis heute im demokratischen Europa keiner einzigen Partei gelungen ist. Ja, selbst die fünfte Wahl mit Kreisky als Spitzenkandidaten brachte 1983 mit fast 48 Prozent ein Ergebnis, von dem heutige Parteien in Europa nur träumen können. Das kann nicht mit Kreiskys Charisma allein erklärt werden.

Der Zeitgeist war auf seiner Seite. Außerdem hatte er am Anfang ein sehr gutes Team, aus dem zwei Minister hervorstachen: ein Minister, der zunächst nur dritte Wahl war, und ein Minister, den Kreisky nicht wollte, aber aus innerparteilichen Gründen nehmen musste. Die Rede ist von Hannes Androsch und Christian Broda.

Die SPÖ war zwar 1970 programmatisch auf die Wahl vorbereitet, aber nicht auf eine Alleinregierung, in der sie alle Ministerien mit qualifiziertem Personal besetzen musste. Kreisky rechnete mit einer Großen Koalition mit ihm als Kanzler. Nachdem die Verhandlungen mit der ÖVP gescheitert waren, entschied sich Kreisky für eine Minderheitsregierung unter Duldung durch die FPÖ. Damit musste die SPÖ aber alle Ministerien selbst besetzen. Kreisky wollte als Finanzminister zunächst den Wiener Finanzstadtrat Felix Slavik, der sagte aber ab, weil er sich Chancen ausrechnete, Wiener Bürgermeister zu werden. Der nächste Kandidat, der steirische Landeshauptmann-Stellvertreter Schachner-Blazizek, sagte aus Gesundheitsgründen ab. Länderbank-Generaldirektor Franz Ockermüller wollte auch nicht und schlug Androsch vor, der sich als junger Abgeordneter als Gegenspieler des damaligen ÖVP-Finanzministers Koren profiliert hatte.

Als Justizminister war Christian Broda nicht zu umgehen, weil er schon vor 1966 in der Großen Koalition Justizminister gewesen war und über eine gewisse Macht in der SPÖ verfügte. Kreisky mochte Broda nicht. Er weigerte sich in der letzten Pressekonferenz vor der Wahl 1970 trotz mehrmaligen Nachfragens beharrlich, Broda als künftigen Justizminister einer von der SPÖ geführten Regierung zu bestätigen. Die gegenseitige Abneigung hatte ihre Wurzeln in politischen Auseinandersetzungen ihrer Jugendzeit. Kreisky war in der SAJ Wieden-Margareten organisiert, Broda war Obmann einer Jugendgruppe der Kommunisten in diesem Bezirk. Broda versuchte mehrmals, Jugendliche von der SAJ für die

Kommunisten abzuwerben. Als er mit einigen seiner kommunistischen Mitstreiter in eine Versammlung der SAJ-Gruppe Kreiskys stürmte, kam es zu einer Rauferei, bei der »Broda und seine Kommunisten-Buam ihre Watschen gekriegt haben«, wie sich Kreisky später erinnerte.

Viele Jahre später gerieten Broda und Kreisky wieder in einen Gegensatz – in der sogenannten »Olah-Affäre«. Der ÖGB strengte einen Prozess an und argumentierte, durch den illegalen Geldtransfer von ÖGB-Geldern durch den früheren ÖGB-Präsidenten Olah an den Inhaber der *Kronen-Zeitung* Hans Dichand wäre das Blatt eigentlich Eigentum des ÖGB. Der mit Brodas Hilfe installierte gerichtliche Verwalter musste aber nach einigen Wochen wieder abziehen. Broda war schon vor dieser Aktion von der *Kronen-Zeitung* als Ex-Kommunist mit einer nie da gewesenen Kampagne überzogen worden. Die Informationen dazu kamen offensichtlich von Franz Olah, der als Innenminister die ihm zugänglichen Akten der Staatspolizei für seinen innenpolitischen Machtkampf nützte. Das von Hans Dichand geführte Boulevardblatt diffamierte Broda als linken Gottseibeiuns, und dieser galt einer breiten Öffentlichkeit als nicht vermittelbar.

Der in der Öffentlichkeit ungeliebte und von Kreisky nicht geschätzte Broda wurde aber dann doch Justizminister und war in den ersten Jahren der SPÖ-Alleinregierung der produktivste und wichtigste Minister. Broda hatte schon vor 1966 als Justizminister mit der ÖVP eine Neufassung des Strafrechtes verhandelt gehabt. Es war aber nicht mehr zum Beschluss gekommen. Die von 1966 bis 1970 amtierende ÖVP-Alleinregierung unter dem sehr katholischen Josef Klaus wagte nicht, die wichtigsten Teile dieser Reformen zu beschließen, weil die Bischofskonferenz und katholische Organisationen dagegen Sturm liefen. Hauptkritikpunkt der Bischöfe war die sogenannte Indikationenlösung beim Schwangerschaftsabbruch, wonach dieser aus medizinischen Gründen straffrei möglich sein sollte. Auch die Straffreiheit bei Homosexualität unter Erwachsenen fand nicht den Gefallen der Bischöfe. Darin steckte viel Heuchelei. Der aus dem Burgenland stammende Innenminister der ÖVP-Alleinregierung Franz Soronics erzählte mir viele Jahre später, wie schwierig die Situation für ihn war, als immer wieder Anzeigen über die Homosexualität des burgenländischen Bischofs Laszlo im Innenministerium eintrudelten. Man ließ die Anzeigen im Ministerium versickern.

Obwohl der damalige Justizminister Hans Klecatsky für die Indikationenlösung plädierte, wagte Klaus den Konflikt mit der Bischofskonferenz nicht. Wäre der ÖVP-Kanzler über seinen Schatten gesprungen, hätte die Regierung unter Kreisky es sehr viel schwerer gehabt, von der dann geltenden Indikationenlösung auf die Fristenlösung umzusteigen.

Der ehrgeizige Broda ging 1970 als Justizminister ans Werk und beschäftigte die Öffentlichkeit mit Reformvorschlägen zum Strafrecht und Familienrecht. Bei der Strafrechtsreform konnte Broda auf die schon vor 1966 formulierten Entwürfe zurückgreifen und nach Überarbeitung zur Beschlussfassung in den Nationalrat zu bringen. Im Laufe der Beratungen im Nationalrat ersetzte die SPÖ die Indikationenlösung durch die Fristenlösung. Obwohl die Kirche dagegen protestierte, stieß die Fristenlösung bei der Mehrheit der Bevölkerung auf Akzeptanz. Der Zeitgeist hatte sich inzwischen geändert, wozu wohl die 68er-Bewegung einen wichtigen Beitrag geleistet hatte. Der Wechsel von der Indikationenlösung zur Fristenlösung wurde auch durch engagierte Frauen erzwungen. Fast zeitgleich stand auch in Deutschland eine Reform des Abtreibungsrechtes an. Die dort engagiert geführte Debatte strahlte auch nach Österreich aus. Das deutsche Magazin *Stern* erschien mit einem Titelblatt »Wir haben abgetrieben«, illustriert mit Fotos bekannter Frauen, darunter die österreichischen Schauspielerinnen Senta Berger und Romy Schneider.

Das neue Strafrecht atmete den Geist der Liberalität, der die 1970er-Jahre durchzog. Die Homosexualität unter Erwachsenen wurde straffrei gestellt. Obwohl dies einstimmig im Nationalrat beschlossen wurde und natürlich auch Kreisky dafür war, konnte er sich auch da eine subtile Bosheit gegen Broda nicht verkneifen. In einer Pressekonferenz meinte er, darauf angesprochen, er sei natürlich dafür, »solang es der Broda nicht zur Pflicht macht!« De facto abgeschafft wurde eine heute nur noch skurril wirkende Strafbestimmung: der Ehebruch eines Ehepartners. Insofern war die Strafrechtsreform in ihren wesentlichen Teilen keine revolutionäre Umgestaltung, sondern in vielen Teilen ein Nachziehverfahren an die Lebenswirklichkeit.

Kreisky beobachtete Brodas Strafrechtsreform zeitweise mit Argwohn. Er fürchtete, sein Justizminister könnte zu weit gehen und damit die Mehrheit bei Wahlen gefährden. Deshalb opponierte Kreisky zum Beispiel gegen die Fristenlösung. Als Broda in einem Vortrag über die Utopie einer gefängnislosen Gesellschaft philosophierte, hatte Kreisky in kleinerem Kreis einen seiner Tobsuchtsanfälle. Wie könne man nur so etwas sagen: »Die Menschen werden das völlig falsch verstehen. Man muss der Utopie doch irgendeinen realen Bezug geben. Das ist ja lebensgefährlich« – Kreisky meinte wohl »mehrheitsgefährdend«. Broda hatte natürlich nicht wirklich an die Abschaffung der Gefängnisse gedacht, sondern die »gefängnislose Gesellschaft« als Metapher für die Ziele seiner Strafrechtspolitik verwendet: Prävention und Resozialisierung sei wichtiger als Strafe. Mit seinem feinen Gespür hatte Kreisky erkannt, dass das Reden von einer gefängnislosen Gesellschaft bei der Bevölkerung nicht ankommen konnte. Broda war in dieser Frage der Ideologe, Kreisky der Machtpolitiker.

Für die Selbstbestimmung der Frauen war die in Etappen bis 1975 verwirklichte Familienrechtsreform wahrscheinlich bedeutender als die Strafrechtsreform. Bis zu dieser Reform galt ein Familienrecht, das auf das Allgemeine Bürgerliche Gesetzbuch des Jahres 1811 zurückging. Der Mann war das Oberhaupt der Familie, Frau und Kinder waren seinem Führungsanspruch unterstellt. Der Mann bestimmte allein den Wohnsitz der Familie, was bei Scheidungen für Frauen oft ausweglose Situationen schuf. Die Berufstätigkeit der Ehefrau war an die Genehmigung des Ehemannes gebunden. Sogar die Ausstellung eines eigenen Passes für die Frau konnte der Ehemann verhindern. Diese Bestimmungen wurden gestrichen und die Ehe auf partnerschaftliche Basis gestellt. Das uneheliche Kind, im Volksmund »Bankert« genannt, wurde rechtlich weitgehend dem ehelichen Kind gleichgestellt.

Auch Androsch leistete einen Beitrag zur Gleichstellung der Frauen. Mit einer Steuerreform wurde die gemeinsame Besteuerung von Ehepaaren abgeschafft. Bis zu dieser Reform wurde das in der Regel niedrigere Einkommen der Frau zu dem des Mannes aufgeschlagen. Damit fiel das Einkommen der Frau in eine höhere Progressionsstufe. Es blieb netto oft nur die Hälfte, ein beträchtliches Hindernis für die Berufstätigkeit der Frauen. Androsch führte die getrennte Besteuerung ein, die sogenannte Individualbesteuerung, womit die steuerliche Belastung der Löhne von berufstätigen Ehefrauen schlagartig geringer wurde.

Als Johanna Dohnal 1979 als Staatssekretärin für Frauenfragen in die Regierung berufen wurde, konnte sie auf die legistischen Vorgaben von Justizminister Broda aufbauen (siehe dazu das Kapitel »Kreisky und die Frauenbewegung«).

Für die Wahlerfolge der SPÖ 1971 und 1975 hat Justizminister Christian Broda einen nicht zu unterschätzenden Beitrag geleistet. Er punktete freilich nicht als Person, da hatte er im direkten Kontakt mit den Medien und den Wählern große Defizite. Aber die Fülle der angekündigten Reformen im Justiz- und Familienrecht erweckte bei den Menschen den Eindruck, dass sich in Österreich etwas bewegt. Es ist ein

Paradoxon, dass der langjährige Gegenspieler Kreiskys mithalf, dessen politisches Credo zu verwirklichen, wonach man die Demokratie nur durch Bewegung stabilisieren könne. Ohne Kreisky als Wählermagnet hätte Broda freilich nichts bewirken können. Der bienenfleißige Broda wusste das auch, litt aber auch darunter, dass er von Kreisky nie gelobt wurde. Das war aber Kreisky kaum abzuverlangen.

Kreisky hatte nach eigener Aussage 1960 mitgeholfen, Broda zum Justizminister zu machen, und erwartete sich am Parteitag 1967 offensichtlich Unterstützung bei seiner Wahl zum Parteivorsitzenden. Die Unterstützung blieb aber aus. Broda beteiligte sich nicht an der Debatte, machte aber kein Hehl daraus, dass er gegen Kreisky war. In seinen Memoiren berichtet Kreisky, er habe Broda darauf angesprochen. Dieser habe nur mit den Achseln gezuckt und gemeint, es wäre eben manchem sehr Einflussreichen in der Partei jeder andere lieber als er. Broda gehörte dann im Parteipräsidium zu jenen, die in der Auseinandersetzung zwischen Kreisky und Androsch massiv für den Finanzminister eintraten und damit die seit Jugendtagen bestehende Kluft noch vertieften. Die Gegnerschaft zwischen Kreisky und Broda währte über den Tod hinaus. Als Broda 1987 starb, hinterließ er so wie Kreisky ein riesiges Privatarchiv mit Korrespondenzen, Gesetzentwürfen, Redetexten und so weiter. Die Überlegung, Brodas Unterlagen ins bereits bestehende Kreisky-Archiv zu integrieren, lehnte Kreisky laut dem Historiker Oliver Rathkolb brüsk ab: »Seine Papierln liegen nicht neben meinen!« Das ändert nichts daran, dass keine Geschichte der Ära Kreisky geschrieben werden kann, ohne Verweis auf die großen von Broda vorangetriebenen Rechtsreformen.

Die Regierung Kreisky hatte von ÖVP-Finanzminister Koren ein geordnetes Budget übernommen, was Finanzminister Androsch auch einräumte. Damit konnte eine Reihe von Maßnahmen finanziert werden, die neben Brodas Reformen einen wichtigen Beitrag leisteten für die Wahlerfolge 1971 und 1975: Heiratsbeihilfe von 15.000 Schilling, Gratisschulbuch, Schülerfreifahrten, Mutter-Kind-Pass und so weiter. Die Schülerfreifahrten waren besonders für den ländlichen Raum attraktiv, was der SPÖ zum ersten Mal nennenswerten Stimmenzuwachs aus der bäuerlichen Bevölkerung brachte. In der Berichterstattung etwas untergegangen ist die im Rahmen der großen Steuerreform 1973 erfolgte Abschaffung der sogenannten Ledigensteuer. Diese Steuer war ein Überbleibsel aus der Zeit des Nationalsozialismus und erhöhte die steuerliche Belastung der Ledigen um 20 Prozent. ÖVP-Obmann Josef Taus erzählte später in einer TV-Diskussion, dass selbst seine Sekretärin nach Blick auf den Lohnzettel mit deutlich höherem Nettoeinkommen sagte: »Da muss man ja die SPÖ wählen!« Ob sie das wirklich getan hat, ist nicht bekannt. Das Beispiel zeigt, wie stark die SPÖ damals bürgerliche Wählerschichten beeindruckte.

Sozialminister Häuser leistete auch einen wichtigen Beitrag zum Wahlsieg 1975, als er den Mindesturlaub auf vier Wochen erhöhte. Zusammenfassend kann man sagen: Kreisky war der große Ermöglicher, die Minister Broda, Androsch, Häuser, Firnberg, um nur die wichtigsten zu nennen, waren die Verwirklicher. Unterschiedlich war auch der Beitrag der jeweiligen Personen zu den Wahlerfolgen. 1970 war der Wahlsieg überwiegend Kreiskys Verdienst, die absoluten Mehrheiten 1971 und 1975 wären ohne Brodas und Androschs Wirken kaum möglich gewesen. Die absolute Mehrheit 1979 kann man wieder Kreisky allein zuschreiben. Ohne die von ihm durchgesetzte Abstimmung über das Atomkraftwerk hätte es 1979 Zwentendorf-Wahlen gegeben und die absolute Mehrheit wäre weg gewesen. Androsch hatte sich übrigens in den Parteigremien für die Inbetriebnahme von Zwentendorf und gegen die Volksabstimmung ausgesprochen. Androsch handelte da als Volkswirtschaftler und nicht als Machtpolitiker, obwohl ihm Machtpolitik nicht fremd war.

Bei der Betrachtung der Ära Kreisky kommen Historiker weder an Justizminister Broda noch an Finanzminister Androsch vorbei. In der Außenwirkung war Hannes Androsch der große Star der Regierung – gleich nach Kreisky. Jugendlich, schlank, sportlich – Androsch war das Gegenteil zum Habitus der Honoratiorenpolitiker, mit denen die Öffentlichkeit bis dahin konfrontiert war. Er hatte auch eine gute Hand im Umgang mit den Beamten. Das Finanzministerium war seit 1945 in der Hand der ÖVP gewesen, alle Sektionschefs und Ministerialräte waren daher ÖVP-Mitglieder oder zumindest ÖVP-nahe. Von ihrem Selbstverständnis her sahen sich die Beamten im Finanzministerium als Hochbürokratie, das heißt über den Beamten der anderen Ministerien stehend. Das ist nachvollziehbar. Jeder Minister musste mit seinen Beamten einmal jährlich beim Finanzminister antreten, die Kontrolle des Budgetvollzugs lag bei den Beamten des Finanzministeriums. Es spricht für die Leadership von Androsch, dass diese Elite der österreichischen Ministerialbürokratie innerhalb von wenigen Monaten begeistert für Androsch arbeitete.

Jeder Minister muss sich nicht nur der Kritik der Opposition stellen, sondern bei manchen Gesetzentwürfen zuerst die eigene Fraktion überzeugen. Da zeigte sich, dass Androsch beim Überwinden von Widerständen jene Beharrlichkeit entwickelte, die einen erfolgreichen Politiker ausmacht. Bei der Umstellung der Warenumsatzsteuer auf das System der Mehrwertsteuer gab es eine heftige Debatte im Klub der SPÖ-Nationalratsabgeordneten. Der eine wollte eine Ausnahme für Werkswohnungen, der andere verlangte Ausnahmen für bestimmte Waren. Androsch erklärte das neue System geduldig, wobei ich als Zuhörer den Eindruck gewann, dass manche Abgeordnete die Systemumstellung nicht begriffen hatten. Wenn die Debatte heftiger wurde, konnte Androsch auch »patzig« werden. Die Arroganz, die er dann und wann zeigte, kostete ihm auch Sympathien unter den Abgeordneten der

SPÖ. Trotzdem wäre der Ausgang einer Abstimmung unter den 93 Abgeordneten am Höhepunkt der Auseinandersetzungen zwischen Kreisky und Androsch ziemlich knapp geworden. Der SPÖ-Klub war in dieser Auseinandersetzung so gespalten, dass Klubobmann Heinz Fischer alle Mühe hatte, den inneren Frieden zu erhalten.

KREISKY UND ANDROSCH

Auch als gewählter Parteivorsitzender blieb Kreisky extrem misstrauisch gegenüber innerparteilichen Machtkonstellationen, die ihm seine Stellung streitig machen konnten. Mit feinem Sensorium erkannte Kreisky offensichtlich sehr früh, dass der Einzige, der seiner Stellung gefährlich werden konnte, nicht der jeweilige ÖVP-Obmann war, sondern einer aus den eigenen Reihen, der jugendliche Finanzminister Hannes Androsch. Schon im Wahlkampf 1975 fragte Kreisky in einer Pause den damaligen Organisator der Wahlreise Max Strache: »Verbraucht der Androsch nicht mehr Geld als er hat, oder ist der so reich?« Straches Antwort: »Na ja, du weißt ja, die Consultatio, weiß ja jeder!« Kreisky quittierte mit einem Brummen. Die Frage Kreiskys ist insofern interessant, als er nicht etwa nach politischen Differenzen mit Androsch fragte und auch nicht nach der später so heftig kritisierten Villenfinanzierung, sondern nach dem angeblichen Reichtum Androschs. Ob der Machthaber da schon nach etwas suchte, was er in Stellung bringen konnte, falls der Junge gefährlich werden konnte?

Die Eltern Androschs hatten eine Steuerberatungskanzlei gehabt, die 1970 in die Revisions- und Treuhand Ges.m.b.H. Consultatio umgewandelt wurde, in der Androsch 51 Prozent hielt. Im SPÖ-Präsidium waren einige der Meinung, die

Consultatio gehöre der Mutter von Androsch, andere glaubten zu wissen, dass sie weiter Androsch gehöre. Jedenfalls florierte die Consultatio prächtig und vervielfachte ihren Umsatz. Das wurde bald öffentlich und Kreisky sah eine Unvereinbarkeit darin, dass dem Finanzminister eine Firma gehört, »die Firmen bei der Steuervermeidung berät«. Das wurde von Kreisky allerdings erst nach der Wahl 1975 thematisiert, nachdem er vorher oft voll Stolz darauf verwiesen hatte, dass Androsch als Steuerberater besonders qualifiziert für die Funktion des Finanzministers sei. Das endlose Hin und Her um die Consultatio soll hier nicht im Detail dargestellt werden. Es füllt inzwischen ganze Bücher. Am Ende führte der Konflikt zum Ausscheiden Androschs aus der Politik im Jahr 1980. Auf Betreiben des ÖGB-Präsidenten Benya wurde Androsch Vize-Generaldirektor und nach dem Ausscheiden des bisherigen CA-Chefs Heinrich Treichl Vorsitzender der verstaatlichten Creditanstalt, damals Österreichs größte Bank.

Kreisky sah Androsch am Beginn als große Nachwuchshoffnung, aber nicht als designierten Nachfolger. Wahrscheinlich dachte Kreisky überhaupt nicht daran, dass seine politische Tätigkeit an der Spitze der SPÖ jemals zu Ende sein könnte – außer durch den Tod. Hans-Werner Scheidl, Redakteur der Tageszeitung *Die Presse*, hatte ein bezeichnendes Erlebnis mit Kreisky in Lech am Arlberg. Kreisky logierte im Hotel Post, Scheidl war zum Interview angereist. Beide saßen mit Blick zum Eingang, als der ebenfalls in Lech urlaubende Androsch mit den Skiern auf der Schulter dem Eingang zustrebte. Kreisky mit väterlich-wohlmeinendem Ton zu Scheidl: »Da kommt er, der Bua!« Androsch selbst wollte aber nicht der »Bua« von Kreisky sein. Dazu war sein Verhältnis zu seinen Eltern zu eng und außerdem sein Selbstbewusstsein zu groß.

Wenn überhaupt, dann hatte Kreisky vielleicht eine Hofübergabe nach schwedischem Vorbild im Kopf. Der langjährige sozialdemokratische Regierungschef Tage Erlander hatte

Androsch holt Kreisky 1973 am Flughafen ab. Da konnte man noch an ein Vater-Sohn-Verhältnis glauben. Das sollte sich bald ändern.

Androsch beim Interview, das der Autor gemeinsam mit Redakteur Franz Summer für die *Arbeiter-Zeitung* führte. Links neben Androsch sein damaliger Pressechef Beppo Mauhart, der spätere ÖFB-Präsident.

Olof Palme als seinen Nachfolger aufgebaut. Das war aber mit den Persönlichkeitsstrukturen von Kreisky und Androsch nicht zu machen. So lange das Verhältnis zwischen Kreisky und Androsch nach außen hin einigermaßen intakt war – bis etwa 1977 –, waren Kreisky und Androsch ein ideales Tandem. Sie deckten mit dem, wofür sie standen, die Interessen unterschiedlicher und komplementärer Flügel der SPÖ ab. In der Bevölkerung befriedigten die beiden Charismatiker das Bedürfnis nach Leadership.

Androsch selbst leugnete später, dass er jemals die Nachfolge Kreiskys aktiv angestrebt habe. Er begründete das damit, dass er ohne Kreisky nicht die absolute Mehrheit bei Wahlen erreicht hätte. Das ist möglich, so etwas hindert aber einen machtbewussten Menschen nicht, nach der für ihn höchsten Position zu streben. Androsch war wie Kreisky von seiner

Außergewöhnlichkeit überzeugt, allerdings nicht in demselben fast selbstzerstörerischen Ausmaß wie Kreisky. Solche Menschen spüren in ihrem auf höchstem Niveau angesiedelten Misstrauen sofort, wer sich unterordnet, wer sie bewundert, ihnen folgt, wer unbeeinflusst und autonom bleibt. Androsch blieb zweifellos autonom, und das machte ihn für Kreisky verdächtig – und gefährlich.

Ich glaube jedenfalls, Androsch macht sich etwas vor, wenn er sein Streben, Kreisky zu beerben, leugnet. Vor der Wahl 1975 sendete er sehr wohl Signale aus, dass er bereitstünde für die Nachfolge. Anfang der 1970er-Jahre machte in der SPÖ ein Gerücht die Runde, Kreisky überlege, sich auf den Parteivorsitz zurückzuziehen: »Den Kanzler soll der Hannes machen!« Ich halte es für ziemlich unwahrscheinlich, dass Kreisky wirklich die Trennung der Funktionen anstrebte. Wahrscheinlich war das lediglich eine Façon de parler, die man ausspricht, wenn man sich gerade über etwas ärgert. Und geärgert hat sich Kreisky in den ersten Jahren im Kanzleramt viel. Das Gerücht bestärkte offensichtlich Androsch und seine Umgebung, an einen baldigen Abgang Kreiskys als Kanzler zu glauben. Selbst wenn es wirklich zu einer Teilung der Funktionen gekommen wäre, hätte das nicht funktioniert. Man braucht sich ja nur in Erinnerung zu rufen, dass Kreisky sogar noch in der Pension glaubte, von Mallorca aus den jeweiligen SPÖ-Regierungschefs Ratschläge geben zu müssen. Mit den ausgeprägten Egos von Kreisky und Androsch war das kein praktikables Modell. Kreisky hätte als Parteivorsitzender »seinem« Regierungschef Androsch über die Medien Zensuren erteilt. Und Androsch wäre ihm nichts schuldig geblieben. Für Journalisten wäre das spannend geworden.

Abgesehen von der offensichtlich nicht ganz ernst gemeinten Idee der Funktionstrennung gab es allerdings auch andere Signale, die für eine Übergabe des Kanzleramtes an Androsch sprachen: die nicht zu übersehenden Gesundheitsprobleme

Kreiskys. Der Kanzler hatte 1975 schon einen Schlaganfall hinter sich sowie eine Operation an Galle und Prostata und machte nicht den gesündesten Eindruck. Ohne Rücksicht auf seinen Gesundheitszustand machte Kreisky weiter, und damit begann ein jahrelanges zermürbendes Kräftemessen mit Androsch. Unterrichtsminister Sinowatz, der das alles aus nächster Nähe verfolgen konnte, analysierte den Konflikt so: »Mir kommt diese ganze Geschichte vor wie eine griechische Tragödie. Ohne dass man recht begreifen konnte wie, ist letztlich jeder der Akteure schuldlos schuldig geworden.«

Es ist nicht exakt auszumachen, wann sich das Verhältnis zwischen Kreisky und Androsch verschlechterte. Wahrscheinlich gab es da kein singuläres Ereignis, sondern die Entfremdung war ein schleichender Prozess. Das begann wohl mit dem von Androsch und dem Wiener Bürgermeister Leopold Gratz an Kreisky herangetragenen Vorschlag, Kreisky möge 1974 als Nachfolger von Jonas für die Bundespräsidentenwahl kandidieren, was der Kanzler ablehnte. Erst Jahre später hat Kreisky das als eine von Androsch und Gratz ausgeheckte Intrige bezeichnet, nach der Androsch Bundeskanzler und Gratz Parteivorsitzender werden sollte. Es war aber kein Alleingang der beiden. Der Vorschlag, als Bundespräsident zu kandidieren, war ein gemeinsames Anliegen der Parteispitze. Kreisky sah das aber gar nicht als Ehre an, sondern als Abschieben auf eine Repräsentationsfunktion, die seinem Bedürfnis nach Anerkennung und Bewunderung überhaupt nicht gerecht geworden wäre. Die damalige SPÖ-Spitze übersah offensichtlich, dass Kreisky als junger aufstrebender Politiker daran beteiligt war, den damaligen Parteivorsitzenden Adolf Schärf loszuwerden und auf den Präsidentenstuhl wegzuloben. Kreisky empfand daher die Initiative von Androsch & Co. als eine Parallele zu der seinerzeitigen Aktion gegen Schärf.

Im Übrigen hätte Kreisky als Bundespräsident die formalen Möglichkeiten, die die Verfassung bot, wohl bis an die Grenze ausgelotet und die jeweilige Regierung vor sich hergetrieben. Das wäre wahrscheinlich auf eine Umwandlung Österreichs in eine Art Präsidialdemokratie hinausgelaufen. Mit Androsch als Gegenpart im Bundeskanzleramt hätte das endlose Konflikte gegeben, zumal die Verfassung der Macht des Bundespräsidenten einigen Spielraum lässt. Die sichere Macht des Bundeskanzlers schien Kreisky dann aber wohl doch erstrebenswerter als die erst auszulotende des Bundespräsidenten. Er brauchte Machtausübung wohl auch zur Befriedigung seiner Geltungssucht, so wie der Politologe Vittorio Hösle es in *Moral und Politik* formulierte: »Worum es geht, ist die Wahrnehmung des Glanzes der eigenen Stellung in den Reaktionen der anderen.« Von diesen Reaktionen, vom Beifall, von der Bewunderung war Kreisky abhängig – das war seine Droge. Da war als Bundeskanzler mehr zu erwarten als in der Funktion des Bundespräsidenten.

Auch ÖVP-Bundeskanzler Julius Raab lehnte übrigens 1957 das Angebot seiner Partei ab, für das Amt des Bundespräsidenten zu kandidieren. Als er dann 1963 gegen Schärf kandidierte, war er bereits schwer krank und verlor. Auch Konrad Adenauer und Helmut Kohl lehnten entsprechende Angebote ab, zumal die deutsche Verfassung dem Präsidenten weit weniger Funktionen zubilligt als die österreichische. Für alle Genannten gilt, was Jürgen Leinemann in seinem Werk *Höhenrausch* geschrieben hat: »Suchtgefahr besteht für Politiker immer. Die Angst, in einem schwarzen Loch von Bedeutungslosigkeit zu verschwinden, sobald man sich aus Machtpositionen zurückzieht, hat zu allen Zeiten wie eine existenzielle Bedrohung gewirkt.«

Androsch nabelte sich nach 1975 immer stärker von Kreisky ab. Vor 1975 war auch für Kreisky klar, dass budgetwirksame Wünsche der Minister mit dem Finanzminister abzuklären waren: »Was sagt der Hannes dazu?« »Da müssen wir mit Hannes reden!« Daraus entwickelte sich eine Eigendynamik. Manche Minister gingen gleich zu Androsch. Dieser fühlte sich immer mehr als Generalsekretär der Regierung, wie er in einem seiner Bücher gestand. Kreisky wurde dann bei einigen Entscheidungen erst im Nachhinein verständigt. Der »Alte« empfand das als Machtverlust, er hatte das Gefühl, dass ihm die Dinge entglitten.

Die Hartwährungspolitik war einer der Punkte, wo sich der Dissens besonders stark zeigte. Androsch war dafür, den Schilling fix an die D-Mark zu binden. Kreisky war geneigt, dem Drängen des Präsidenten der Industriellenvereinigung Hans Igler nach einer Abwertung des Schillings nachzugeben, weil dies die Exporte österreichischer Firmen erleichtern würde. Kreisky und Igler verband eine langjährige Beziehung. Als Kreisky 1951 endlich aus der Emigration in Schweden nach Wien zurückkehren konnte, war ihm eine Tätigkeit in der wirtschaftspolitischen Abteilung des Außenamtes zugewiesen worden. (Das Außenamt war damals Teil des Bundeskanzleramtes, ein eigenes Außenministerium gab es erst auf Drängen Kreiskys ab dem Jahr 1956.) Seine erste Aufgabe war es, gemeinsam mit dem Beamten Igler von der Marshallplan-Abteilung des Bundeskanzleramtes einen Wirtschaftsablaufplan und eine Devisenübersicht zu erstellen. Kreisky und Igler waren also Beamten-Kollegen. Zwanzig Jahre später war Kreisky Bundeskanzler und Igler Präsident der Industriellenvereinigung. Der Zufall wollte es, dass beide in Döbling in unmittelbarer Nachbarschaft wohnten und sich oft abends trafen, wenn sie mit ihren Hunden am Schreiberweg spazieren gingen. Igler hatte also genug Zeit, Kreisky wegen einer Schilling-Abwertung zu bearbeiten. Androsch war absolut dagegen, weil ein weicherer Schilling die Importe verteuert hätte, was sich wiederum in einer höheren Inflation niedergeschlagen hätte. Außerdem sah Androsch in einem harten Schilling einen gewissen Druck gegeben für eine Strukturanpassung der Betriebe. Androsch hatte sich für seine Haltung wichtige Mitstreiter gesichert: ÖGB-Präsident Benya und Stephan Koren, der 1978 Nationalbankpräsident geworden war. Für Kreisky und Igler ergab sich damit eine paradoxe Situation. Der Regierungschef und der Industriellenchef waren in einer wirtschaftspolitischen Frage einer Meinung, konnten diese aber nicht verwirklichen. Kreisky war aber hartnäckig. Der spätere Bundeskanzler Franz Vranitzky, damals im Kabinett Androsch tätig, erzählt in seinen Erinnerungen, wenn Kreisky »am Morgen im Finanzministerium anrief, um zu deponieren, man möge sich die Geschichte mit der Hartwährungspolitik noch einmal überlegen, wussten wir, dass am Abend vorher ein Hundespaziergang mit Hans Igler stattgefunden hatte.« Die Weigerung Androschs, in der Hartwährungspolitik nachzugeben, spielte keine geringe Rolle bei den wachsenden Spannungen zwischen Kreisky und Androsch. Schließlich stand Kreisky gegenüber Igler als nicht durchsetzungsfähiger Regierungschef da.

Nach der wieder mit absoluter Mehrheit gewonnenen Nationalratswahl 1975 bildete Kreisky die Regierung um. Sozialminister Häuser, der auch Vizekanzler war, schied aus. Zur Überraschung der Öffentlichkeit, aber auch des Parteiestablishments entschied sich Kreisky für Androsch als Vizekanzler. Parteiintern hatte man eher damit gerechnet, dass Wissenschaftsministerin Hertha Firnberg als Signal an die Frauen mit dieser Funktion betraut werden würde. Es ist viel gerätselt worden über die Entscheidung Kreiskys für Androsch. Das Verhältnis zwischen den beiden war damals schon angespannt. Die gängige Interpretation lautete, Kreisky habe dem energisch an die Macht strebenden Androsch ein Signal geben wollen für seine Nachfolge – allerdings in weiter Ferne. Wahrscheinlich hat Hugo Portisch die richtige Erklärung mit einer Anleihe aus der Psychologie gefunden: »Wenn ein Ziehsohn in die Phase kommt, wo der Ziehvater seiner nicht mehr ganz sicher ist, dann versucht der Ziehvater zunächst einmal, den Ziehsohn doppelt und dreifach zu umarmen. Genau das hat Kreisky in dieser Situation getan!«

Die Entfremdung zwischen Kreisky und Androsch nahm Mitte der 1970er-Jahre immer weiter zu, was man auch in Bildern nachvollziehen kann. Bei der Maifeier 1975 auf dem Wiener Rathausplatz (linkes Bild) standen die beiden fröhlich winkend nebeneinander auf der Tribüne. Zwei Jahre später, bei der Maifeier 1977, war die Stimmung schon sichtbar eingetrübt. Statt Androsch stand der Wiener Bürgermeister Leopold Gratz neben Kreisky. Kreisky und Androsch folgen dem Aufmarsch mit missmutigem Gesicht.

Auch in den nächsten Jahren traten weitere Gegensätze zwischen Kreisky und Androsch offen zutage. In deutlichem Gegensatz zu Kreisky bemerkte Androsch 1977 in einer Rede in Linz, dass sich »durch das hohe Maß an sozialer Sicherheit […] für den Einzelnen auch neue Notwendigkeiten der Eigenverantwortung, der Eigeninitiative und der Eigenvorsorge« eröffnen. Androsch plädierte angesichts der angespannten Budgetsituation für eine »Überprüfung der Sozialeinrichtungen […], um zu verhindern, dass Leistungen nach dem Gießkannenprinzip ein Kostenausmaß erreichen, das nicht mehr vertretbar ist und beim einzelnen nicht einmal annähernd mit einer entsprechenden Wertschätzung verbunden ist.« Unter anderem wollte Androsch einen Selbstbehalt zur Finanzierung der Gesundheitskosten diskutieren. Kreisky kanzelte Androsch öffentlich ab und meinte, dieser sei für die Finanzen zuständig und solle sich nicht in andere Ressorts einmischen. Kreisky wollte an der sozialen Vollversorgung nach schwedischem Vorbild festhalten. Das mündete später in die Vollkasko-Mentalität der Österreicher: »Das steht mir zu!« Diese Einstellung hielt sich auch noch, als sich die Grenzen der Finanzierung des Sozialstaats abzeichneten. Rückblickend hatte Androsch in diesem Fall wohl das tragfähigere Konzept für die Zukunft.

Auch bei der Finanzierung der Verstaatlichten Industrie kam es zu Missstimmungen zwischen Kreisky und Androsch. Die Verstaatlichte Industrie ressortierte zum Bundeskanzleramt und Kreisky wachte eifersüchtig darauf, dass sich da niemand anderer einmischte. Er betrachtete sich selbst ja als großen Ökonomen. Er brauchte Androsch allerdings für die Abdeckung der Verluste, die diese Betriebe schrieben. So sagte er einmal dem Generaldirektor der Vereinigten Edelstahlwerke eine Milliarde Schilling zu. Androsch weigerte sich zunächst, diese Summe bereitzustellen, und verlangte von der Konzernleitung ein Konzept. Das erste Konzept wurde von Androsch als ungenügend zurückgewiesen. Nach Eintreffen eines überarbeiteten Papiers überwies Androsch zunächst nur 200 Millionen Schilling und stellte an die Auszahlung weiterer Millionen Bedingungen. Kreisky stand gegenüber dem VEW-Generaldirektor etwas blamiert da. Als in den 1970er-Jahren die Arbeitsmarktbehörden meldeten, dass 4000 Lehrstellen fehlten, beorderte Kreisky die Generaldirektoren der staatlichen Betriebe ins Bundeskanzleramt und teilte den einzelnen Betrieben jeweils einige Hundert Lehrlinge zu. Als einer der Generaldirektoren aufbegehrte, er brauche keine Lehrlinge, donnerte Kreisky ihn nieder. Er sorge dafür, dass sie Milliarden vom Staat bekommen, und da könne er wohl dieses Entgegenkommen erwarten.

Die Chefs der Verstaatlichten Betriebe hatten es nicht leicht. Betriebswirtschaftlich notwendige Maßnahmen wurden von den Betriebsräten in aller Regel mithilfe von Kreisky torpediert. VÖEST-Generaldirektor Herbert Koller meldete Kreisky, dass er 3000 Beschäftigte zu viel habe. Kreisky holte sich Rückendeckung von seiner Partei und erklärte in einer Rede unter tosendem Beifall, die Manager der Verstaatlichten Industrie könnten nicht so tun, als gehörten die Betriebe ihnen. Also kam es zu keiner Kündigung und 3000 Beschäftigte mussten weiter mitgeschleppt werden. Die Zentralbetriebsräte aller großen Betriebe der Verstaatlichten saßen damals als Abgeordnete im Parlament und hatten alle Möglichkeiten, Einfluss auf die Entscheidungen der Regierung zu nehmen. Das zog sich bis in die Ära von Bundeskanzler Sinowatz, wie mir der damalige Generaldirektor der VÖEST Heribert Apfalter bestätigte. Er musste ja bei wichtigen Entscheidungen den Bundeskanzler als Eigentümervertreter der Republik konsultieren. Wenn er dann endlich einen Termin im Kanzleramt bekam, waren vorher schon die Betriebsräte aktiv geworden. Sie brauchten im Nationalrat nur vom Abgeordnetensitz nach vorne zur Regierungsbank gehen und dem Kanzler zuflüstern: »Nächste Woche ist der Apfalter bei dir. Nur damit du es weißt: Was der will, wollen wir nicht!« Auf diese Weise konnte die Verstaatlichte Industrie nur zugrunde gehen. Androsch leistete hinhaltenden Widerstand gegen Kreiskys Politik in der Verstaatlichten, legte sich aber nicht total quer. Das hätte Androsch in Gegensatz zu ÖGB-Präsident Benya gebracht und ihn dessen Unterstützung beraubt. Den innerparteilichen Machtkampf mit Kreisky hätte Androsch dann schneller verloren, als es tatsächlich der Fall war.

Das Verhältnis zwischen den beiden Kontrahenten verschlechterte sich nochmals, als Androsch 1977 gegenüber Kreisky den Wunsch äußerte, die Nachfolge des frei werdenden Postens des Nationalbankpräsidenten anzutreten. Androsch stellte das später so dar, als hätte er das nur scherzhaft erwähnt und mit dem Hinweis versehen, dass das eh nicht ginge. Gleichzeitig räumt er allerdings ein, dass er diese Funktion ganz gern übernommen hätte. Androsch unterschätzte da offensichtlich das bei Kreisky gewachsene Misstrauen ihm gegenüber. Der Wunsch Androschs, wie beiläufig immer vorgetragen, war für den 24-Stunden-Politiker Kreisky überhaupt nicht zu verstehen. Dass sein Ziehsohn der Politik entsagte, um einen gut dotierten Posten anzunehmen, sah er als Verrat an der Sozialdemokratie an, aber mehr noch als Verrat an sich selbst. Kreisky musste Androschs Wunsch als Zurückweisung seiner väterlichen Zuneigung ansehen, somit als kränkend empfinden. Das Verhältnis zwischen Kreisky und Androsch war damals schon arg zerrüttet, sodass Androsch kurzfristig keine Chance sah, das begehrte Kanzleramt von Kreisky zu erben. Das höhere Einkommen als Nationalbankpräsident mag wohl auch eine Rolle gespielt haben. Androsch, der im Gegensatz zu Kreiskys bürgerlicher Herkunft ein Aufsteiger aus dem Wiener Arbeiterbezirk Floridsdorf war, hatte durchaus eine gewisse Vorliebe für die Statussymbole eines gehobenen Wohlstands. Mit seinem Know-how und seiner Vernetzung wäre Androsch als Nationalbankpräsident wohl auch eine Karriere in internationalen Finanzorganisationen offen gestanden.

Als Kreisky 1979 neuerlich die absolute Mehrheit erlangte, war klar, dass Androsch keine Chancen mehr hatte, Bundeskanzler zu werden. Der Kleinkrieg zwischen Kreisky und Androsch ging aber weiter. Im SPÖ-Präsidium war die Stimmung eindeutig: Es gab keine Mehrheit für die Entfernung von Androsch aus der Regierung. Treibende Kraft für den Verbleib von Androsch waren ÖGB-Präsident Benya und Justizminister Broda. Auch Wissenschaftsministerin Firnberg sowie die Landeshauptleute Gratz, Kery und Wagner waren für Androsch. ÖGB-Präsident Benya erklärte mir das wenige

Wochen nach der Wahl so: »I hob dem Bruno gsagt, du hast die Wahl gewonnen, wenn du mit dem Hannes nimmer kannst, nimm dir einen anderen als Finanzminister! Er wollte dazu einen Beschluss im Präsidium, aber des spielen s' net.« Kreisky wollte das aber nicht allein machen. Er schätzte die Beliebtheit von Androsch hoch ein, worin er nicht falschlag, und wollte nicht als Kronprinzen-Mörder dastehen. Und so zog sich der Streit noch eineinhalb Jahre hin. Im Übrigen war der Konflikt um Androsch auch ein Stellvertreter-Krieg. Benya, Broda und einigen anderen ging es nicht nur um die Unterstützung Androschs, sondern auch darum, Kreisky seine Grenzen aufzuzeigen. Es war dies gewissermaßen ein Revanchefoul für die Niederlage am Parteitag 1967. Benya und Broda waren dort ja gegen die Wahl Kreiskys aufgetreten.

Androsch schied am 20. Jänner 1981 aus der Regierung aus. Um genau zu sein: Androsch wurde von Kreisky aus der Regierung gedrängt. ÖGB-Präsident Benya stimmte nur unter der Bedingung zu, dass Androsch in die Creditanstalt wechseln konnte. Der Abschied erfolgte in einer Ministerratssitzung, zu der wir überraschenderweise Zutritt mit der Kamera bekamen. Es war eine gespenstische Sitzung. Da Kreisky am Vortag 70. Geburtstag hatte, durfte Androsch ihm im Namen der Regierung mit einer kurzen Rede gratulieren. Kreisky hielt ebenfalls eine Rede, in der er Androsch für dessen Arbeit dankte: »Ich hoffe, deine Vorgänger Kamitz und Koren werden mir das jetzt nachsehen, aber du bist der beste Finanzminister der Zweiten Republik.« Den Konflikt mit Androsch erwähnte Kreisky mit keinem Wort. Nach all den Verbalinjurien, mit denen Kreisky Androsch in den letzten Jahren bedacht hatte, wirkte das mehr als befremdlich. Die Minister folgten Kreiskys Rede mit steinernem Gesicht. Ich habe das als abstoßende Schmierenkomödie empfunden.

In der SPÖ interpretierten einige Androschs Ausscheiden aus der Regierung auch damit, dass dieser eine Art Auszeit von der Politik nehmen wollte, um nach Kreisky in die Politik zurückkehren zu können. 1977 schien das noch denkbar. Später war das nach all den Querelen um die Consultatio und den umstrittenen Ankauf einer Villa in einem Wiener Nobelbezirk durch Androsch wohl nur schwer vorstellbar. Laut Androsch war der Ankauf der Villa zum Teil durch ein Darlehen seines Wahlonkels Dr. Steiner erfolgt. Ein Gericht befand aber 1985, dass die Finanzierung durch eine verdeckte Gewinnausschüttung der Consultatio erfolgt sei, also durch Schwarzgeld. Dieser Schuldspruch stand aber im Gegensatz zu einer Aussage von Androsch als Zeuge im AKH-Untersuchungsausschuss im Jahr 1981, in der Androsch die Version eines Darlehens durch Dr. Steiner erzählt hatte. Der Wiener ÖVP-Obmann Hahn brachte eine Anzeige wegen falscher Zeugenaussage ein, die schließlich zu einer Verurteilung von Androsch führte. An sich war die Villenfinanzierung gar nicht Untersuchungsgegenstand im Ausschuss. Auf insistierende Fragen des ÖVP-Abgeordneten Steinbauer hatte sich Androsch zu Antworten über seine private Vermögenslage hinreißen lassen, die ihm später zum Verhängnis wurden. Er kritisierte später, dass er nicht über das Entschlagungsrecht informiert worden war. Mit der Verurteilung war die Position von Androsch als CA-Generaldirektor unhaltbar geworden. Androsch kam einer Absetzung durch den Aufsichtsrat der Bank zuvor und quittierte von sich aus seine Funktion als Generaldirektor der Creditanstalt.

Der Prozess über die Villenfinanzierung ging aber weiter, und erst nach 16-jähriger Verfahrensdauer kam es zu einem Urteil, das die Schwarzgeld-Version bestätigte, was Androsch bis heute bestreitet. Nach seinem Ausscheiden aus der CA bewies Androsch jedenfalls, dass er von Wirtschaft nicht nur als Politiker, sondern auch als Unternehmer etwas verstand. Er baute ein Firmenkonglomerat auf, das ihn zum vielfachen Millionär machte. Unabhängig von der parlamentarischen

Untersuchung des AKH-Baus gab es noch einen Strafprozess. Ein Dutzend Baumanager wurden wegen Bestechung und Schmiergeldzahlung zu hohen Freiheitsstrafen verurteilt. Eine der beim AKH beschäftigten Firmen namens Ökodata gehörte einem ehemaligen Mitarbeiter von Androsch in der Consultatio. Der Verdacht, dass Androsch der eigentliche Nutznießer dieser Firma war, wurde vom Gericht allerdings nicht bewiesen.

Zurück zu Androschs Wunsch, an die Spitze der Nationalbank zu treten. Abgesehen vom wachsenden Misstrauen gegenüber Androsch hatte Kreisky mit der Nationalbank andere Pläne, als sie mit einem Parteigenossen zu besetzen: ÖVP-Klubobmann Koren sollte es werden. Was dem SPÖ-Vorsitzenden damals als geplante Schwächung der ÖVP ausgelegt wurde (und wohl auch war), war als politische Botschaft gedacht. Die bewusste Bestellung eines Nichtsozialisten auf diesen wichtigen Posten sollte einmal mehr ein Signal an jene nichtsozialistischen Wähler sein, die am Beginn der Ära Kreisky eingeladen worden waren, ein Stück des Weges mit der Sozialdemokratie zu gehen. Dazu gehörte unter anderem auch die Bestellung von Dr. Franz Geist als Chef der ÖIAG, der Holding der Verstaatlichten Betriebe, der schon mit seinem von Schmissen zerfurchten Gesicht signalisierte, dass er nicht aus der Sozialdemokratie kam. Auch an die Spitze des Verfassungsgerichtshofes kam kein Sozialdemokrat, sondern Prof. Ludwig Adamovich, an die Spitze des Verwaltungsgerichtshofes wurde mit Prof. Edwin Loebenstein auch kein Sozialist berufen. Der parteilose General Emil Spannocchi wurde Armeekommandant, der ebenfalls parteilose Otto Oberhammer wurde ORF-Generalintendant. Das veranlasste Wissenschaftsministerin Hertha Firnberg zu der bissigen Bemerkung: »Man muss jetzt offenbar aus der SPÖ austreten, wenn man etwas werden will!« Kreisky wusste genau, dass er mit den sozialdemokratischen Kernschichten allein niemals eine Mehrheit erreicht hätte. Er wollte daher die im Wahlkampf ausgesprochene Einladung an bürgerliche Wähler, »ein Stück des Weges mit uns zu gehen«, auch mit Inhalt erfüllen, was ihm mit vielen personellen Entscheidungen für Nichtsozialisten gelang.

EX-NAZIS IN KREISKYS REGIERUNG

Der ersten Regierung Kreisky gehörten vier ehemalige Nationalsozialisten an: Landwirtschaftsminister Johann Öllinger, Innenminister Otto Rösch, Verkehrsminister Erwin Frühbauer und Bautenminister Josef Moser. Die Aufnahme dieser ehemaligen Nationalsozialisten in die Regierung folgte vordergründig keinem politischen Kalkül. Mit Ausnahme von Öllinger hatten alle Karrieren in den jeweiligen Landesorganisationen der SPÖ gemacht. Hätte die SPÖ nach 1945 alle 600 000 ehemaligen Nationalsozialisten von Parteifunktionen ausgeschlossen, wäre es schwierig geworden, eine schlagkräftige Organisation aufzubauen. Die ÖVP hatte es bei der Besetzung von Führungspositionen in der Politik leichter, sie konnte auf katholische Akademikerverbände zurückgreifen und auf ehemalige Kader des Ständestaates, sofern sie nicht zu stark kompromittiert waren. Ganz ohne Ex-Nazis kam aber auch die ÖVP nicht aus. ÖVP-Obmann Karl Schleinzer war NSDAP-Mitglied gewesen, ebenso Reinhard Kamitz, Finanzminister 1952–1960 in der Regierung von ÖVP-Kanzler Julius Raab. Kamitz hatte sogar um Aufnahme in die SS angesucht.

Kreisky wehrte sich vehement gegen Kritik an der politischen Vergangenheit seiner Minister. Nur nachgewiesene Verbrechen würden einen ehemaligen Nazi für ein politisches Amt untragbar machen. An dieser Überzeugung hielt er zeit seines politischen Wirkens fest. Ich hatte mit allen vier Ministern als Journalist Kontakt, mit einigen mehr, mit anderen weniger. Einen Tag nach der Angelobung meldete ich mich für die *Neue Zeitung* bei dem mir bis dahin unbekannten Landwirtschaftsminister Öllinger zum Interview an. Ich traf einen völlig überforderten Mann, der nicht einmal wusste, wie viel Sektionen das Ministerium hatte. Von irgendwelchen neuen Zielen für die Landwirtschaftspolitik konnte erst recht keine Rede sein. Ich schrieb nur eine kurze Notiz, mehr gab Öllinger damals nicht her. Erst einige Tage danach wurde bekannt, dass Öllinger Mitglied der SS gewesen war.

Öllinger war seit 1933 Mitglied der SA, trat 1937 zur SS über, wo er es bis zum Untersturmführer brachte, vergleichbar mit einem Leutnant in der Wehrmacht. 1938 NSDAP-Mitglied geworden, war dies nach 1945 kein Hindernis, als Beamter der Kärntner Landesregierung Karriere zu machen. Sein Beitritt zum Bund sozialdemokratischer Akademiker folgte 1960, jener zur SPÖ nie. 1940 war Öllinger zum Dienst in der deutschen Wehrmacht eingezogen worden, allerdings nicht bei der SS-Truppe. Dieses Faktum benutzte Kreisky, um Öllinger massiv zu verteidigen, denn dieser habe ja frühzeitig die SS verlassen. Kreisky blieb bei seiner Überzeugung, dass man Nazis nur bei nachgewiesenen Verbrechen ein politisches Amt verwehren konnte. Öllinger tat dann der SPÖ aber den Gefallen und schied einige Wochen nach seiner Bestellung krankheitshalber aus.

Die Bestellung Öllingers zum Minister war zunächst nicht vorgesehen gewesen. In der entscheidenden Sitzung des SPÖ-Präsidiums nach der Wahl 1970 schlug Kreisky Ernst Eugen Veselsky als Handelsminister und Josef Staribacher als Landwirtschaftsminister vor. Dagegen wurde der Einwand vorgebracht, dass sich Staribacher durch seine frühere Tätigkeit in der Arbeiterkammer und als Gewerkschafter zu viele Feinde in der Bauernschaft gemacht hatte, was eine gedeihliche Arbeit in diesem Ministerium erschweren würde. Kreisky beugte sich diesem Einwand und nominierte den für die Regierung unverzichtbaren Gewerkschafter Staribacher als Handelsminister. Veselsky, so wenig wie Staribacher ein Agrar-Experte, hing damit in der Luft. Kreisky entschied dann: »Den Veselsky nehme ich als Staatssekretär ins Kanzleramt!« Nun hatte Kreisky plötzlich keinen Landwirtschaftsminister in petto. Die SPÖ hatte versäumt, einen ihrer Abgeordneten im Nationalrat zum Agrarminister aufzubauen. Kreisky hatte den Wahlkampf 1970 zwar auf das Erreichen das Kanzleramtes angelegt, aber damals eine Koalition mit der ÖVP im Auge gehabt, der natürlich das Landwirtschaftsministerium zufallen würde. Aus dieser Verlegenheit glaubte der Kärntner Landesparteisekretär Leopold Wagner einen Ausweg gefunden zu haben und sagte, es gäbe da in der Agrarabteilung von Kärnten einen gewissen Öllinger, der sehr tüchtig sei. Wagner wusste aber zunächst nicht einmal seinen Vornamen. Schließlich gelang es, Öllinger ans Telefon zu bringen und Kreisky nominierte ihn nach einem kurzen Telefonat als Landwirtschaftsminister. Wagner wusste offensichtlich nichts über die SS-Vergangenheit Öllingers, hätte aber wahrscheinlich nichts Anstößiges daran gefunden. Er selbst hatte ja voll Stolz bekannt, ein »hochgradiger Hitlerjunge« gewesen zu sein. Wagner wurde dann 1974 Landeshauptmann. In keinem anderen Bundesland gingen die Karrieren von Nazis so nahtlos in der SPÖ weiter wie in Kärnten. Für Kreisky war das kein Geheimnis. Mit dem ihm eigenen Sinn für Humor meint er über die Akademikerorganisation Bund sozialdemokratischer Akademiker (BSA): »In Kärnten haben sie zur SA nur das B dazu gegeben.«

Öllingers Nachfolger Oskar Weihs hatte allerdings auch eine Nazivergangenheit. Er war 1932 im Alter von 21 Jahren der NSDAP beigetreten, trat aber 1934 nach dem missglückten Naziputsch, bei dem Dollfuß ermordet wurde, wieder aus. Nach dem Anschluss von Österreich an Deutschland im Jahr 1938 wollte Weihs der NSDAP wieder beitreten, wurde aber als unzuverlässig abgelehnt. Er stellte bis 1945 mehrere Aufnahmeanträge, die alle abgelehnt wurden. So wie ich Weihs kennengelernt habe, war er ein Opportunist, der nach 1945 bei jeder Partei hätte landen können. Weihs wurde 1976 von Günther Haiden als Minister abgelöst. Auch Haiden war Mitglied der NSDAP. Er war 1944 im Alter von 18 Jahren beigetreten – am 20. Juli, dem Tag des Stauffenberg-Attentats auf Adolf Hitler, als das Nazi-Regime Druck machte, die Reihen fest zu schließen.

Auch Verkehrsminister Frühbauer und Bautenminister Moser waren mit 18 Jahren der NSDAP beigetreten. Ich habe beide als fachlich gute Minister in Erinnerung. Frühbauer, der 1944 mit 17 Jahren aus der Maturaklasse heraus der NSDAP beigetreten war, erzählte mir, welch starker Druck auf die Schüler ausgeübt worden war. Das Nazi-Regime befand sich im Endkampf und appellierte an die Schüler, Deutschland in dieser Situation nicht im Stich zu lassen. Die Maturaklasse trat geschlossen der NSDAP bei. Zumindest bei Moser und Frühbauer ist Selbstgerechtigkeit jener, die durch die Gnade der späten Geburt nie in so eine Situation gekommen sind, nicht angebracht.

Ein besonderer Fall war Otto Rösch. 1938 der NSDAP beigetreten, machte er in der deutschen Wehrmacht Karriere und brachte es bis zum Hauptmann und der hohen Auszeichnung »Deutsches Kreuz in Gold«, ein Orden knapp unter dem Ritterkreuz. Zwischenzeitlich war er Lehrer in der NAPOLA, jener nationalsozialistischen Anstalt, in der Jugendliche zu strammen Nazis erzogen wurden. 1947 wurde Rösch unter dem Verdacht verhaftet, einer Gruppe anzugehören, die Nationalsozialisten bei der Flucht ins Ausland half. Man hatte bei ihm einen Koffer mit gefälschten Ausweisen gefunden. Zuerst rechtfertigte sich Rösch, er habe vom Inhalt des Koffers nichts gewusst, später änderte er seine Verantwortung, der rote Innenminister Helmer habe ihn als Spitzel in diese Gruppe geschickt. Rösch wurde schließlich mangels Beweisen freigesprochen. Die *AZ* hatte 1947 über den Prozess gegen Rösch berichtet. Als Rösch sich in seiner Eigenschaft als Innenminister jeder Kommunikation mit der *AZ* verweigerte, witzelten die Redakteure, dies sei wohl auf den Prozessbericht aus dem Jahr 1947 zurückzuführen. Das kann sein, Hauptgrund war aber wohl, dass Rösch jedwede unabhängige Berichterstattung suspekt war. Nach 1971 brachte Bundeskanzler Kreisky nach dem Ministerrat manchmal Minister zum Pressefoyer mit, die den Journalisten zur Verfügung stehen sollten. Rösch hatte eine eigene Methode, sich zu verweigern. Er beantwortete Fragen durchgehend mit Ja oder Nein, worauf das Interesse an Interviews mit Rösch bald erlahmte. Rösch war ein autoritärer Charakter, der die Spielregeln einer Demokratie, besonders im Umgang mit der Presse, nur widerwillig akzeptierte.

Aus meinen persönlichen Erfahrungen würde ich von den SPÖ-Ministern mit Nazi-Vergangenheit in der ersten Kreisky-Regierung außer Öllinger nur Oskar Weihs und Otto Rösch die moralische Eignung für ein Ministeramt in einer SPÖ-Regierung absprechen. Rösch blieb als einziger der vier Genannten übrigens bis 1983 im Amt, als die SPÖ ihre absolute Mehrheit verlor.

Man muss in diesem Zusammenhang auch daran erinnern, dass in der ersten Regierung Kreisky Ex-Nazis und Opfer der Nationalsozialisten gemeinsam auf der Regierungsbank saßen. Außer Kreisky, der nur in der Emigration überleben konnte, hatte Handelsminister Staribacher ein Jahr im Konzentrationslager Buchenwald verbracht. Nach seiner Entlassung wurde er zur Wehrmacht eingezogen, aufgrund seiner politischen Vergangenheit aber als wehrunwürdig eingestuft und als Hilfskrankenträger eingesetzt. Das rettete ihn nicht vor einer schweren Verwundung, sodass er nicht mehr »kriegsverwendungsfähig« war, wie das damals hieß, und sein Studium abschließen konnte. Sozialminister Häuser war im Ständestaat mehrmals eingesperrt gewesen und von den Nazis von 1941 bis 1945 im KZ Dachau interniert. Obwohl ich zu Häuser ein sehr gutes Verhältnis hatte, sprach er nie über diese Zeit. Mit dem NAPOLA-Lehrer Rösch gemeinsam auf der Regierungsbank zu sitzen war offenbar nur mit einer gehörigen Portion Verdrängung möglich. Häuser war auch einer der wenigen Minister, der für seine politischen Botschaften die Parteizeitungen bevorzugte. Das brachte der *AZ* einige Exklusivstorys ein, so etwa über die Einführung des vierwöchigen Mindesturlaubs. Gesetzesinitiativen mit einem derart hohen Nachrichtenwert lancierten andere Minister in sogenannten unabhängigen Zeitungen, wie das im SPÖ-Jargon hieß. Häusers Distanz zu »bürgerlichen« Journalisten beantworteten diese, indem sie Häuser als »orthodoxen Sozialisten« brandmarkten. Für mich war offensichtlich, dass die jahrelange Inhaftierung durch zwei Diktaturen Häuser so verletzt hatte, dass er sich gegenüber Andersdenkenden verschloss.

So sehr heute die Vergangenheitsbewältigung der Naziherrschaft in Deutschland gerühmt wird, auch Österreichs Nachbar schien nach dem Krieg nicht ohne Ex-Nazis in Regierungsverantwortung auszukommen. CDU-Kanzler Kurt Georg Kiesinger war ebenso NSDAP-Mitglied gewesen wie sieben Minister der nachfolgenden Koalitionsregierung von Willy Brandt mit der FDP im Jahr 1969: Alle drei Minister der FDP, drei Minister der SPD sowie ein parteiloser Minister hatten eine Nazivergangenheit.

DER CHARISMATISCHE KREISKY

Dass Kreisky Charisma hatte, wurde nicht einmal von seinen ärgsten Gegnern bestritten. Die Wissenschaft hat aber große Schwierigkeiten bei der Feststellung, welche Eigenschaften einen charismatischen Menschen auszeichnen. Der große

Soziologe Max Weber hat sich intensiv mit diesem Thema beschäftigt und gemeint, es komme gar nicht so sehr darauf an, welche ethischen, ästhetischen oder sonstige Eigenschaften man einem »Führer« zubillige, es komme allein darauf an, wie die charismatisch Beherrschten, die Anhänger, diesen bewerten. Die Führer-Geführten-Beziehung entwickelt sich in der Regel auch nur in einer ganz bestimmten politischen Situation. Sie ist beispielsweise gegeben, wenn vom Volk eine Krise wahrgenommen wird und die verantwortlichen Akteure diese Krise nicht bewältigen können. Nun war Österreich 1970, als die SPÖ erstmals stärkste Partei wurde, in keiner existenziellen Krise, die Bevölkerung hatte aber das Gefühl, dass die ÖVP-Alleinregierung unter Josef Klaus das Land nicht kraftvoll führte. Einerseits gab es Schwierigkeiten bei der Budgeterstellung durch die am Ende der 1960er-Jahre auftretende Abschwächung des Wirtschaftswachstums. Andererseits zögerte der gläubige Klaus, sich mit der katholischen Kirche anzulegen, als es darum ging, das überholte Familien- und Strafrecht zu reformieren.

Jedenfalls gab es 1970 eine Wechselstimmung im Land, vielleicht auch einen Überdruss an den bürgerlich-konservativen Honoratiorenpolitikern. Die Menschen suchten sich in solchen Situationen eine Person, von der sie geführt werden wollten. Sie fanden diese in Bruno Kreisky, der die Sehnsucht nach Leadership erfüllte und auch gern annahm. Kreisky konnte im Namen der Idee der Sozialdemokratie und mithilfe seiner Persönlichkeit Menschen in seinen Bann ziehen. Menschen müssen allerdings von ihrer Außergewöhnlichkeit überzeugt sein, um charismatisch auf ihre Umgebung zu wirken. Und Kreisky war von sich überzeugt. Kreisky betrat einen Raum nicht, sondern »erschien«. Das konnte man bei Veranstaltungen beobachten, wenn Kreisky ans Rednerpult ging. Es war ja nicht so, dass bei Parteitagen, die sich den ganzen Tag hinzogen, die Delegierten konzentriert allen Rednern folgten.

Viele hielten sich außerhalb des Sitzungssaales auf, tranken Kaffee und tratschten. Wenn Kreisky redete, füllte sich der Saal und die Delegierten hörten aufmerksam zu.

Welche Autorität Kreisky selbst bei erklärten Gegnern seiner Partei hatte, konnte ich bei der sogenannten Kambodscha-Demonstration erleben. Nachdem die USA im Zuge des Vietnamkrieges die Bombardements auf Kambodscha ausgedehnt hatten, rief eine Linke Plattform, der verschiedene Links-Gruppen von der KPÖ bis Maoisten angehörten, zu einer Demonstration auf. Die etwa 2000 Demonstranten marschierten zum Ballhausplatz, das Tor ins Kanzleramt wurde geschlossen, und Kreisky beobachtete aus dem ersten Stock gemeinsam mit Beamten und einigen Journalisten die Protestierenden. Dass sich auch Jugendorganisationen der SPÖ der Demonstration angeschlossen hatten, erweckte den Argwohn Kreiskys. Er beobachtete aufmerksam die mitgeführten Transparente und bekam einen Wutanfall, als er einen Spruch, den irgendeine K-Gruppe mitführte, entdeckte: »Nieder mit dem Parlamentarismus!« Er wandte sich an die hinter ihm stehenden Beamten: »Ich will, dass das alles aufgeschrieben wird, was da auf den Transparenten steht!« Präsidialchef Jiresch, schon unter ÖVP-Bundeskanzler Klaus oberster Beamter im Kanzleramt, schaute Hilfe suchend zu dem damaligen Chef des Bundespressedienstes Neumayer: »Was machen wir denn jetzt, wir haben ja keine Sekretärin mehr da!?« Auf die Idee, Kugelschreiber und Notizblock selbst zu benutzen, kamen die beiden Sektionschefs nicht. Kreisky bekam einen roten Kopf und sein Ärger über die Beamten im Bundeskanzleramt bekam wieder neue Nahrung.

Schließlich erklärte sich Kreisky bereit, eine Delegation von maximal zwölf Teilnehmern zu empfangen. Sie wurden in den Sitzungssaal geleitet, wo sie an jenem Tisch Platz nahmen, an dem wöchentlich der Ministerrat tagte. Als Kreisky erschien, erhoben sich einige zaghaft von ihrem Sessel, um sich gleich wieder zu setzen, als die anderen nicht aufstanden. In der ersten Wortmeldung erklärte ein Delegierter, sie seien gekommen, um gegen die Bombardierung Kambodschas zu protestieren, hätten aber ohnehin kein Interesse an dem, was Kreisky dazu sage. Mehr hatten die Delegierten nicht gebraucht. Kreisky erhob seine Stimme und donnerte in den Raum: »Wenn der Regierungschef der Republik sich die Mühe macht, Ihre Argumente anzuhören, erwarte ich mir von Ihnen ein Mindestmaß an Höflichkeit!« Die Revolutionäre aller Richtungen waren plötzlich ziemlich still, nach einigen Wortmeldungen beendete Kreisky die Vorsprache, indem er darauf verwies, dass er eine Lösung nur im Rahmen der UNO sah. Der Zug der Demonstranten setzte sich dann zur Universität in Bewegung, um dort eine Abschlusskundgebung abzuhalten. Der Rektor verweigerte jedoch den Zutritt. Erst nach einem Telefonat Kreiskys mit dem Rektor öffnete er die Universität. Diese Demonstration hatte dann noch ein innerparteiliches Nachspiel. Da auch der Verband Sozialistischer Studenten teilnahm, ließ Kreisky die finanzielle Unterstützung vorübergehend einfrieren – so wie er das schon mehrmals getan hatte, wenn parteieigene Jugendorganisationen gemeinsam mit Kommunisten demonstrierten.

KREISKY UND DIE FRISTENLÖSUNG

So sehr Kreisky die Partei beherrschte, immer konnte er ihr seinen Willen nicht aufzwingen. So war ich Zeuge, als er in einer Klubsitzung der SPÖ-Abgeordneten mit einem dringenden Appell den geplanten Beschluss der Fristenlösung zu Fall bringen wollte: »Genossen, die katholische Kirche hat 2000 Jahre überlebt, wir sollten keinen offenen Konflikt mit ihr riskieren und uns daher das mit der Fristenlösung noch einmal überlegen!« Da sprang Justizminister Broda wie von der Tarantel gestochen auf und hielt einen leidenschaftlichen Appell für die Straffreiheit bei einem Schwangerschaftsabbruch in den ersten drei Monaten, assistiert von Hertha Firnberg, der Doyenne der SPÖ-Frauen, und einigen anderen Abgeordneten. Nur der Tiroler Abgeordnete Salcher, der später Finanzminister wurde, unterstützte Kreisky. Nach dieser Sitzung hatte Kreisky in kleinerem Kreis einen Tobsuchtsanfall: »Ihr gefährdet unsere Mehrheit, ihr zerstört mein Lebenswerk!«

Als die Fristenlösung dann im Nationalrat beschlossen werden sollte, meldete sich Kreisky plötzlich zu Wort, und zwar nicht wie üblich von der Regierungsbank aus, sondern vom Rednerpult der Abgeordneten. (Damals hatten Regierungsmitglieder im Gegensatz zu heute ihr Abgeordnetenmandat behalten.) Der SPÖ-Klub war vorher davon nicht informiert worden. Angesichts der vorhergehenden parteiinternen Auseinandersetzungen war die Anspannung unter den SPÖ-Abgeordneten fast körperlich bis in die Journalistenloge spürbar. Wollte Kreisky vielleicht doch noch von der Fristenlösung abspringen? Kreiskys Rede war ein Meisterstück an rhetorischer Raffinesse. Er versicherte allen Gegnern der Fristenlösung seinen Respekt, betonte, dass er persönlich die völlige Straflosigkeit bei Abtreibung vorgezogen hätte, weil das dann »eine Frage für den Arzt und seinen hippokratischen Eid und für die Menschen eine Frage ihrer moralischen Grundhaltung und ihrer besonderen Umstände« gewesen wäre. Die Delegierten auf dem SPÖ-Parteitag hätten aber mit so überwältigender Mehrheit für die Fristenlösung gestimmt, dass er das Gefühl bekommen habe, die Partei nicht mehr umstimmen zu können. Er erinnerte in diesem Zusammenhang an einen oft zitierten Satz des Parteigründers Victor Adler, dass man manchmal den Mut haben müsse, mit den Menschen unter Umständen sogar eher zu irren, als sich von ihnen zu trennen.

Kreisky signalisierte den Gegnern der Straffreiheit, dass er ihrer Meinung sei, der eigenen Partei wiederum bedeutete er, dass er die Mehrheitsentscheidung akzeptiere. Er betonte dann, wie sehr ihm an einem guten Verhältnis zur katholischen Kirche liege, »weil die katholische Soziallehre in sehr weiten Teilen mit den sozialpolitischen Auffassungen übereinstimmt, die auch wir vertreten. Hier ist also ein großes Stück Weg, den wir gemeinsam gehen.« Dann versprach er eine kinderfreundliche Sozialpolitik, die den ganzen Paragrafen obsolet machen solle. Der letzte Satz war fast schon ein Kniefall vor der katholischen Kirche: »Ich bekenne mich, ein Agnostiker zu sein, möchte aber abschließend betonen: Das, was die römisch-katholische Kirche größer und in Vielem anderen Religionen überlegener macht, ist, dass sie zu verzeihen vermag. Daher braucht sie am wenigsten Strafsanktionen.« Die Rede war unausgesprochen auch an Kardinal König gerichtet. Kreisky hatte sich ja gemeinsam mit Kardinal König bemüht, jene Gräben zwischen Kirche und Sozialdemokratie zu überwinden, die die Zusammenarbeit der katholischen Kirche mit dem Dollfuß-Regime aufgerissen hatte. Die Fristenlösung warf dann einen Schatten auf diese Bemühungen.

Die Fristenlösung hatte dann Folgewirkungen, für die es in der Redaktion der *Arbeiter-Zeitung* wenig Verständnis gab. Kreisky setzte durch, dass der Staat die Besoldung aller Lehrer an den Privatschulen mit Öffentlichkeitsrecht übernimmt. Das ging über die im Konkordat mit dem Vatikan enthaltene Regelung hinaus. Diese Maßnahme zielte natürlich in erster Linie auf die katholischen Privatschulen ab, galt aber auch für andere konfessionelle Privatschulen. Es war dies eine der flankierenden Maßnahmen, mit denen Kreisky das durch die Fristenlösung gestörte Verhältnis zur katholischen Kirche verbessern wollte. Die überwiegend agnostischen oder atheistischen Redakteure der *Arbeiter-Zeitung* taten sich in diesem Fall ziemlich schwer, Kreisky publizistisch zu unterstützen.

KREISKY UND DIE FRAUENBEWEGUNG

Im Kampf um die Fristenlösung hatten sich Anfang der 1970er-Jahre zahlreiche Frauengruppen gebildet, von denen viele nach dem Beschluss der Strafrechtsreform bestehen blieben und die Basis einer Graswurzelbewegung für die Gleichstellung der Frau bildeten. Nach der von Broda forcierten Reform des aus dem Jahre 1811 stammenden Familienrechts und des Strafrechts (straffreier Abbruch der Schwangerschaft in den ersten drei Monaten) blieben Frauen noch immer benachteiligt, etwa beim Einkommen und vor allem in der politischen Repräsentation. 1970 stellten die Frauen ja nur 7 Prozent der Abgeordneten des Nationalrats gegenüber immerhin 28 Prozent im Jahr 2020.

Kreisky spürte mit seinem untrüglichen Instinkt, dass sich hier eine Entwicklung anbahnte, der man politisch Rechnung tragen musste. So lud das Renner-Institut auf Kreiskys Initiative Anfang 1975 die US-Feministin Gloria Steinem zu einem Vortrag in die Stadthalle. Nach einem Begrüßungsreferat Kreiskys hielt Steinem dann vor 2000 Zuhörern einen Vortrag über die internationale Kraft des Feminismus. Steinem war weltweit ein Star der Frauenbewegung. Berühmt wurde sie, als sie sich als Bunny in den Playboy-Club einschleuste und darüber eine Reportage schrieb, in der sie den Missbrauch der Frauen als Sexobjekt anprangerte. Sie würzte ihren Vortrag mit Anekdoten aus der Arbeitswelt amerikanischer Universitäten. So gab es an der Elite-Universität Harvard 1971 für die Lehrkräfte in der Bibliothek nur eine Herrentoilette. Obwohl sie selbst nicht homosexuell war, verteidigte sie das Recht auf lesbische Partnerschaften. Was später als selbstverständlich galt, war damals für viele noch eine Provokation. Erst ein Jahr zuvor war mit der Strafrechtsreform in Österreich die gleichgeschlechtliche Sexualität unter Erwachsenen straffrei gestellt worden. Ich war bei dem Vortrag dabei, weil ich den Auftrag hatte, Steinem ins Studio der ZiB 2 zu lotsen. Ihre Pressereferentin blockte aber ab. Ich war erst wenige Tage beim ORF und bin also mit meinem ersten Auftrag gescheitert.

Nach der gewonnenen Wahl 1979 setzte Kreisky dann einen Paukenschlag. Beim darauffolgenden Parteitag schlug er vier neue zusätzliche Staatssekretärinnen vor. In der SPÖ gab es dafür nicht durchgehend Verständnis. Es gab im Parteivorstand sogar einige Gegenstimmen. Ein Austausch des einen oder anderen männlichen Ministers durch eine Frau hätte vielleicht mehr Signalwirkung gehabt. Das war aber politisch nicht möglich. Er hatte mit diesem Team die Wahlen 1979 gewonnen. Da war eine Ablöse eines Ministers nicht opportun. Außerdem waren die Minister wegen innerparteilicher Berücksichtigung von Länder- und Gewerkschaftsinteressen nicht zu entfernen. So kam es zu vier zusätzlichen Staatssekretärinnen: Anneliese Albrecht im Handelsministerium, Franziska Fast im Sozialministerium, Beatrix Eypeltauer im Bautenministerium und Johanna Dohnal im Bundeskanzleramt, zuständig für Frauenfragen. Dohnal war damit das erste Regierungsmitglied, das ausschließlich für Frauenfragen zuständig war. Die von den männlichen Ministern nicht sehr geliebten Staatssekretärinnen wurden in den Ministerien an den Rand gedrängt, besonders brutal ging Bautenminister Sekanina mit Beatrix Eypeltauer um. Es war jener Minister, der später wegen eines Griffs in die Gewerkschaftskasse von ÖGB-Präsident Benya von allen Ämtern entfernt wurde.

Von den vier Staatssekretärinnen hinterließ nur Johanna Dohnal deutliche Spuren in den Annalen der Zeitgeschichte. Sie war erst 1979 in den Nationalrat gewählt worden. Vorher war sie Mitglied des Wiener Gemeinderates und hat schon dort als Kämpferin für Frauenrechte auf sich aufmerksam gemacht. So setzte sie die Gründung des ersten Wiener Frauenhauses durch, in dem von ihren Männern bedrohte Frauen Schutz suchen konnten. Dohnal verschreckte mit einer aggressiven feministischen Rhetorik manchmal auch Männer ihrer eigenen Partei. Selbst Kreisky brummte hin und wieder in seinem Büro: »Die Dohnal ist mir gestern wieder auf die Nerven gegangen!« Gleichwohl hielt Kreisky seine schützende Hand über sie. Das war umso bemerkenswerter, als Kreisky selbst ein konservatives Bild von Familie hatte, wie eben jemand, der in den 1930er-Jahren sozialisiert worden war: Die Frau versorgt die Kinder und den Haushalt, der Mann ist berufstätig. Kreisky wusste natürlich, dass sich die Zeiten geändert hatten, auch wenn er selbst nicht danach lebte.

Dohnal sorgte auch mit ihrem Privatleben für Furore. Sie wechselte 1981 vom heterosexuellen Leben mit Mann und zwei Kindern zu einer lesbischen Partnerschaft. Das wurde nicht überall mit Verständnis aufgenommen, für die verschworene Gemeinschaft von Feministinnen wurde sie damit aber endgültig zur Ikone der Frauenbewegung – als eine Frau, die auf keinerlei Konventionen Rücksicht nahm.

Kreisky beobachtete Dohnals politische Tätigkeit zwar wohlwollend, aber auch mit Argwohn, weil er fürchtete, sie könnte über das hinausgehen, was in der Gesellschaft akzeptabel erschien. Es gibt da eine Parallele zu Justizminister Broda. Kreisky war von der Notwendigkeit von Reformen in der Justizpolitik überzeugt, hatte aber Angst, dass Broda überzog. Das war für Kreisky zum Beispiel gegeben, als Broda die Utopie einer gefängnislosen Gesellschaft propagierte.

Nach dem Rückzug Kreiskys aus der Politik 1983 blieb Dohnal noch zwölf Jahre Regierungsmitglied, zuerst als Staatssekretärin, dann als Ministerin. In dieser Zeit gelangen ihr noch zahlreiche Verbesserungen zugunsten der Frauen, etwa das Recht auf Betretungsverweigerung bei Gewalt in der Ehe. 1985 wurde auf ihr Betreiben gegen heftigen parteiinternen Widerstand von der SPÖ als erste Partei eine Quotenregelung von 25 Prozent für alle gewählten Funktionen beschlossen. Diese wurde 1993 auf 40 Prozent erhöht.

Wenn heute die Verdienste Dohnals für die Rechte der Frauen gerühmt werden, sollte man auf Broda nicht vergessen, der mit den Reformen im Familien- und Strafrecht die Basis für die spätere Entwicklung gelegt hat – und Bruno Kreisky, der dies alles ermöglicht hat.

KEIN LEBEN OHNE POLITIK

Kreisky konnte von der Politik nicht loslassen und zeigte auch Verständnis für Politikbesessene aus anderen Parteien. Im Herbst 1971 tauchte das Gerücht auf, dass der frühere ÖVP-Obmann Withalm bei den kommenden Nationalratswahlen erneut kandidieren werde, obwohl er bereits seinen Abschied angekündigt hatte. Kreisky sah mich im Parlament am Gang und redete mich auf das Gerücht an: »Stimmt das, der Withalm kandidiert wieder?« Ich konnte ihm berichten, dass auch die Austria-Presse-Agentur das Gerücht bestätigt habe. Kreiskys Gesicht überzog ein verstehendes Grinsen: »Der hält es ohne Politik nicht aus, gell?« Withalm war einer der wenigen Politiker der ÖVP, den Kreisky wirklich schätzte. Er kannte ihn aus gemeinsamen Regierungszeiten der Großen Koalition, als Kreisky Außenminister und Withalm Staatssekretär war. Kreisky hielt auch während der Oppositionszeit der SPÖ von 1966 bis 1970 Kontakt zu Withalm, was sich in einigen gemeinsamen Essen im noblen Wiener Rennverein niederschlug. Kreisky konnte damals ja nicht davon ausgehen, dass die SPÖ die absolute Mehrheit erreichen konnte, sondern dachte immer an mögliche Koalitionen, natürlich unter seiner Führung. Für eine Koalition mit der ÖVP wäre die Aufrechterhaltung einer

Gesprächsbasis mit Withalm, dem starken Mann in der ÖVP, sicher nützlich gewesen.

Bei der Abschiedsrede von Withalm 1975 kam es zu einer bemerkenswerten Geste Kreiskys. Withalm appellierte an die Abgeordneten, ihre Arbeit mit Toleranz und Fairness auszuüben, räumte allerdings ein, dass er selbst mit der Tugend der Toleranz keineswegs von Natur aus besonders bevorzugt ausgestattet war und sich diese Toleranz erst nach harten und wechselvollen Erfahrungen aneignen musste. Die ÖVP-Abgeordneten bedachten Withalms Abschiedsrede mit frenetischem Applaus. Die SPÖ-Abgeordneten zögerten, sich dem Beifall anzuschließen. Der Appell zu Toleranz aus dem Munde des scharfzüngigen und unbeugsamen Gegners der SPÖ überzeugte sie nicht. Einige erinnerten sich noch an eine Rede von Withalm, die er als Klubobmann der ÖVP am Beginn der ÖVP-Alleinregierung nach 1966 gehalten hatte. Im Bewusstsein der absoluten Mehrheit hatte er auf Zwischenrufe der SPÖ mit Häme reagiert: »Da können Sie noch so protestieren, wir werden nicht einmal die Ohrwaschl rühren!« Kreisky war nicht nachtragend, ging zu Withalms Abgeordnetensitz und reichte ihm die Hand. Erst danach stimmten alle SPÖ-Abgeordneten in den Applaus mit ein. Kreisky hatte ein gutes Gespür für Gesten der Großzügigkeit.

Kreiskys Verständnis für eine mögliche neuerliche Kandidatur Withalms im Jahr 1971 signalisierte jedenfalls, dass es auch Kreisky ohne Politik nicht aushalten würde. Vor der Nationalratswahl 1975 – erste Gerüchte über Kreiskys angegriffene Gesundheit waren publik geworden – wurde der Kanzler in einer Pressekonferenz im Presseklub Concordia gefragt, wann er sich aus der Politik zurückziehen werde. Kreisky, damals immerhin schon 64 Jahre alt: »Sie brauchen sich keine Sorgen zu machen. Noch gehe ich nicht. Ich weiß schon, wann ich gehen muss. Hinaustragen müssen s' mich nicht!« Der Hinweis eines Redakteurs, dass Konrad Adenauer mit weit über

80 Jahren Bundeskanzler der deutschen Bundesrepublik war, konterte Kreisky trocken: »Der hat aber vorher zwölf Jahre Rosen gezüchtet!« Er spielte damit darauf an, dass Adenauer von 1933 bis 1945 als Ruheständler in Rhöndorf lebte, nachdem die Nazis ihn 1933 als Oberbürgermeister von Köln abgesetzt hatten. Kreisky wusste dann aber doch nicht, wann er gehen sollte. Spätestens nach 1979 hätte er loslassen müssen. Er konnte sich aber von der Macht nicht trennen.

KREISKY UND DIE SCHULDEN

»Und wenn mich einer fragt, wie denn das mit den Schulden ist, dann sage ich, was ich immer wieder sage: dass mir ein paar Milliarden Schilling mehr Schulden weniger schlaflose Nächte bereiten, als mir ein paar Hunderttausend Arbeitslose mehr bereiten würden.« Dieses Bekenntnis Kreiskys im Wahlkampf 1979 blieb an ihm hängen und wurde von der ÖVP noch Jahrzehnte später als Beweis dafür zitiert, dass Sozialdemokraten zu freigebig beim Geldausgeben waren. Bei Überprüfung der Zahlen zeigt sich freilich ein anderes Bild. Zwar ist es richtig, dass unter Kreiskys Kanzlerschaft die Verschuldung von circa 15 Prozent des Bruttoinlandsprodukts im Jahr 1970 bis zum Ausscheiden Kreiskys 1983 auf circa 35 Prozent stieg. Das war aber sehr stark durch die Vervierfachung des Rohölpreises im Jahr 1973 ausgelöst worden, der dann 1979 noch einmal exorbitant anstieg. Außerdem musste Finanzminister Androsch auch noch mit einer von den USA ausgelösten Währungskrise kämpfen. Der Dollar war so stark unter Druck gekommen, dass die US-Regierung zu einer Freigabe der Wechselkurse gegenüber dem Dollar gezwungen war. Das führte 1973 zu einer Abwertung des Dollar um

10 Prozent, dem weitere Abwertungen folgten. Das brachte die europäischen Währungen unter Druck und heizte zusätzlich die Inflation an. Alle Industriestaaten versuchten, der dadurch ausgelösten Wirtschaftskrise mit steigenden Ausgaben gegenzusteuern. Die wirkliche Schuldenorgie fand in der Zeit der Großen Koalition von 1986 bis 1999 statt, und zwar ohne Not, denn es herrschte Hochkonjunktur. Am Ende der Großen Koalition 1999 waren die Schulden auf mehr als 60 Prozent des BIP gestiegen. Die Problemlösungskapazität einer Koalition zwischen SPÖ und ÖVP war offensichtlich schon damals gering. SPÖ-Gewerkschafter und der ÖAAB überboten sich gegenseitig mit Forderungen und die jeweiligen Parteivorsitzenden von SPÖ und ÖVP konnten das nicht einbremsen.

Kreisky und das Judentum

DIE JUDEN IN DER SOZIALDEMOKRATIE

Warum hat sich Kreisky in der Sozialdemokratie engagiert und nicht in einer anderen Partei? Das hat sicherlich mit seiner jüdischen Herkunft zu tun. Juden wurden in der Monarchie und auch in der Ersten Republik diskriminiert. Sie wurden auch dann nicht voll akzeptiert, wenn sie ihren Glauben abgelegt hatten oder sich taufen ließen. Auch Wohlstand und Reichtum verschaffte Juden nicht Zugang zu den »besseren« Kreisen. Das ließ bei vielen Juden das Gefühl der Ungerechtigkeit wachsen und brachte sie automatisch in die Nähe anderer benachteiligter Bevölkerungsschichten und damit zur Sozialdemokratie. Von Victor Adler über Otto Bauer bis Bruno Kreisky engagierten sich Juden, die von ihrem eigenen ökonomischen Status als gut bürgerlich zu bezeichnen waren, für die Arbeiter, auch wenn deren Benachteiligung anderer Art war als die von gut situierten Bürgern. Sozialismus als Befreiung – vielleicht verbirgt sich hinter diesem Engagement auch ein Stück der messianischen Erlösungsidee des jüdischen Glaubens.

Kreisky hat sein beginnendes Interesse an Politik in der Ersten Republik in privaten Gesprächen selbst thematisiert. Wo hätte er sich engagieren können? Die damals zutiefst antisemitischen Christlich-Sozialen und Deutschnationalen kamen für den jungen Kreisky nicht infrage, die Kommunisten lehnte er aus Überzeugung ab, eine wirklich liberale Partei gab es nicht, es blieb also nur die Sozialdemokratie. Der Einfluss eines Onkels, der Mitglied der Sozialdemokratischen Partei war, mag wohl auch eine Rolle gespielt haben. Glaubt man übereinstimmenden Berichten, dann war der Selbstmord eines Schulkameraden, der die Schikanen eines Professors nicht mehr ertragen konnte, für den Gymnasiasten Kreisky ein einschneidendes Erlebnis. (Friedrich Torberg hat dieses Ereignis in seinem Roman *Der Schüler Gerber* verarbeitet.) Kreisky nahm mit 13 Jahren am 8. November 1924 zum ersten Mal an einer aus Anlass dieses Selbstmords von den Sozialistischen Mittelschülern organisierten Demonstration teil und trat anschließend den Sozialistischen Mittelschülern bei. Über das persönliche Erleben des Justizpalastbrandes, bei dem die Polizei wahllos in die Menge schoss, führte Kreiskys politisches Engagement nahtlos von den Sozialistischen Mittelschülern zur Sozialistischen Arbeiterjugend, der er 1927 beitrat.

DIE ANGST VOR DEM ANTISEMITISMUS

Kreisky hatte sein ganzes politisches Leben lang Angst, dass ihm der in Österreich vorhandene Antisemitismus die Macht kosten könnte. Der Antisemitismus im Alltag Wiens in seiner Jugend war nicht zu übersehen. Das war kein unterschwelliger, sondern offener Antisemitismus. Im Programm der christlichen Arbeiterbewegung hieß es 1923: Es sei von wesentlicher Bedeutung, »dass die Führer der Arbeiterschaft in Abstammung und Denkart dem bodenständigen christlichen Volk angehören und dass der zersetzende Einfluss des Judentums aus dem Geistes- und Wirtschaftsleben verdrängt werde.« Der Österreichische Skiverband führte 1923 einen Arierparagrafen ein, und Funktionäre des Alpenvereins forderten 1933 alle Sektionen zur »antisemitischen Endsäuberung« auf. Der christlichsoziale Politiker Leopold Kunschak war in den 1920er-Jahren Hauptredner bei »Antisemitischen Kundgebungen«, wie das damals auf Plakaten hieß. Das war ein katholisch motivierter Antisemitismus mit dem Kernsatz: »Die Juden haben unseren Heiland umgebracht!« Aber auch damals gab es schon einen rassisch motivierten Antisemitismus, der von den Nazis aufgenommen und zu Auschwitz mit Millionen ermordeten Juden führte.

Auch in der Sozialdemokratischen Partei gab es einen Antisemitismus, der aber in aller Regel nicht mit dem katholischen oder später rassischen Antisemitismus der Nazis gleichzusetzen ist – von Einzelfällen abgesehen. Es war eher ein Kampf um die Macht in der Partei. Auf der einen Seite standen die eher links orientierten SPÖ-Politiker meist jüdischer Herkunft mit Otto Bauer, Robert Danneberg, Otto Leichter, Julius Deutsch und anderen. Auf der anderen Seite standen die eher pragmatisch Denkenden wie Karl Renner und die noch weiter rechts stehenden Arbeiterführer, die zum Teil aus den Gewerkschaften kamen. Zeitweise bestand der Parteivorstand bis zu einem Drittel aus Mitgliedern jüdischer Herkunft. Sie waren fast durchwegs Agnostiker oder Atheisten, dominierten aber mit ihrer überlegenen Bildung und Rhetorik die politische Linie der Sozialdemokratischen Partei. Die anderen Parteien nutzten das, um die Sozialdemokratische Partei als »Judenpartei« zu diffamieren.

Anders als Bruno Kreisky trat der Atheist Otto Bauer, damals führender Kopf der österreichischen Sozialdemokratie, allerdings nie aus der Kultusgemeinde aus. Er wurde von dem jungen Ernst Fischer, damals Redakteur der *Arbeiter-Zeitung*, später prominenter KP-Politiker, einmal auf die Inkonsequenz angesprochen, wie man als Atheist weiter Mitglied der Israelitischen Kultusgemeinde sein könne. Bauer begründete das als Ausdruck der Solidarität mit den Juden als Schicksalsgemeinschaft: »Das können Sie nicht verstehen, denn hinter Ihnen hat niemals irgendwer das Wort Saujud gemurmelt!« Manche sagten das auch offen. Während einer Rede Otto Bauers im

Parlament in den 1920er-Jahren gab es einen Zwischenruf: »Ein Frechling sind Sie, ein frecher Saujud!« Der Zwischenrufer war der junge Abgeordnete Julius Raab, später viel geachteter Bundeskanzler der Zweiten Republik. Auch Kreisky wurde als »Saujud« bezeichnet. Der ÖVP-Abgeordnete Alois Scheibenreif ließ sich bei einer Wahlveranstaltung in einem niederösterreichischen Wirtshaus zu diesem Ausdruck hinreißen. Später entschuldigte er sich damit, dass er betrunken gewesen sei.

Im Wahlkampf 1970 scheute die ÖVP nicht vor einem antisemitischen Untergriff zurück. Sie plakatierte ein Plakat mit dem Porträt von ÖVP-Bundeskanzler Klaus mit dem Text »Ein echter Österreicher«, solcherart darauf anspielend, dass der Spitzenkandidat der SPÖ Bruno Kreisky wegen seiner jüdischen Herkunft kein echter Österreicher sei. Auch nachdem Kreisky die absolute Mehrheit erhalten hatte, kam es noch zu antisemitischen Äußerungen.

1972 kam es zu einem Eklat im Nationalrat. Im Zuge der Debatte über den von der ÖVP heftig bekämpften Bau der UNO-City zählte Kreisky einige Namen von internationalen Gutachtern und Architekten auf. Das quittierten die sichtlich alkoholisierten ÖVP-Abgeordneten Walter Suppan und Johann Haider mit Zwischenrufen: »Alles Juden!«, »Auch ein Jud!«. Kreisky unterbrach: »Das habe ich jetzt genau gehört!« Es kam zu einer Sitzungsunterbrechung und ÖVP-Klubobmann Koren musste in einer für ihn demütigenden Wortmeldung namens der ÖVP-Abgeordneten sein Bedauern über die Entgleisung aussprechen.

Der Bauernbündler Haider war sich dann nicht zu schade, eine Zeitschrift wegen des Vorwurfs, er sei bei den Zwischenrufen betrunken gewesen, zu klagen – und gewann. Als ob die Zwischenrufe in nüchternem Zustand weniger schlimm gewesen wären! Kreisky leistete sich in einer späteren Nationalratssitzung eine subtile Rache an den beiden Abgeordneten.

Er zitierte in einer Rede Joachim Ringelnatz, nahm dann bedächtig seine Brille ab und meinte mit Blickrichtung zu den beiden Abgeordneten: »Ringelnatz, nein, das ist nicht so einer, wie Sie glauben, der heißt nur so!«

DIE WIESENTHAL-AFFÄRE

Mit der Wahl Kirchschlägers zum Bundespräsidenten 1974 ging die SPÖ voll Zuversicht in die Nationalratswahlen des Jahres 1975. Die Presse ging davon aus, dass Kreisky bei einem Verlust der absoluten Mehrheit eine Koalition mit der FPÖ machen würde, womit FPÖ-Obmann Peter zum Vizekanzler geworden wäre. Nazijäger Wiesenthal informierte Bundespräsident Kirchschläger vor der Wahl, dass Friedrich Peter während des Zweiten Weltkrieges in einer SS-Infanteriebrigade gedient hatte, die an Mordaktionen hinter der Front beteiligt war. Damit wollte er Peter als Vizekanzler verhindern. Kirchschläger gab die Informationen an Kreisky und Peter weiter. Eine Veröffentlichung vor der Wahl fand nicht statt. Vier Tage nach der Wahl, bei der die SPÖ neuerlich die absolute Mehrheit erreichte, sodass die Koalition mit der FPÖ hinfällig geworden war, machte Wiesenthal seine Vorwürfe gegenüber Peter in einem Pressegespräch öffentlich. Peter leugnete, an Mordaktionen beteiligt gewesen zu sein. Die eigentliche politische Auseinandersetzung spielte sich dann aber zwischen Wiesenthal und Kreisky ab.

Kreisky verteidigte Friedrich Peter in einem denkwürdigen TV-Auftritt. Er glaube Peter, dass dieser an keinen Kriegsverbrechen beteiligt gewesen sei. Solange das nicht bewiesen sei, sehe er keinen Grund, Peter zu verurteilen. Nach dem Stand der Forschung ist es ziemlich unwahrscheinlich, dass Peter in keine Kriegsverbrechen involviert war. Die 1. motorisierte SS-Infanteriebrigade, der Peter angehörte, zählte zwar offiziell zur sogenannten Waffen-SS, war aber zeitweise einer Einsatzgruppe zugeteilt, die hinter der Front ausschließlich zur Vernichtung von »Juden und Banden« eingesetzt war. In der Regel erfolgten die Aktionen durch die vollständige Zerstörung von Dörfern samt Bewohnern. Friedrich Peter hatte sich mit 18 Jahren freiwillig zur SS gemeldet und war mit nur 24 Jahren schon im Range eines Obersturmführers (entsprach einem Oberleutnant der Wehrmacht). Peter hatte 1970 dazu beigetragen, die Minderheitsregierung Kreisky zu tolerieren. Er verehrte Kreisky und näherte sich dem Bundeskanzler geradezu mit einer servilen Unterwürfigkeit. Offensichtlich erhoffte sich Peter durch die Unterstützung des Juden Kreisky eine innere Befreiung von seiner Schuld, die er durch seine Tätigkeit bei der 1. SS-Infanteriebrigade auf sich geladen hatte. Mitarbeiter Peters erzählten mir später, dass Peter panische Angst hatte, über seine SS-Tätigkeit könnte etwas Schriftliches auftauchen. Das hätte seine politische Karriere wohl schlagartig beendet. Wiesenthal gelang es trotz intensivster Nachforschungen nicht, Beweise für Peters direkte Beteiligung an Mordaktionen der 1. SS-Infanteriebrigade zu finden. Jedenfalls steigerte sich Kreisky in seiner Verteidigung Peters derart in Wut hinein, dass er den Verdacht in den Raum stellte, Wiesenthal sei selbst Nazi-Kollaborateur gewesen. Dieser Vorwurf an Wiesenthal, der mehrere Konzentrationslager überlebt hatte, verstörte viele in der SPÖ. Offiziell wurde Kreisky allerdings die Mauer gemacht.

Ich war damals erst wenige Wochen beim ORF, war in der Lernphase im Umgang mit Mikrofon und Kamera und verfolgte die Debatte gewissermaßen aus der zweiten Reihe, und zwar als Redaktionsmitglied der ZiB 2. Versuche der Redaktion, Kreisky zu einem Studiogespräch einzuladen, wurden abschlägig beschieden. Wir dachten zunächst, Kreisky wolle nur zum

Thema Wiesenthal nicht im Studio befragt werden. Aber auch spätere Einladungen zu anderen Themen wurden abgelehnt mit der Begründung: Der Kanzler der Republik lässt sich nicht ins Studio zitieren. Man könne am Dienstag beim Pressefoyer ohnehin Fragen stellen. Die Redaktion gab dann irgendwann auf und Kreisky war nie Studiogast in der ZiB 2. Erst später erfuhr ich, dass Kreiskys Sekretariat mehrmals in Eigenregie Interviewanfragen zum Thema Wiesenthal abgelehnt hat, ohne dass Kreisky davon wusste. Kreisky war bei diesem Thema so emotionalisiert, dass sein Team ihn zeitweilig abschottete, um noch größere Ausritte zu verhindern.

Kreiskys Kritik an Wiesenthal speiste sich aus zwei Quellen. Da war zunächst die Empörung, dass der ÖVP-nahe Wiesenthal mit der Veröffentlichung über Peters Vergangenheit eine Koalition mit der FPÖ unmöglich machen wollte. Dass Wiesenthal die SS-Vergangenheit Peters zufällig erfahren haben wollte, wurde ihm auch nicht abgenommen. Man erinnerte sich in der SPÖ auch daran, dass Wiesenthal an der NSDAP-Mitgliedschaft von ÖVP-Politikern wie Reinhard Kamitz und Karl Schleinzer nichts auszusetzen gehabt hatte. Wiesenthal befeuerte die Wut Kreiskys dann noch durch Interviews, in denen er sein Unverständnis äußerte, dass der Jude Kreisky so handeln könne: »Wir sind doch beide vom selben Stamm.« Das war für Kreisky vollends zu viel. Er war mit 17 Jahren aus der Israelitischen Kultusgemeinde ausgetreten und sah sich selbst damit nicht mehr als Jude. Er hatte viel investiert, in der Öffentlichkeit nicht mehr als Jude zu gelten. Er verleugnete seine jüdische Herkunft zwar nicht, das Judentum war für Kreisky eine durch gemeinsames Leid verbundene Schicksalsgemeinschaft, aber ansonsten lediglich eine Religionsgemeinschaft, die man verlassen konnte wie andere Religionen auch. Für Wiesenthal, den in einem jüdisch-orthodoxen Dorf in Polen, einem sogenannten Schtetl, aufgewachsenen Juden, war das nicht akzeptabel. Dass Wiesenthal ihn wieder zum Juden machen wollte, was er nicht mehr sein wollte, war für Kreisky unannehmbar.

Kreisky verstieg sich sogar zu der Behauptung, Wiesenthal arbeite in seinem Dokumentationszentrum mit Mafiamethoden. Die ganze Affäre führte weltweit zu Schlagzeilen und wurde besonders in Israel sehr kritisch aufgenommen. Als ihn der israelische Korrespondent Ze'ev Barth in einem Interview fragte, wie er so etwas äußern könne, reagierte Kreisky heftig: »Sagen Sie einmal, Herr Redakteur, kommen Sie zu mir, und wollen Sie vom Bundeskanzler der Republik Auskünfte haben, oder wollen Sie mit mir ein Verhör machen? Wenn Sie mit mir ein Verhör machen wollen, dann streiche ich gleich alles. Die Juden nehmen sich furchtbar viel mir gegenüber heraus, und das erlaube ich nicht. Würden Sie den Mut haben, den französischen Ministerpräsidenten so zu fragen? Das ist eine unerhörte Frechheit, ich schmeiße Sie am liebsten gleich hinaus. Weshalb muss ich Ihnen da Rede und Antwort stehen? Jetzt habe ich genug. Ich bin nicht dazu da, vor der jüdischen, der israelischen Öffentlichkeit mich wie ein Angeklagter zu verantworten.« Auf Bitten von Kreisky-Pressesekretär Kunz, der diesen Anfall mit einer »Überarbeitung« des Bundeskanzlers entschuldigen wollte, strich der Korrespondent diese Passage aus dem Interview, berichtete dann aber, was Kreisky ihm bei der Verabschiedung zwischen Tür und Angel sagte: »Wenn die Juden ein Volk sind, so ist es ein mieses Volk.« Damit war Kreisky in Israel endgültig Persona non grata.

Die *Arbeiter-Zeitung* hatte mit der Berichterstattung über die Affäre Wiesenthal auch ihre liebe Not. Sie titelte unter anderem: »Kreisky reitet erneut Attacke gegen Wiesenthal.« Das brachte der Redaktion einen empörten Anruf des Parteivorsitzenden ein: »Ich reite keine Attacken, nehmt das zur Kenntnis!« Da war ich zum Glück nicht mehr bei der *AZ* und musste mir diesen Rüffel nicht mehr anhören.

Die sogenannte Wiesenthal-Affäre endete mit einem Paradoxon. Für die meisten Österreicher handelte es sich nicht um einen Konflikt zweier Juden, sondern zwischen dem Juden Wiesenthal und dem Bundeskanzler Kreisky, der von den meisten Österreichern nicht mehr als Jude wahrgenommen wurde. Das nützte Kreisky, verstärkte aber die Stimmung in Österreich, dass man die Vergangenheit endlich ruhen lassen solle. Auch wenn man Wiesenthal nicht nur lautere Motive für seine Veröffentlichung zubilligt, bleibt die Art und Weise, wie Kreisky darauf reagierte, ein Schandfleck in seiner Vita.

PARALLELEN ZWISCHEN KREISKY UND RATHENAU

Der Konflikt Kreiskys mit Wiesenthal berührt den Kern innerjüdischer Auseinandersetzung zwischen assimilierten Juden und jenen, die am Glauben ihrer Vorfahren festhielten. Gleichzeitig mussten auch die assimilierten Juden zur Kenntnis nehmen, dass sie nie die volle Anerkennung der Gesellschaft erhielten. Der deutsch-jüdische Außenminister Walther Rathenau hat das so formuliert: »In den Jugendjahren eines jeden deutschen Juden gibt es einen schmerzlichen Augenblick, an den er sich zeitlebens erinnert: wenn ihm zum ersten Male voll bewusst wird, dass er als Bürger zweiter Klasse in die Welt getreten ist und keine Tüchtigkeit und kein Verdienst ihn aus dieser Lage befreien kann.«

Rathenau war einer der herausragenden Politiker jüdischer Herkunft am Beginn des 20. Jahrhunderts. Bruno Kreisky bezeichnete Rathenau als eine der stark charakterbildenden Persönlichkeiten seiner Jugend. Schon die Eltern Kreiskys waren von Rathenau beeindruckt. Für Kreiskys Vater war Rathenau der Inbegriff sowohl der Assimilationsbereitschaft als auch des modernen Fortschrittsglaubens, »ein bewusster Jude im märkischen Sand«, wie er formulierte.

Es gibt in Rathenaus Leben unglaubliche Parallelen zu Kreisky. Beide arbeiteten sich an ihrer jüdischen Herkunft ab – mit Unterschieden. Mit seinem unter Pseudonym geschriebenen Aufsatz »Höre, Israel!« trat Rathenau für eine radikale Assimilierung der Juden ein, verlangte aber nicht den Austritt aus den Kultusgemeinden. Tatsächlich ging Rathenau nie in die Synagoge, verließ aber im Gegensatz zu Kreisky formell nie die Israelitische Kultusgemeinde mit der Begründung: »Ein getaufter Jude ist noch kein getaufter Christ!«

So wie Kreisky hatte Rathenau von frühester Jugend an Kränkungen erlitten. Das begann schon in der Familie. Kreisky musste erleben, dass sich seine Mutter überwiegend um den kranken älteren Bruder kümmerte, Rathenau musste hinnehmen, dass sein Vater ihm den Bruder vorzog. Der Vater Emil Rathenau hatte die AEG gegründet, damals einer der größten Konzerne Deutschlands, und den älteren Bruder Walther Rathenaus für seine Nachfolge an der Spitze vorgesehen. Er hielt den schöngeistigen Sohn Walther nicht dafür geeignet. Der strebte zunächst auch eine künstlerische oder militärische Karriere an, um seinem starken Übervater auszuweichen. Da erfuhr Walther Rathenau die nächste Kränkung: In Deutschland durften Juden – anders als in der österreichisch-ungarischen Monarchie – nicht Offizier werden. Er konnte es daher nur bis zum Wachtmeister bringen. Er wandte sich dann der Publizistik zu und schrieb meist unter Pseudonymen. Er kämpfte aber weiter um die Anerkennung durch seinen Vater und übernahm, obwohl das überhaupt nicht seinen Neigungen entsprach, Funktionen in der AEG und war dort sehr erfolgreich.

Rathenau empfing in seinem mit Kunstgegenständen vollgestopften Haus die künstlerische und wirtschaftliche Elite

Berlins. Die Abende verliefen laut Zeitzeugen wie die abendlichen Zusammenkünfte Kreiskys in der Armbrustergasse. Der Gastgeber monologisierte oft bis in die frühen Morgenstunden. Der 1,90 Meter große Rathenau war eine charismatische Figur, der mit seinem Bassbariton die Zuhörer beeindruckte. Im Ersten Weltkrieg benahm er sich deutscher als deutsch. Er engagierte sich in der Rohstoffplanung, plädierte für die Verpflichtung belgischer Zwangsarbeiter in Deutschland und schlug die Bombardierung Londons durch Zeppeline vor. Das nützte ihm alles nichts. 1922 zum Außenminister berufen, wurde er endgültig zum Feindbild rechtsradikaler Kreise, das seinen Ausdruck in einem Stammtischvers fand: »Knallt ab den Walther Rathenau, die gottverdammte Judensau!« Er wurde 1922 von deutschnationalen Rechtsradikalen ermordet.

Der Lebensstil Rathenaus war großbürgerlich, wie es sich der Sohn eines Milliardärs auch leisten konnte. Kreisky war im Vergleich dazu nur bürgerlicher Herkunft, versuchte aber wie ein Großbürger zu leben, was ihn zeitweise in finanzielle Schwierigkeiten brachte. Beide Politiker waren ihren meisten Gesprächspartnern an Intellekt und Bildung überlegen. Sie waren sich dessen bewusst und zeigten es auch deutlicher, als ihrem jeweiligen Gegenüber lieb war. Das brachte ihnen den Vorwurf ein, hochmütig zu sein. Kreiskys und Rathenaus Leben war durch Rastlosigkeit gekennzeichnet. Stefan Zweig, selbst jüdischer Herkunft, war mit Rathenau befreundet und beschrieb ihn in seinem Bestseller *Die Welt von gestern* mit Worten, die auch für Kreisky gelten können: »Ich bewundere ihn nicht nur wegen der blendenden Helligkeit seines Intellekts, sondern auch aufgrund der Tatsache, dass er mit seiner tiefen Unruhe und Ungewissheit die Tragik des jüdischen Menschen verkörperte. Rathenaus pausenlose Tätigkeit war vielleicht nur ein Opiat, um eine innere Nervosität zu überspielen und die Einsamkeit zu töten, die um sein innerstes Leben lag.«

KREISKYS HUMOR

In allen Anekdotensammlungen, die in österreichischen Büchern gedruckt wurden, steht Kreisky mit Abstand an der Spitze der Eintragungen. (Wer sich darüber amüsieren will, sei auf die Bibliografie im Anhang dieses Buches verwiesen.) Meine Lieblingsanekdote stammt von einem Besuch Kreiskys im burgenländischen Ort Gols. Der Bürgermeister der roten Gemeinde stellte Kreisky die Honoratioren der Gemeinde vor, lobte einen örtlichen Unternehmer überschwänglich und fügte hinzu: »Er hat nur einen Nachteil: Er is a Schwarzer!« Kreisky darauf trocken: »Es muass solche a gebn!« Kein Politiker konnte so gekonnt von der Schriftsprache in den tiefsten Wiener Dialekt wechseln, ohne dass es peinlich wirkte. In vielen Anekdoten von und über Kreisky steckt der jüdische Humor, den zum Beispiel Friedrich Torberg in seiner *Tante Jolesch* eingebaut hat, aus der Kreisky gern zitierte. Der antisemitische Witz, der über Juden in herabsetzender Weise erzählt wird, hat damit nichts zu tun. Im klassischen von Juden erzählten Witz machen sich Juden meist über sich selbst lustig. Sigmund Freud hat den jüdischen Witz als die einzige Waffe des Wehrlosen definiert, mit der die jahrtausendelange Verfolgung erträglich gemacht wurde. Hervorstechendstes Merkmal ist die distanzierende, oft bittere Selbstironie, die auch bei Kreisky manchmal aufblitzte. Als er auf den Holocaust angesprochen wurde, antwortete Kreisky: »Sie werden verstehen, dass ich meine Person aus den Erörterungen über diese Problematik ausklammern muss. Es ist ja klar, dass die Karnickel Gegner der Vivisektion sind.«

Wenn Kreisky einen Fauxpas begangen hatte, betrieb er beträchtlichen Aufwand, dies auf humorvolle Weise wieder gut zu machen. Als er zum 25-Jahre-Jubiläum des Staatsvertrages für das Fernsehen interviewt wurde, zeigte er auf das bekannte, riesige Staatsvertragsgemälde und meinte ironisch: »Das Punkterl auf dem Schinken bin i!«. Einige Tage später langte im Kanzleramt ein böser Brief des Künstlers Professor Robert Fuchs ein, er sei tief bestürzt, dass der Kanzler sein bedeutendes Werk mit der Bezeichnung »Schinken« abgewertet habe. Jeder andere Politiker hätte sich mit einem Brief entschuldigt, Kreisky suchte nach einer eleganteren Lösung. Er schickte seinen für Kulturangelegenheiten zuständigen Sekretär Wolfgang Mayer-König in die Nationalbibliothek, um irgendetwas Entlastendes für den Lapsus Linguae zu finden. Nach langem Suchen meldete sich der Sekretär bei Kreisky: »Herr Bundeskanzler, in Meyers Konversationslexikon aus dem Jahre 1884 steht: ›Schinken auch für Kolossalgemälde‹.« Kreisky diktierte dann einen Brief an den Professor. »Ich bin einigermaßen über Ihren Brief erstaunt: Nichts lag mir ferner, als Sie herabzusetzen. Sie beschweren sich über den von mir verwendeten Begriff ›Schinken‹. In Meyers Konversationslexikon von 1884 ist klar definiert, dass man darunter ein Kolossalgemälde versteht.« Professor Fuchs nahm es nun mit Humor und antwortete: »Sehr geehrter Herr Bundeskanzler! Sie beschämen mich mit meiner Unbildung … In tiefer Verehrung, Ihr Robert Fuchs.«

Kreiskys Humor kam besonders zum Tragen, wenn er Reden abseits der Politik halten musste. So war er sich nicht zu schade, bei der Verleihung des Faschingsordens zum Lieben Augustin an den bayrischen Ministerpräsidenten Franz Josef Strauß im Jänner 1967 im Wiener Rathaus – er war noch nicht Parteiobmann – die Laudatio zu halten. Strauß war damals für alle Linken ein absolutes Feindbild. Kreisky leitete seine Rede mit der Bemerkung ein, dass die Laudatio eines Sozialdemokraten für Strauß einem politischen Ritt über den Bodensee gleichkomme. Dann garnierte er seine Ausführungen mit einigen subtilen Bosheiten. Die Revanche erfolgte 13 Jahre später, als Kreisky in München 1980 den Karl-Valentin-Orden verliehen bekam. Strauß hielt die Laudatio und witzelte darüber, dass Kreisky mit seiner Außenpolitik offenbar davon ausgehe, dass die UdSSR der bedeutendste Pufferstaat zwischen Österreich und China sei. Wahrscheinlich frage sogar Breschnew bei Österreichs Führer, ob er in Afghanistan einmarschieren dürfe oder nicht: »Da bleibt einem wohl nur Bewunderung und Stolz darauf, einst den späten Nachfahren berichten zu dürfen von einem, der auszog, die Völker der Erde das Fürchten und Zittern vor der Republik Österreich zu lehren«.

Kreisky bedankte sich artig für all »die Blütenträume, die Franz Josef Strauß mir teils über-, teils geringschätzig, sicher aber neidvoll zuschreibt«. Wenn diese Träume aber reifen sollten, werde es auch einen Bruno-Kreisky-Orden geben, »und Franz Josef Strauß wird groteskerweise einer der ersten sein, der ihn bekommt«. Dann erinnerte Kreisky an den Plan des britischen Premierministers Winston Churchill, nach dem Zweiten Weltkrieg Deutschland in mehrere Staaten aufzuteilen. Bayern und Österreich sollten gemeinsam Süddeutschland bilden. Kreisky war zugetragen worden, dass Strauß einige Zeit zuvor überlegt hatte, was das für ihn bedeutet hätte: »Da hat der Herr Ministerpräsident von Bayern in besinnlichen Stunden die sozialdemokratischen Stimmen beider Länder zusammengezählt und gemeint, er wäre statt mir Regierungschef des gemeinsamen Staates Bayern-Österreich. Mag schon sein, dass es so gekommen wäre, aber leicht hätt' ich es ihm nicht gemacht.« Die Vorstellung eines Wahlkampfes zwischen Kreisky und Strauß erheiterte die geladenen Gäste. TV-Zuschauer konnten verfolgen, dass Strauß diese Pointe mit breitem Lachen genoss.

Ein Gustostückerl an Humor lieferte Kreisky ab, als er 1973 als Bundeskanzler eingeladen wurde, bei einem Festakt zum 125-jährigen Bestand der Tageszeitung *Die Presse* eine Rede zu halten. Der Festakt fand im Theater in der Josefstadt statt. Die damals im Eigentum der Bundeswirtschaftskammer stehende *Presse* war deutlich konservativer als heute und grundsätzlich sehr kritisch gegenüber der SPÖ-Regierung. Trotzdem gab es einige Redakteure der *Presse,* die den Bildungsbürger Kreisky schätzten. Kreisky nahm darauf in seiner Rede Bezug, indem er einem Blatt gratulierte, »das – wie man so nobel einmal sagte – liberal, aber grundsätzlich regierungsfreundlich gewesen sein soll. Dass sie es heute nicht mehr ist, darüber wachen so manche hier. Aber hie und da weht ein dünner Hauch davon noch durch die Spalten. Wer da wohl verreist sein kann?, frage ich mich dann. Was soll ich Ihnen also heute sagen? *Die Presse* loben? Das könnte ihr beim Herausgeber schaden. Sie kritisieren? Das wäre gerade heute den Redakteuren gegenüber taktlos. Sie ironisieren? Das vertragen zwar die Redakteure, aber angeblich seit Jahrzehnten nicht mehr die Leser.« Kreisky übergab dann als Geburtstagsgeschenk als Zeichen seiner persönlichen Wertschätzung eine Originalkarikatur von Josef Danilowatz aus dem Jahre 1914 und erläuterte dem Publikum im Saal gleich die Zeichnung: »Sie zeigt den eingeschlummerten Grafen Berchtold, bedauerlicherweise eingeschlummert bei der Lektüre der *Presse,* denn sie liegt zuoberst«. Nach diesen gar nicht versteckten Bosheiten bezeichnete er *Die Presse* abschließend uneingeschränkt als unentbehrliche Zeitung für Österreich, die keine Konzessionen an den Boulevard macht. Unter den vom *Presse*-Verlag geladenen Gästen waren sicher nicht viele SPÖ-Wähler. Trotzdem gab es tosenden Applaus. Es ist nicht auszuschließen, dass Kreisky bei dieser Veranstaltung wieder einige Bürgerliche überzeugt hatte, ein Stück des Weges mit der Sozialdemokratie zu gehen.

Kreisky selbst war immer wieder Gegenstand humoristischer Zeichnungen. Die Karikaturisten lieferten sich einen Wettstreit, wer Kreiskys politisches Wirken am besten »auf die Schaufel« nehmen konnte. Führender Karikaturist dieser Zeit war der Architekt Gustav Peichl, der unter dem Pseudonym Ironimus in der Tageszeitung *Die Presse* mit spitzer Feder die Politiker aufs Korn nahm. Kreisky akzeptierte Karikaturen mit verständnisvollem Humor. Aber nicht immer. Einmal rief er Peichl an: »Sie haben mich wieder sehr gut gezeichnet, Herr Professor, wirklich sehr gut!« Nach einer Kunstpause folgte der Nachsatz: »Aber inhaltlich ist die Karikatur ganz falsch!«

KREISKYS JÜDISCHE IDENTITÄT

Über Kreiskys jüdische Identität haben Journalisten in dessen aktiver Zeit wenig geschrieben. Zu groß war offensichtlich die Gefahr, damit antisemitische Klischees zu bedienen. Gestreute Gerüchte gab es aber schon. Ein ÖVP-Abgeordneter wollte mir einmal zu später Stunde in der Milchbar des Parlaments einreden, dass Kreiskys trickreiches politisches Handeln typisch jüdisch sei. Das war natürlich der Versuch, das Stereotyp vom hinterlistigen falschen Juden in der Öffentlichkeit zu streuen. Ein Vergleich mit nichtjüdischen Politikern entlarvt die Behauptung des ÖVP-Abgeordneten als perfiden Antisemitismus.

Der preußische Ministerpräsident Otto von Bismarck lavierte sein Land mit akrobatischer Geschicklichkeit zwischen den europäischen Mächten. Er scheute auch nicht davor zurück, eine Depesche – die sogenannte Emser Depesche – so zu fälschen, dass er damit Frankreich 1870 in den Krieg trieb. Legendär sind die Intrigen des deutschen Kanzlers Konrad Adenauer, der mit lancierten Meldungen in Zeitungen vor allem seine eigene Partei vor sich hertrieb. Wenn der Widerstand zu groß war, dementierte er, es jemals so gesagt zu haben. Gegenüber einem Journalisten verbarg er erst gar nicht den Zynismus, mit dem er seine Informationspolitik betrieb:

»Ich gebe Ihnen das Interview zur Hälfte gelogen, dann verdienen Sie noch etwas am Dementi!« Winston Churchill war auch ziemlich skrupellos in Ausübung seiner Macht. Er begann seine Karriere als junger Abgeordneter bei den Konservativen, wechselt später zu den Liberalen und dann wieder zurück zu den Konservativen. Seine selbstgefällige Erklärung: »Jeder kann einmal das Lager wechseln, aber es bedarf einer gewissen Genialität, zurück zu wechseln!« Alle drei genannten Regierungschefs taten das, was Kreisky auch gemacht hat: Ihre Nachfolger als unfähig darzustellen.

Beispiele der Machtausübung mit Tricks gibt es natürlich auch aus der österreichischen Innenpolitik. Leopold Kunschak, Obmann des ÖAAB nach 1945, verlas einen Antrag und sagte weiter, ohne aufzuschauen: »Dieser Antrag ist angenommen.« Erst danach blickte er auf, und niemand wagte dagegenzureden. Ähnliches wird von ÖVP-Kanzler Julius Raab berichtet: »Dieser Antrag ist einstimmig angenommen!« ÖVP-Granden witzelten später: »Einstimmig, damit meint er mit einer Stimme, nämlich seiner!« Raab wehrte sich auch gegen schriftliche Festlegungen. Legendär ist sein Satz: »Jedes Schriftl ist ein Giftl!« Er begründete das so: »Ich mag keine Protokolle, denn man kann das Abgemachte ja nicht mehr so interpretieren, wie man es gemeint hat!« In Wahrheit ging es Raab darum, einen Beschluss so zu fassen, dass man ihn ohne Befassung von Gremien ändern konnte, wenn die Erhaltung der Macht gefährdet war. Da konnte eine vorher schriftlich gefasste Regelung hinderlich sein. Die Beispiele zeigen, dass jedenfalls bei Kreiskys Machtausübung nichts spezifisch Jüdisches auszumachen ist, es sind dies die Mechanismen der Machterhaltung, wie sie in der Politik oft zu beobachten sind.

Der katholische Publizist und Psychologe Wilfried Daim hat Mitte der 1970er-Jahre einen Versuch gewagt, Kreiskys Verhalten gegenüber Wiesenthal mit seinem Judentum zu erklären: »Der Austritt aus der Kultusgemeinde konnte nicht ohne Schuldgefühle einhergehen. Das Verlassen einer schon damals erkennbar bedrohten Minderheit ist ein moralisches Problem höchster Intensität. Denn in weiten Kreisen des Judentums gilt das Verlassen des Bedrohten und Schwachen als etwas Verächtliches«. So haben das vielleicht gläubige Juden wie Simon Wiesenthal empfunden, aus Kreiskys Verhalten ist das nicht ablesbar. Daim schrieb diese Analyse im Diskussionsorgan der ÖVP *Österreichische Monatshefte* am Höhepunkt der Affäre Wiesenthal unter Pseudonym, nach eigener Aussage aus Angst vor Repressionen – wohl auch, um sich nicht dem Vorwurf des Antisemitismus auszusetzen.

Kreisky hat in seinem Leben, vor allem während seines Gefängnisaufenthaltes, selbst über ein mögliches Erbgut nachgedacht, das in ihm stecken könnte. Er las im Gefängnis alles, was er über Rassentheorien und Vererbung bekommen konnte, wurde daraus aber nach eigenen Angaben nicht schlau. In seinen Memoiren schreibt er: »Zur Formung meines Charakters hat natürlich auch der Umstand beigetragen, dass ich jüdischer Herkunft bin. Umso lächerlicher sind die teils versteckten, teils offenen Vorwürfe, ich versuchte, mich meines Judentums zu entledigen«. Er freue sich über seine spezifische jüdische Herkunft, weil sie ihn für die Tradition und die Literatur aufgeschlossen hat. Jude sein bedeute aber nicht notwendigerweise Anderssein. Er habe Glück mit seinen Eltern gehabt. Orientalische Juden hätten diese Prägung in der Regel nicht. Man könne also nicht allgemein von jüdischen Eigenschaften sprechen.

Die jüdische Religion erforderte in der Regel eine intensive Beschäftigung mit den 2500 Jahre alten religiösen Texten. Die oft widersprüchlichen Texte des Talmud musste sich der gläubige Jude erarbeiten, er musste sie interpretieren. Das erforderte eine frühe Alphabetisierung, jedenfalls früher als in den anderen monotheistischen Religionen Christentum und Islam. Die Auslegung der überlieferten Texte geschah nicht nur durch die Rabbiner, sondern auch durch die Gläubigen selbst. Das geschah durch Rede und Gegenrede, oft durch ein Streitgespräch mit dem Sitznachbar in der Schule. Das schult natürlich den Geist. Friedrich Heer, katholischer Publizist, hat das so formuliert: »Die sich säkularisierenden Juden bezeugen an unseren Universitäten eine Intellektualität, die in Jahrhunderten, ja Jahrtausenden sich am Wort der Bibel und ihrer Auslegung geschult hat.« Kreisky hat das auch eingeräumt: »Der fortgesetzte Umgang mit der Schrift und dem Wort hat natürlich eine gewisse Prädisposition für intellektuelle und künstlerische Berufe geschaffen.« Das dürfe man aber nicht verallgemeinern und als spezifisch jüdisch bezeichnen: »Es gibt auch furchtbar dumme Juden!«

Bruno Kreisky gehörte offensichtlich zu den gescheiten Juden. Die ausgeprägte Lust am Streitgespräch kann man vielleicht als jüdisches Erbe Kreiskys bezeichnen, als eine in der Kindheit und Jugend erworbene Geschicklichkeit im Umgang mit Rede und Gegenrede. Kreiskys Sohn Peter nannte das den Missionierungsdrang seines Vaters. Aus dieser Prägung heraus war das Pressefoyer mit den auf ihn einprasselnden Fragen für Kreisky das ideale Forum für die Vermittlung seiner politischen Inhalte.

In einem langen Interview nach seinem Ausscheiden aus der Politik reflektierte Kreisky noch einmal ausführlich über sein Verhältnis zum Judentum. Das Interview wurde erst nach Kreiskys Tod in einem Sammelband mit dem Titel *Jüdische Portraits* publiziert. Dieser Titel hätte ihm sicherlich nicht gefallen. Er verwahrte sich im Gespräch mit der Interviewerin, wie immer schon, gegen die Bezeichnung »österreichischer Jude«. Er sei, wenn diese Bezeichnung überhaupt notwendig sei, »Österreicher jüdischer Herkunft«. Die Juden waren für Kreisky weder eine Rasse noch ein Volk, sondern lediglich eine Religionsgemeinschaft, die man verlassen konnte wie jede andere Religion auch. Kreisky bekannte sich jedoch zur

Schicksalsgemeinschaft der Juden: »Das Wissen von Auschwitz ist das einzige, was mich vorbehaltlos an meine jüdische Herkunft bindet. Ohne Auschwitz würde mich meine Beziehung zum Judentum zu keinem bestimmten Verhalten und zu keiner bestimmten Einstellung verpflichten. Auschwitz ist das Schicksal der Juden, dem auch diejenigen nicht entrinnen können, die ihre jüdische Abstammung für mehr oder weniger beliebig halten.«

Das Ende der Ära Kreisky

DAS MALLORCA-PAKET

Kreisky war ein Instinktpolitiker mit einem feinen Gespür für Öffentlichkeitsarbeit. Gegen Ende seiner Kanzlerschaft, sichtlich geschwächt durch seine Krankheiten, verließ ihn aber diese Eigenschaft. Das trat beim sogenannten Mallorca-Paket offen zutage. Ende Dezember 1982 tauchte das Gerücht auf, dass trotz der für April 1983 anstehenden Nationalratswahl eine neue Steuer auf Zinsen von Sparbucheinlagen eingeführt werden könnte. Ich war zu dieser Zeit auf Weihnachtsurlaub. ZiB-Redakteur Wolfgang Pav erreichte Kreisky Anfang Jänner telefonisch auf Mallorca und erhielt für den 7. Jänner einen Interviewtermin (mit der aufgrund der damaligen begrenzten technischen Möglichkeiten geplanten Ausstrahlung des Gesprächs am 8. Jänner). Die Überlegung, dass Kreisky kein dreiköpfiges Fernsehteam mit einem gecharterten Flugzeug zwei Tage nach Mallorca fliegen ließ, ohne »News« zu liefern, bestätigte sich gleich beim Eintreffen in der Kreisky-Villa. »Der Salcher kommt in ein paar Minuten«, meinte Kreisky.

Finanzminister Salcher hatte große Probleme bei der Budgeterstellung und war zu Kreisky nach Mallorca gereist, um über neue Einnahmen zu beraten. Ohne Wissen des ORF-Redakteurs war Salcher zum Doppelinterview bestellt worden. Die Arbeitsteilung war typisch Kreisky. Er verkündete die *good news*: Es gäbe einige wichtige Vorhaben zum Wohle der Bevölkerung umzusetzen. Salcher war für die *bad news* zuständig: Die dafür notwendigen Mittel müssten durch eine moderate Besteuerung des 13. und 14. Monatsgehalts und der Besteuerung der

Zinsen von Bankguthaben aufgebracht werden. Diese Aussagen waren so sensationell, dass der ORF-Redakteur meinte, das müsste noch am selben Tag gesendet werden. Damals war allerdings eine Übertragung eines TV-Interviews von Mallorca nach Wien technisch noch nicht möglich. Lediglich der Ton konnte per Telefon übermittelt werden. Und so wurde dann am 7. Jänner in der »Zeit im Bild« ein Tonband von Kreisky gesendet – unterlegt mit einem Standbild. Das Video mit dem Doppelinterview wurde erst am Samstag, 8. Jänner, in der »Zeit im Bild« ausgestrahlt. Das Ganze war werbetechnisch eine Katastrophe, zumal nicht einmal SPÖ-Wahlkampfchef Karl Blecha vorab informiert worden war. Aus der geplanten 10-prozentigen Steuer auf die Zinsen wurde von der Opposition mit tatkräftiger Unterstützung der *Kronen-Zeitung* die »Sparbuchsteuer«. Der Ort der Ankündigung machte das Ganze zum »Mallorca-Paket«. Es gelang der SPÖ dann nur unzureichend klarzumachen, dass die neue Steuer nicht von den Einlagen, sondern nur von den Zinsen zu entrichten sei.

In einem kurzen Gespräch nach dem Interview fragte Wolfgang Pav den Kanzler, wie denn eigentlich diese Idee der Zinsen-Besteuerung entstanden sei. Kreisky schien die Frage erwartet zu haben: »Vera, bringst des Büchl!« Frau Kreisky brachte ein Sparbuch einer Schweizer Bank. Kreisky erklärte, dass seine Frau eine medizinische Behandlung in der Schweiz gehabt habe. Er hätte dafür eine größere Geldsumme ins Nachbarland transferieren müssen und auf ein Sparbuch gelegt: »Alles ganz offiziell über die Nationalbank«, wie Kreisky betonte. Es stellte sich dann heraus, dass von den Zinsen ein ordentlicher Betrag einbehalten worden sei: »Da schau'n Sie, 35 Prozent haben sie uns abgezogen, 35 Prozent! Wir machen nur 10 Prozent!« Dazu kam es aber nicht. Angesichts des Widerstands gelangt es erst 10 Jahre später, diese Steuer einzuführen. Damals war die Quellensteuer auch parteiintern nicht unumstritten, Androsch hatte sich schon in seiner Zeit als Finanzminister dagegen ausgesprochen. Mittlerweile wird eine Steuer auf Zinsen in fast allen Ländern eingehoben.

Dass die SPÖ bei der darauffolgenden Nationalratswahl 1983 trotzdem fast 48 Prozent der Stimmen bekam, grenzt an ein Wunder, zumal auch der schlechte Gesundheitszustand Kreiskys für jeden Fernsehzuschauer offensichtlich war. Die Cutterinnen im ORF-Schneideraum waren entsetzt über den fast wöchentlich sichtbarer werdenden körperlichen Verfall des Kanzlers. Kreisky hatte einige Monate vor der Wahl parteiintern signalisiert, er könne aus gesundheitlichen Gründen keinen Wahlkampf mehr bestreiten und wolle nicht mehr kandidieren. Ohne Kreisky sahen die SPÖ-Spitzen den Wahlerfolg gefährdet, daher pilgerten einige Parteigranden zu Kreiskys Wohnsitz in der Armbrustergasse, versprachen ihm totale Entlastung beim Wahlkampf – und Kreisky erklärte sich bereit, noch einmal anzutreten.

Angesichts der nicht mehr zu beschönigenden Gesundheitsprobleme Kreiskys sollte ein ärztliches Attest die Öffentlichkeit beruhigen. Das Gutachten, das von fünf hochkarätigen Medizinern einschließlich von Kreiskys Hausarzt Prof. Anton Neumayr erstellt war, fiel aber nicht zu Kreiskys Zufriedenheit aus. Darin hieß es unter anderem: »Die Sorgen des Konsiliums liegen in zwei Punkten: erstens in der Gefahr der Überforderung des Herzens bei Anstrengungen und Zweiterkrankungen, zweitens in der eingeschränkten Nierenfunktion. Wir sind der Überzeugung, dass letztere, wenn die entsprechende Behandlung fortgesetzt wird, auch über Jahre unter Kontrolle gehalten werden kann. Das gleiche gilt für die Anämie, wenngleich diese eine gewisse Einschränkung der Leistungsfähigkeit mit sich bringt. Die Herz-Kreislaufsituation hingegen, sehr geehrter Herr Bundeskanzler, zwingt uns dazu, Sie darauf hinzuweisen, dass Sie sich bei übermäßigen Belastungen und Anstrengungen einer erhöhten Gefährdung aussetzen.« Das war kein Freibrief für die neuerliche Kandidatur. Damit konnte man keinesfalls in einen Wahlkampf gehen. Neumayr hielt in seinen Lebenserinnerungen die Reaktion Kreiskys fest: »Ein hörbar verstimmter und übel gelaunter Regierungschef gab mir ohne lange Umschweife mit deutlichen Worten zu verstehen, dass er sich leider in seinem Vertrauen zu mir als seinem langjährigen Arzt schwer getäuscht habe, und er tadelte mein aus seiner Sicht völlig unverständliches Verhalten auch aus menschlichen Gründen. Meine Erklärung, dass ich als Arzt nur sein persönliches Wohl als Patient und nicht als Politiker im Auge behalten müsse, blieben fruchtlos«.

Daraufhin nahm Gesundheitsminister Steyrer das Ganze in die Hand und organisierte ein neues Attest, an dem Professor Neumayr nicht mehr beteiligt war. In diesem neuen Gutachten wurde dem Kanzler uneingeschränkte Regierungsfähigkeit bescheinigt. Zwar wurde auf die Niereninsuffizienz verwiesen, doch diese sei gut beherrschbar. Die anderen Gesundheitsprobleme Kreiskys wurden nicht als einschränkend erwähnt. Das war eine medizinische und politische Fehlentscheidung von Steyrer und der daran beteiligten Ärzte. Offen muss bleiben, ob Kreisky es ernst gemeint hatte, nicht mehr antreten zu wollen, oder ob er nur gebeten werden wollte. Ich neige zu Letzterem. Das Nachrichtenmagazin *profil* hatte Wind davon bekommen, dass das erste Attest für Kreisky nicht zufriedenstellend war, und gemutmaßt, es sei Druck auf die Mediziner ausgeübt worden, ein zweites günstigeres Attest zu erstellen. Kreisky verlangte dann von den Ärzten eine Richtigstellung, was diese mit einem Leserbrief auch taten. Hätte Kreisky wirklich nicht mehr kandidieren wollen, wie er zunächst angekündigt hatte, hätte er für Neumayrs Weigerung Verständnis haben müssen. Man findet dazu in Gustave Le Bons *Psychologie der Massen* eine psychologische Deutung, die Kreiskys Verhalten vielleicht erklärt. Für Le Bon opfern Führer für die Befriedigung ihrer Geltungssucht fast alles, persönliche Interessen, die Familie und auch die eigene Gesundheit:

»Sogar der Selbsterhaltungstrieb ist bei ihnen ausgeschaltet, und zwar in solchem Maße, dass die einzige Belohnung, die sie oft anstreben, das Martyrium ist.« Nach dem Verlust der absoluten Mehrheit 1983 trat Kreisky zurück, sodass seine durch Krankheit eingeschränkte Regierungsfähigkeit nicht mehr sichtbar wurde. Erst zwei Jahre später nahm er wieder Kontakt zu Professor Neumayr auf und zeigte ein gewisses Verständnis für dessen Haltung.

DER SCHWERKRANKE KREISKY

Als Kreisky 1983 sichtlich gezeichnet in den Wahlkampf ging, wussten nur wenige, dass der SPÖ-Chef schon Anfang der 1970er-Jahre große gesundheitliche Probleme hatte. Das Tagebuch von Marietta Torberg, geschiedene Frau des Schriftstellers Torberg und langjährige Freundin Kreiskys, bestätigt das. (Kreisky-Sekretär Wolfgang Petritsch hat für seine Kreisky-Biografie Einblick in dieses Tagebuch erhalten.) Bereits im Jänner 1970, also zwei Monate vor der entscheidenden Wahl im März, hielt Marietta Torberg fest: »Erste Andeutung: Ill all over, doesn't look good; I'm worried, he is beginning to be worried too.« Einige Wochen später, wenige Tage vor der Nationalratswahl, die der SPÖ erstmalig die relative Mehrheit brachte, notierte sie: »Pretty bad news from doctor.« Ein erster Schlaganfall wurde als »Schlagerl« verniedlicht. Dass Kreisky den nächsten Schlaganfall überlebte, verdankte er wahrscheinlich seinem geistesgegenwärtigen Chauffeur Blauensteiner. Als Kreisky im Auto plötzlich Sprechschwierigkeiten hatte, fuhr dieser sofort in das Krankenhaus Rudolfsstiftung. Die Öffentlichkeit erfuhr auch nicht, dass Kreisky einmal bewusstlos ins Hanusch-Krankenhaus eingeliefert wurde. Dazu kamen

Für das Wahlplakat 1979 (links) musste auf eine Aufnahme aus dem Vorjahr zurückgegriffen werden, weil Kreiskys Krankheitszustand bereits sichtbar war. 1983 (rechts) war der körperliche Verfall auf dem Wahlplakat nicht mehr zu übersehen.

im Verlauf der Kanzlerjahre Operationen an Galle und Prostata, Herzprobleme, Diabetes, Bluthochdruck und schließlich der Verlust der Sehkraft am rechten Auge.

Das Versagen der Nieren wurde schließlich so akut, dass Kreisky ab Jänner 1982 bis zu dreimal pro Woche zur Dialyse musste. Jeder Mediziner wird bestätigen, dass ein Dialysepatient außer der physischen Belastung auch enorme psychische Probleme hat: vor der Dialyse müde und depressiv, nach der Dialyse – wenn das Blut gereinigt ist – euphorisch. Auch die Abhängigkeit von der Dialyse-Maschine belastet psychisch schwer. Schließlich musste vor jeder Reise geklärt werden, wo eine Dialyse-Station zur Verfügung stand. Die Stimmungsschwankungen, denen jeder Dialysepatient unterliegt, bekam seine Umgebung ebenso mit wie die Journalisten beim Pressefoyer, an dem Kreisky bis zu seinem Rücktritt festhielt. Kreiskys engere Mitarbeiter sahen sich plötzlichen Wutanfällen aus nichtigem Anlass gegenüber, die sie in früheren Jahren nicht erlebt hatten.

KREISKY IM ALTER

Bei den Nationalratswahlen 1983 erhielt die SPÖ »nur« noch 47,6 Prozent der Stimmen und verpasste damit die absolute Mehrheit. Das war angesichts der nicht zu übersehenden Gesundheitsprobleme Kreiskys und der verunglückten Präsentation des sogenannten Mallorca-Pakets ein erstaunlich gutes Ergebnis. Die absolute Mehrheit war natürlich weg. Kreisky erklärte noch am Wahlsonntag abends im Fernsehen, dass er von allen politischen Ämtern zurücktrete. ORF-Redakteur Rudolf Nagiller war zunächst perplex und fragte, ob das auch für den Parteivorsitz gelte. Kreisky bestätigte, das gelte für alle Funktionen. Ich erlebte dieses historische Ereignis als Zuschauer vor dem TV-Schirm gemeinsam mit Journalisten und Parteiangestellten in der SPÖ-Zentrale in der Löwelstraße.

Der schwerkranke Kreisky bei seiner letzten Wahlkonfrontation im Fernsehen, hier mit dem damaligen Leiter des Magazins »Politik am Freitag« Peter Rabl.

Meine Arbeit als Interviewer hatte ich vor einer halben Stunde beendet gehabt. Die Erklärung Kreiskys schlug wie eine Bombe ein. Eine der Sekretärinnen Kreiskys bekam einen Weinkrampf. Auch männliche Parteiangestellte hatten feuchte Augen. Es war allen klar, dass sie das Ende einer Ära erlebt hatten. Die Jüngeren kannten nur Kreisky als Parteivorsitzenden. Er war immerhin 16 Jahre (1967–1983) lang an der Spitze der SPÖ gestanden. Der Rücktritt Kreiskys war sicher eine Folge seines schlechten Gesundheitszustands, angesichts dessen er sich die Mühen einer Koalitionsregierung nicht mehr antun wollte.

Schon vor dem Wahlgang hatte es informelle Absprachen gegeben, dass die SPÖ bei Verlust der absoluten Mehrheit eine Koalition mit der FPÖ eingehen würde. In der damaligen FPÖ-Führung um Norbert Steger war man allerdings davon ausgegangen, dass diese Koalition unter Führung von Bruno Kreisky stehen würde, dessen Ansehen auch in der FPÖ sehr groß war. Kreisky hatte aber schon die Weichen für seine Nachfolge gestellt: Unterrichtsminister Fred Sinowatz. FPÖ-Obmann Steger und sein Umfeld waren aber nicht überzeugt, dass Sinowatz der geeignete Politiker sei, der die Koalition kraftvoll führen könne. Steger machte einen Versuch, eine andere Lösung herbeizuführen. Er meldete sich bei Kreisky an und beschwor ihn, Hannes Androsch als Bundeskanzler zuzulassen, weil dies eine bessere Garantie für ein Funktionieren der Koalition gewährleisten würde. Kreisky lehnte schroff ab. Steger unterschätzte da offenbar die Abneigung, die Kreisky gegenüber Androsch aufgebaut hatte. Eine Koalition SPÖ-FPÖ mit Androsch an der Spitze hätte sicherlich länger Bestand gehabt als unter der Führung von Sinowatz.

Noch stabiler wäre eine Koalition SPÖ-FPÖ unter Kreiskys Führung gewesen. Ohne seine Gesundheitsprobleme wäre Kreisky sicher nicht zurückgetreten. Dann hätte er am Ende dieser Legislaturperiode auf 17 Jahre Kanzlerschaft (1970–1987) zurückblicken können. Unter der Voraussetzung, dass Androsch geduldig auf die Nachfolge gewartet hätte, ein Armutsgelübde abgegeben und sich in Sack und Asche gekleidet hätte, wäre Androsch 17 Jahre Kronprinz gewesen. Eine derart lange Wartezeit kann man dem Müßiggänger Charles aus dem britischen Königshaus zumuten, nicht aber einem ehrgeizigen Politiker wie Androsch.

Nach seinem Rücktritt 1983 verbrachte Kreisky viel Zeit in seinem Haus auf Mallorca. Besucher fanden ihn einsam, unversöhnlich und verbittert vor. Er sandte in Interviews immer wieder Giftpfeile in Richtung seiner eigenen Partei. Außer Androsch kamen auch seine Nachfolger als Bundeskanzler Sinowatz und Vranitzky nicht gut weg. Dabei wurde er gegen Ende seines Lebens immer ungerechter, als er etwa meinte, Bundeskanzler Vranitzky sei ja »kein richtiger Antifaschist«. Das war nun wirklich ein schweres Foul. Es war nämlich Vranitzky, der als erster Bundeskanzler Österreichs in einer Regierungserklärung die Mitverantwortung und Mittäterschaft vieler Österreicher am Holocaust betonte und dies auch in einer in Israel viel beachteten Erklärung vor der Knesset bekräftigte. Es ist nicht auszudenken, wie Kreisky seine späteren Nachfolger in Parteivorsitz und Kanzleramt eingeschätzt hätte. Da wären ihm wohl die Verbalinjurien ausgegangen.

Wer immer Kreisky auf Mallorca besuchte, musste sich seine Enttäuschung über Androsch anhören. Dabei griff er zu Beleidigungen und Unterstellungen, die so übers Ziel schossen, dass Journalisten es mehrmals nicht wagten, dies zu veröffentlichen. Das nahm Züge von Paranoia an. Er machte Androsch auch verantwortlich dafür, dass er auf einem Auge erblindete. Bei der Eröffnung des Arlberg-Tunnels habe er sich über Androsch derart geärgert, dass er einen Knall im Auge verspürte, was schließlich zur Erblindung führte. Aus dem später publik gewordenen Krankenakt ging allerdings hervor, dass Kreisky offensichtlich einem ärztlichen Behandlungsfehler zum Opfer gefallen war. Kreisky war durch den Wind ein Sandkorn ins Auge geblasen worden, was in Innsbruck und dann im AKH Wien nicht adäquat behandelt worden war. Beim Versuch, das Augenlicht zu retten, wurde Kreisky in einer Klinik in Boston mit einem Medikament behandelt, dass die ohnehin schon angegriffenen Nieren Kreiskys abermals schwächten. Die Verletzung Kreiskys am Auge kam auch beim Pressefoyer zur Sprache. Beim ersten Ministerrat nach der Eröffnung des Arlberg-Tunnels – die Zeitungen hatten darüber bereits berichtet – wagte kein Journalist, Kreisky auf seine Augenverletzung anzusprechen. Am Ende des Pressefoyers mit den üblichen Fragen zur aktuellen Politik sagte Kreisky: »Und zu meinem Aug' fragt's mich nix?« Dann erzählte er, dass ihm dies bei der Eröffnung des Arlbergs passiert sei. Dass Androsch daran schuld sei, davon war damals noch nicht die Rede. Das thematisierte Kreisky erst später.

Das Diktum von Fred Sinowatz, der Konflikt zwischen Kreisky und Androsch sei wie in einer griechischen Tragödie abgelaufen, wo am Ende alle schuldlos schuldig werden, kann man auch anders sehen. In diesem Konflikt sind beide Seiten schuldig geworden: Kreisky, weil er zu lange an der Macht festhielt, Androsch, weil er zu früh aufgezeigt hat und weil er glaubte, sein Streben nach Reichtum sei mit der Funktion eines hohen Regierungsamtes vereinbar. Dieses Dilemma konnten weder die beiden Kontrahenten noch irgendjemand anderer aus der SPÖ auflösen. Androsch war sicher einer der fähigsten Politiker der Zweiten Republik. Gegen Ende seines Lebens hat Kreisky das auch eingeräumt. Johannes Kunz, Pressesekretär von Kreisky Anfang der 1970er-Jahre und später TV-Intendant, hat das erlebt. Bei seinem letzten Zusammentreffen mit Kreisky – knapp vor seinem Tod – in einem Restaurant begann dieser, so wie fast immer, wieder von seiner Enttäuschung über Androsch zu reden. Nach einer längeren Pause sagte Kreisky plötzlich: »Aber ein Kaliber war er schon!«

DER NARZISST

Viele erfolgreiche Menschen sind narzisstisch veranlagt, suchen nach Aufmerksamkeit und Anerkennung. Eine gewisse Eigenliebe ist für jeden Menschen notwendig, trägt zu seinem Wohlbefinden bei. Bruno Kreisky hatte aber ein derart ausgeprägtes Ego, dass man wohl von einer stark narzisstischen Prägung ausgehen muss. Das Bedürfnis nach Liebe, Bewunderung und Anerkennung ist bei derartigen Prägungen oft ins Uferlose gesteigert. In der psychoanalytischen Forschung geht man davon aus, dass ein falsches Maß an Zuwendung in der Kindheit verantwortlich ist für Narzissmus. Kreisky hat oft in kleinerem Kreis erzählt, dass er zu seiner Mutter eigentlich keine Beziehung hatte. Diese widmete sich liebevoll dem kranken älteren Bruder: »Der Liebling meiner Mutter war eigentlich mein Bruder Paul.« Das deutet auf einen Mangel an Zuneigung durch die Eltern hin, die vollauf mit der Pflege des kranken Bruders beschäftigt waren. So etwas können Kinder oft als traumatisches Erlebnis empfinden, als Kränkung, die sie später kompensieren nach dem Motto: Die Liebe und Anerkennung, die ich als Kind nicht bekommen habe, hole ich mir jetzt. Wird das überkompensiert, führt es schnurgerade in den Narzissmus. In der Literatur über Narzissmus wird darauf Wert gelegt, dass eine derartige Persönlichkeitsstruktur keine Krankheit, sondern eine Normabweichung der normalen Charakteranlagen darstellt, dass es sich also um »zugespitzte Wesenszüge« handelt.

Eine frühkindliche Kränkung führt natürlich nicht automatisch zu einer großen Karriere als Politiker, dazu müssen noch andere Faktoren kommen. Kreisky musste von frühester Kindheit an auch noch die Zurückweisung als Jude verkraften, die zweite große Kränkung in seinem Leben. Die Benachteiligung der Juden führte ihn in die Nähe anderer Benachteiligter der Gesellschaft: die in der Sozialdemokratie organisierten Arbeiter. Mit dem Antisemitismus war er zeit seines Lebens konfrontiert, auch in der eigenen Partei. Tatsächlich hat Kreisky noch als Bundeskanzler panische Angst gehabt, dass ihm seine jüdische Abstammung in der Politik schaden, also den Verlust der Macht kosten könnte. Damit wäre er dessen beraubt worden, was ihn seine Kränkungen ertragen ließ – die Macht, die ihm jene Anerkennung und Zuneigung brachte, die ihm in der Kindheit versagt geblieben ist.

Ein außergewöhnliches Maß an Narzissmus ist bei vielen politischen Führern zu beobachten, ja für ihren Erfolg in der Ausübung der Macht geradezu Voraussetzung. Sie müssen nämlich versuchen, den eigenen Willen auch gegen Widerstände durchzusetzen. Die Persönlichkeitsbilder, die Biografen von Konrad Adenauer, Helmut Kohl, Willy Brandt, Olof Palme, Helmut Schmidt und anderen gezeichnet haben, ähneln in vielem der Persönlichkeitsstruktur von Bruno Kreisky. Man findet diese Ich-Bezogenheit auch bei Wirtschaftsführern, Wissenschaftlern und Spitzensportlern. Zur Befriedigung braucht der Narzisst Macht. Machtstreben kennt an sich keine abschaltende Situation. Der Verhaltensforscher Irenäus Eibl-Eibesfeldt hat das auf folgende Formel gebracht: »Anders als bei Hunger, Durst oder Sex, die gegen Übertreibung durch Mechanismen der Sättigung abgesichert sind, gibt es beim Machtstreben keine Sättigung und keine abschaltende Endsituation. Im Gegenteil.« In der Demokratie gibt es aber doch einen Abschaltmechanismus: Wahlen.

Nur wenige Parteiführer in Demokratien zogen sich freiwillig ins Altenteil zurück. Der deutsche Bundeskanzler Adenauer glaubte noch mit 87 Jahren, dass keiner besser geeignet sei als er, das Land zu führen, bis der Koalitionspartner FDP seine Ablösung verlangte und der CDU-Politiker Ludwig Erhard Regierungschef wurde. Selbst dann konnte Adenauer nicht loslassen, blieb bis zu seinem Tod mit 91 Jahren noch Bundestagsabgeordneter und versuchte, in Interviews und Vorträgen die Reputation seines Nachfolgers Erhard zu beschädigen. Die Parallele zu Kreisky ist nicht zu übersehen: Dieser sandte von seinem Ruhestandsdomizil Mallorca aus in Interviews immer wieder kritische Bemerkungen an seine eigene Partei. Stefan Zweig hat für das Festhalten an der Macht folgende literarische Formulierung gewählt: »Medusenblick der Macht! Wer einmal in ihr Antlitz gesehen, kann nicht mehr den Blick von ihr wenden, bleibt bezaubert und gebannt. Wer einmal die Rauschlust des Herrschens und Gebietens geübt, vermag ihr nicht mehr zu entsagen.«

Im dritten Band seiner posthum herausgegebenen Memoiren sind zwei Briefe enthalten, die vorher nie veröffentlicht wurden, die aber zeigen, wie tief gekränkt Kreisky darüber war, dass seine Partei ihn nach seinem Rücktritt nicht mehr um Rat fragte. In einem Brief an seinen Nachfolger Sinowatz, den er dann aber nicht abschickte, beklagte Kreisky, dass seine Funktion als Ehrenvorsitzender inhaltslos sei, »wenn man nicht einmal durchsetzen kann, dass ernste Einwände in einer sehr ernsten Sache Berücksichtigung finden.« Dabei ging es vor allem um die Abberufung der Minister Salcher und Lanc durch Sinowatz: »Ich habe Dr. Sinowatz darauf aufmerksam gemacht, wie sehr ich diese Vorgangsweise missbillige und auch die Intrigen seines Kabinettschefs in dieser Angelegenheit in der Boulevard-Presse.« Auch gegen die Übergabe des Parteivorsitzes an Franz Vranitzky hatte Kreisky Bedenken: »Ich habe zur Kenntnis genommen, dass auch diesmal kein Wert darauf gelegt wird, auf meinen Rat neugierig zu sein, sondern lediglich eine gewisse formale Informationspflicht erfüllt wird, ein Umstand, der mich, wie man verstehen kann, einigermaßen verbittert.« Kreisky wollte schon im Juni 1986 den Ehrenvorsitz zurücklegen, vollzog diesen Schritt aber erst, nachdem die SPÖ bei den Regierungsverhandlungen das Außenministerium an die ÖVP abtrat. Er betrachtete dies als Katastrophe und stellte die Frage, ob das Ansehen und die Reputation Österreichs es im Ausland aushalten werde, wenn neben einem Bundespräsidenten Waldheim noch ein Obmann jener Partei, die Waldheim unterstützt hat, Außenminister sei. Dazu kam noch, dass Kreisky ÖVP-Obmann Mock, der dann Außenminister wurde, überhaupt nicht schätzte.

Ein anderer Brief, der im Parteiarchiv aufbewahrt wurde, ging an Landwirtschaftsminister Haiden, der Kreisky mit einem Brief provoziert hatte, in dem er Kreiskys Kritik an Androsch als dessen »Lieblingsthema« bezeichnete. Kreisky wiederholte ausführlich seine Vorwürfe gegen Androsch und begründete dann seine Abneigung gegen den späteren Wiener Bürgermeister Helmut Zilk. Bundeskanzler Sinowatz hatte Zilk von seinem Wiener Stadtratsposten als Unterrichtsminister in die Regierung geholt (1983). Kreisky, damals noch Parteivorsitzender für eine Übergangszeit, legte Zilk nahe, dass er damit seinen Sitz im ORF-Kuratorium zurücklegen müsste. Zilk versprach, das ins Auge zu fassen, tat es aber nicht.

Nachdem Kreisky auch den Parteivorsitz zurückgelegt hatte, musste er eine weitere Kränkung hinnehmen. Bundeskanzler Sinowatz plante eine Regierungsumbildung, um sein Image aufzubessern. Er wollte den populären Wiener Bürgermeister Leopold Gratz zum Außenminister machen, der bisherige Außenminister Erwin Lanc sollte im Gegenzug Wiener Bürgermeister werden. Auch Bruno Kreisky unterstützte diesen Plan. Die Gremien der Wiener SPÖ entschieden aber anders. Sie erhofften sich von Helmut Zilk, der als Ombudsmann der *Kronen-Zeitung* und durch seine frühere ORF-Karriere populär geworden war, bessere Chancen bei den Bürgermeisterwahlen, was dann auch eintrat. Gratz wurde Außenminister und der von Kreisky forcierte Lanc hatte plötzlich kein politisches Amt mehr. Offensichtlich hat das Kreiskys Ingrimm über Zilk noch gesteigert. Er hatte auch grundsätzliche Bedenken, dass jemand, »der nie eine Funktion in der Partei innehatte«, zum Wiener Bürgermeister gemacht werde: »Zilk, Dichand und Bacher, das ist ein Triumvirat, das die Medien beherrscht. Dazu kommen einige sie umgebende Krokodilvögel, die Missbrauch mit den ihnen anvertrauten Millionen für Öffentlichkeitsarbeit treiben.« Kreisky erinnerte daran, dass das berühmte PR-Konzept, man müsse nur die *Kronen-Zeitung* gewinnen und könne dann auf alle anderen verzichten, nicht aufgegangen sei. Die *Kronen-Zeitung* brachte denn auch die Zinsertragssteuer mit einer wilden Kampagne gegen die »Sparbuchsteuer« zu Fall. Kreiskys rhetorische Frage: »Und was hat uns die Freundschaft Zilks mit Dichand in der Hainburg-Frage gebracht?« Kreisky spielte damit auf die kampagnenartige Berichterstattung der *Kronen-Zeitung* gegen den Bau des Donau-Kraftwerks an. Es ist nicht auszudenken, wie Kreisky reagiert hätte, wenn er die Anfütterung der Boulevard-Zeitungen mit Millionen durch seinen späteren Nachfolger Werner Faymann und durch die Gemeinde Wien erlebt hätte.

DAS LEIDEN VON POLITIKERKINDERN

1988 war ich Chefredakteur beim ORF-Radio und führte jeden Samstag ein längeres Interview für die Sendereihe »Im Journal zu Gast«. 20 Jahre nach dem Höhepunkt der 68er-Bewegung suchte ich unter den damaligen Aktivisten im VSStÖ einen Interviewpartner unter jenen, die den »Marsch durch die Institutionen« hinter sich gebracht hatten. Mehrere Kontaktierte sagten ab, nur der Sohn Bruno Kreiskys nicht. Ich kannte Peter Kreisky vom VSStÖ, er studierte so wie ich Jus, war mir aber damals bei den Diskussionen nicht besonders aufgefallen. Er blieb zeit seines Lebens seinen linken Überzeugungen treu, konnte sich das als Angestellter der Arbeiterkammer auch leisten, während alle anderen vielleicht zu sehr mit ihrer Karriere beschäftigt waren – so wie ich auch.

Bruno Kreisky stand den politischen Aktivitäten seines Sohnes meist kritisch gegenüber. Erst im Alter zeigte er sich milder und erinnerte sich öfter an seine eigene Jugend. 1972 war Peter Kreisky unter den Demonstranten, die am Flughafen in Salzburg gegen den Besuch des US-Präsidenten Nixon demonstrierten, und desavouierte damit seinen Vater, der als Bundeskanzler zum Empfang des US-Präsidenten nach Salzburg geeilt war. Schwerwiegender war das innerfamiliäre Zerwürfnis, als Peter Kreisky gegen die Inbetriebnahme des Atomkraftwerkes Zwentendorf demonstrierte. Bruno Kreisky war darüber so erbost, dass er seinen Sohn samt Schwiegertochter für einige Zeit sogar vom sonntäglichen Mittagstisch verbannte.

Über die sicherlich schwierige Zeit des heranwachsenden Buben mit dem 24-Stunden-Politiker Bruno Kreisky gibt es keine schriftlichen Berichte von Peter Kreisky selbst. Anders als die Söhne von Willy Brandt hat Peter Kreisky kein Buch über seinen Vater geschrieben. Er wollte politisch tägig sein, musste aber zeit seines Lebens den Vergleich mit seinem Vater erdulden. Wenn man als Sohn einer der herausragenden Gestalten der europäischen Sozialdemokratie politisch tätig sein will, kann man nur scheitern. So landete Peter Kreisky in der Arbeiterkammer auf einem unbedeutenden Posten. Am 1. Mai verteilte er selbst im hohen Alter unverdrossen Flugzettel mit linkem Inhalt auf dem Rathausplatz in Wien, von den Parteioberen etwas mitleidig belächelt.

Ein Blick auf die Bekenntnisse anderer Politikersöhne, die in Büchern freimütig ihre Probleme mit den Politikervätern geschildert haben, lässt erahnen, wie schwierig das Leben für heranwachsende Kinder von berühmten Politikern ist. Alle drei Söhne von Willy Brandt sowie ein Sohn des deutschen Langzeitkanzlers Helmut Kohl haben in Büchern darüber berichtet.

Man erfährt dadurch viel über die *déformation professionelle*, der Politiker ausgesetzt sind. Erhard Eppler, linker SPD-Abgeordneter und einige Jahre Minister, konnte in seiner langjährigen Tätigkeit beobachten, »dass Menschen in der Politik noch rascher und gründlicher deformiert werden als anderswo, und zwar umso heilloser, je weniger sie dessen gewahr werden.« Er fügte aber hinzu: »Politik als Beruf zu betreiben, gehört zum Gefährlichsten und Abgründigsten, worauf Menschen sich einlassen können, allerdings auch zum Faszinierendsten und Spannendsten.«

Die beiden erstgeborenen Söhne, die als heranwachsende Kinder ihren Vater Willy Brandt als Berliner Bürgermeister erlebten, haben zu ihrem Vater ein leidliches Verhältnis gehabt. Matthias Brandt, der 13 Jahre später Geborene, empfand seine Kindheit mit dem Außenminister und Bundeskanzler Brandt dramatischer. Da hatte die Droge Politik vollends von Willy Brandt Besitz ergriffen. Matthias Brandt, heute ein bekannter Schauspieler, fällt ein vernichtendes Urteil über seinen berühmten Vater: »Ich habe meinen Vater als emotional behinderten Menschen erlebt!« Walter Kohl, Sohn des deutschen CDU-Kanzlers, war noch schlimmer dran. Er nahm seinen Vater nur als gelegentlichen Gast zu Hause wahr. Hin und wieder gab es auch Prügel durch den Vater. Mit den Hausschuhen gab es eine »Versohlung«. Als traumatisches Erlebnis schildert Walter Kohl, wie er als Jugendlicher entdeckte, dass sein Vater ein allfälliges Lösegeld für seinen Sohn bei einer Entführung durch die RAF mit 5 Millionen Mark limitierte. Für Walter Kohl war damit klar, dass seinem Vater Politik wichtiger war als sein Sohn: »Ich bin nicht wichtig … mein Verlust ist kein Verlust«. Mit seiner zweiten Eheschließung brach Helmut Kohl den Kontakt zu seinen beiden Söhnen total ab. So weit kam es weder bei Willy Brandt noch bei Bruno Kreisky, die im Alter ein passables Verhältnis zu ihren Kindern hatten.

Andenken – so lautet der Titel des berührenden Buches, das Lars Brandt über seinen berühmten Vater geschrieben hat. Er schildert Willy Brandt als einsamen, in sich gefangenen Menschen: »Kindheitserinnerungen, in denen er mir über die Wange oder das Haar strich, habe ich nicht. Küsse gab es schon gar nicht.« *Spiegel*-Herausgeber Augstein, der den politischen Kurs von Willy Brandt publizistisch unterstützte, dementierte denn auch, mit Brandt befreundet zu sein: »Mit einem Mann, der niemals die Kinderzimmer seiner Söhne aufsuchte, kann ich mir nicht vorstellen, befreundet zu sein.« Trotzdem hat Lars Brandt schöne Erinnerungen an seinen Vater. Beim jährlichen Urlaub in Norwegen begleitete er seinen Vater im Ruderboot auf den See zum Fischfang: »Stumm hockten wir Tag um Tag beieinander, jeder nach seiner Seite des Kahns hinaus angelnd … Vater sprach wenig bis gar nicht mehr.« Zwischen Kreisky und Brandt gibt es einige Parallelen, aber Kreisky zwei Wochen hindurch täglich stundenlang schweigend in einem Boot beim Angeln – das kann sich niemand vorstellen, der Kreisky näher gekannt hat.

DAS ENDE

Bei einem kritischen Blick auf Kreiskys Lebenswerk muss man unter anderem feststellen, dass es ihm nicht gelang, geeignete Nachfolger heranzuziehen. Hannes Androsch hat er verhindert, Leopold Gratz hat sich selbst aus dem Spiel genommen, seinem Intimus Karl Blecha traute es Kreisky nicht zu. Also stellte er die Weichen für den damaligen Unterrichtsminister Fred Sinowatz. Dieser wollte eigentlich nicht, ließ sich aus Parteiräson zwingen und war dann als Parteivorsitzender und Bundeskanzler überfordert. In seinen Memoiren erinnerte

Kreisky daran, dass der langjährige Führer der SPD August Bebel es versäumt hatte, geeignete Nachfolger aufzubauen. Das habe die Partei gelähmt, bis sie 1933 zugrunde ging. Eine ähnliche Entwicklung ortete Kreisky auch in Frankreich. Nach dem großen Jean Jaurès folgte nichts Vergleichbares. Die Erkenntnis über historisch Notwendiges ist freilich etwas anderes, als danach zu handeln. Auch Kreisky hat seine Partei personell nicht auf die Zeit nach ihm vorbereitet. Wahrscheinlich liegt darin auch eine historische Gesetzmäßigkeit. Die SPD hat nach dem charismatischen Willy Brandt mehr als ein Dutzend Parteivorsitzende verbraucht.

Politologen, Soziologen und Dichter haben sich mit dem Charakter von Führungspersönlichkeiten auseinandergesetzt. Sie attestierten erfolgreichen Führern in der Regel nicht nur positive, sondern auch negative Eigenschaften. Man kann da offensichtlich nicht das eine ohne das andere haben. Für Egon Matzner, SP-Intellektueller in den 1970er-Jahren, war klar: »Wer zum Nutzen des Gemeinwesens außerordentliche Führungspersönlichkeiten haben will, muss akzeptieren, dass solche Persönlichkeiten sehr oft grenzgängerische Charaktereigenschaften besitzen. Wie die Geschichte zeigt, ist das immer schon so gewesen.« Sigmund Freud meinte, dass narzisstische Führergestalten oft viel Unglück produzierten, manchmal aber trotz Charakterdefiziten dank des intakten Teiles ihrer Persönlichkeit große Leistungen erbracht hätten. Man muss Kreisky wohl letzteres zugestehen.

Das war wohl auch der Grund, warum ich am Begräbnis Kreiskys 1990 am Wiener Zentralfriedhof teilnahm. Meine negativen Erfahrungen mit dem »Jahrhundertkanzler« blendete ich für diesen Tag aus. Bei all meinen Vorbehalten konnte ich mich dem Faszinosum Bruno Kreisky nicht entziehen. Willy Brandt, Weggefährte durch 50 Jahre, hielt eine berührende Grabrede. Er dankte für »freundschaftliche Ermutigung, für brüderliche Hilfe, für väterliche Ermahnung«, verschwieg aber nicht, dass es in seiner Beziehung zu Kreisky auch »gelegentliche, harmonieverscheuchende Herausforderungen« gegeben hatte, und schloss: »Ruhe in Frieden, lieber schwieriger und guter Freund!«

Epilog

MEIN ABSCHIED VON DER SPÖ

Als SPÖ-Vorsitzender Alfred Gusenbauer im April 2007 bei den Regierungsverhandlungen als Führer der stärksten Partei alle wichtigen Ministerien (Finanzen, Wirtschaft, Inneres, Äußeres) der ÖVP überließ, wusste ich, dass die Sozialdemokratie am Ende ihrer mehr als 100 Jahre währenden Geschichte jeden politischen Gestaltungswillen verloren hatte. Ich trat aus der SPÖ aus und begründete dies in einem Artikel im »Spectrum« der Tageszeitung *Die Presse*. Ich würde heute andere Akzente setzen, aber im Wesentlichen nicht viel ändern. Gusenbauer hat übrigens in den darauffolgenden Jahren noch einige Gründe für einen Austritt aus der SPÖ geliefert. Anbei (leicht gekürzt) die Wiedergabe des Artikels vom 27. April 2007.

Danke, Freunde!

Nach 50 Jahren bin ich aus der SPÖ ausgetreten. Über das Elend eines Sozialdemokraten

Am Tag nach der Regierungsbildung durch Kanzler Gusenbauer ist meine Schwester aus der SPÖ ausgetreten. Nach 50 Jahren Mitgliedschaft und langjähriger Tätigkeit als SP-Betriebsrätin. Anschließend hat sie sich in die Küche gesetzt und geweint. Zwei Tage später bin ich ausgetreten. Ich war noch länger dabei. Ich habe nicht geweint. Ich hatte meine Illusionen schon früher verloren.

Die SPÖ hat in diesen Tagen einige Tausend Mitglieder verloren, vor allem langjährige Mitglieder. Diese Menschen sind der SPÖ in einer Zeit beigetreten, als diese nicht eine Partei, sondern eine Bewegung war. Der Frust und die Enttäuschung darüber, dass Gusenbauer für das Amt des Bundeskanzlers wichtige sozialdemokratische Forderungen aufgab und der ÖVP die wichtigeren Ministerien überließ, führten zu dieser Austrittswelle. Es war dies aber nur der letzte Anstoß für viele, die seit Jahren die schleichende Umwandlung der geliebten Bewegung in eine ganz normale Partei nicht wahrhaben wollten, nun aber mit plötzlicher Brutalität darauf hingewiesen wurden.

Die austromarxistischen Theoretiker hatten vor dem Zweiten Weltkrieg einen Mythos begründet: Wir schaffen eine neue Gesellschaft mit neuen Menschen. Mythen halten sich lange und haben eine ungeheure Kraft. Der Mythos war jedenfalls nach 1945 noch lebendig, wie ich selbst als Kind miterleben konnte. Meine Eltern wohnten nach 1945 in einer kleinen Ortschaft im Weinviertel. Mein Vater gehörte zu einer kleinen Gruppe von Begeisterten, die in einem Bauerndorf eine Ortsgruppe der SPÖ gründeten. Bei der Nationalratswahl 1949 konnte die SPÖ in einem der Nachbarorte keine Beisitzer stellen, also mussten zwei Genossen hinüberfahren. Mein Vater machte sich mit einem zweiten Genossen mit dem Fahrrad auf den Weg: zwölf Kilometer bei strömendem Regen. Die Auszählung der Stimmen ergab mehr als 300 Stimmen für die ÖVP, null für die SPÖ. Einer der Beisitzer der ÖVP meinte höhnisch: »Jetzt könnt's wieder heimfahr'n!« Draußen regnete es noch immer. Nichtsdestoweniger machen sich 1953 bei der nächsten Wahl wieder zwei SPÖ-Beisitzer auf den Weg. Für sie war es schöner. Es regnete nicht, und die SPÖ erhielt drei Stimmen.

Natürlich gibt es aus der Kampfzeit der Sozialdemokratie heroischere Geschichten. Das kleine Ereignis soll nur zeigen, mit welcher Begeisterung nach 1945 noch Menschen für die Sozialdemokratie unterwegs waren. Es gab aber auch schon damals erste Warnzeichen, dass nicht alle aus Begeisterung für die SPÖ dabei waren. Ein Landtagsabgeordneter der SPÖ aus dem Bezirk wehrte sich gegen die Ablöse durch einen Jüngeren mit der Begründung, er brauche das Politikereinkommen, weil er noch Raten für seinen Traktor zu begleichen habe. Es war dies ein früher Vorläufer jenes Politikertyps, der dem genialen Theaterstück *Freundschaft* später als Stoff diente. Im Großen und Ganzen wurde die SPÖ in der Zweiten Republik allerdings von jener Stimmung getragen, die die Altvorderen von Victor Adler über Otto Bauer bis Karl Renner aufgebaut hatten und die schließlich zum großen Wahlsieg der SPÖ unter Bruno Kreisky führte. Sozialdemokraten haben das folgende Jahrzehnt als »goldene Jahre« in Erinnerung. Danach ging es bergab. Viele Institutionen der Gegenkultur, die die Sozialdemokratie in ihrer Kampfzeit aufgebaut hatte, gingen zugrunde oder wurden von Skandalen geschüttelt. Wer aus einer sozialdemokratischen Familie kam, war selbstverständlich Mitglied beim Konsum, bei der Gewerkschaft, beim ARBÖ und einem der zahlreichen Arbeitervereine. Aus dem Konsum musste man nicht austreten, der ging bankrott. Aus der Gewerkschaft bin ich schon vor der SPÖ ausgetreten, den ARBÖ verließ ich auch. Plötzlich war ich nirgendwo mehr Mitglied. Ich fühlte mich wie jemand, der jeden Kontakt zu seiner Familie abgebrochen hat. Klammheimlich stellte ich mir die Frage, ob sozialdemokratisches Ethos vielleicht nur bei den Arbeiterfischern zu finden war. Ich bin aber kein Fischer.

Ein guter Freund versuchte, mir meinen Austritt aus der SPÖ auszureden mit dem Hinweis, er sei seinerzeit trotz Vorbehalten gegenüber dem damaligen Vorsitzenden Schärf der SPÖ beigetreten. Die SPÖ war für mich eine Bewegung – Funktionären einer Bewegung verzeiht man mehr als Funktionären einer Partei. Da die SPÖ nun auf dem Weg zu einer ganz stinknormalen Partei ist, können Parteivorsitzende nicht mehr mit der Nachsicht jener rechnen, die der großen Idee zuliebe über alles hinwegsehen. Solange die SPÖ als historische Bewegung wahrgenommen wurde, war das anders. Unter Sozialdemokratie verstand ich immer eine

Haltung, die die entschiedene Verteidigung von Rechtsstaat und Demokratie mit ausgeprägtem Sinn für die Benachteiligten und Schwachen verbindet. Wenn da einzelne Funktionäre versagten, weil sie unfähig waren, so waren das nur Betriebsunfälle, die man im Sinn eines höheren Zieles tolerieren musste.

Man kann von Politikern nicht verlangen, dass sie alle ewig edel und gut sind. Als ORF-Journalist hatte ich natürlich auch einige Konflikte mit SPÖ-Politikern. An Austritt aus der Partei dachte ich gleichwohl nie. Rückblickend betrachtet, habe ich mir einige Male die Frage gestellt, ob ich vielleicht aus Karrieregründen dabeigeblieben bin. Am Anfang hat es mir sicher genützt, später nicht mehr. Interventionen kamen von allen Parteien. Die Erwartungshaltung, diesen nachzugeben, war bei SPÖ-Politikern sicher größer – auch die Enttäuschung, wenn man nicht nachgab. Meine Karriereschritte im ORF verdankte ich daher vor allem Gerd Bacher. Für den damaligen Generalintendanten war natürlich von Vorteil, dass er einen Sozialdemokraten in Führungspositionen zum Vorzeigen gegenüber der SPÖ hatte. Viele hatte er ja im ORF nicht.

Irgendwann war ich dann nur noch aus Gewohnheit Mitglied der SPÖ, so wie viele Österreicher Mitglied der katholischen Kirche sind, ohne viel darüber nachzudenken. Wenn ich sehr unzufrieden war, klammerte ich mich an das Positive der Arbeiterbewegung, etwa an die Arbeitermittelschule, wo ich 1965 als gelernter Schriftsetzer die Matura in Abendkursen nachholen konnte. Die Parteivorsitzenden kamen und gingen. Aus der angestrebten Gesellschaft der neuen Menschen wurde nichts. Im Gegenteil: »Die neue Gesellschaft kennt keine erfolgreichere Version der bürgerlichen Gesellschaft als die sozialdemokratische«, analysierte der liberale Soziologe Ralf Dahrendorf.

Nach der Flucht von Viktor Klima war plötzlich Alfred Gusenbauer Parteivorsitzender, einst Vorsitzender der Sozialistischen Jugend. Es spricht für die Schwäche der SPÖ, dass eine kleine SJ-Seilschaft die einstmals stolze Partei SPÖ erobern konnte. Seilschaften in der

Politik arbeiten wie Seilschaften am Berg. Einer klettert, der andere sichert, dann sichert der Nächste und zieht den anderen nach. So können auch mittelmäßige Bergsteiger einen Gipfel erklimmen. Was am Berg Erfolg bringt, ist in der Politik aber fatal. Die Mittelmäßigkeit triumphiert.

Gusenbauer lieferte jedenfalls schon bald nach seiner Wahl zum Parteichef viele Hinweise, dass er dem Amt nicht gewachsen sein wird. Und wieder zögerte man, die Partei zu verlassen. Eine Partei, die in Opposition gewissermaßen am Boden liegt, lässt man nicht im Stich. Erst mit der Regierungsbildung festigte sich die Überzeugung, da habe einer um der Macht willen einen zu hohen Preis bezahlt. Historisch gesehen ist Gusenbauer weniger das Problem der SPÖ als vielmehr ein Symptom. Als Klima ging, stand die Partei vor einem Dilemma. Es blieben nur zwei potenzielle Kandidaten übrig: der linke Caspar Einem und der rechte Karl Schlögl. Die damaligen Granden der Partei scheuten eine Richtungsentscheidung und eine Debatte darüber. Sie zogen Gusenbauer aus dem Hut, der seither seine liebe Not hat, die Herzen der Partei zu gewinnen.

Die Krise der Sozialdemokratie ist nicht auf Österreich beschränkt, es handelt sich um ein europäisches Phänomen. Ralf Dahrendorf, der große Liberale, hat es bereits 1983 in seinem berühmt gewordenen Essay »Das Elend der Sozialdemokratie« vorausgesagt: »Das 20. Jahrhundert war in seinem Antrieb und in seinen besten Möglichkeiten sozialdemokratisch. Als es dem Ziel näherkam, war es folgerichtig mit der Kraft der Sozialdemokratie vorbei.« Willy Brandt und Bruno Kreisky haben Dahrendorf diese Aussagen sehr übel genommen. Die Geschichte scheint aber Dahrendorf recht zu geben. Die Sozialdemokratie hat sich als Bewegung durch ihre Erfolge selbst geschwächt.

Wesentliche Forderungen der Sozialdemokratie sind heute Allgemeingut. Das allgemeine Wahlrecht hat die Arbeiterbewegung ebenso durchgesetzt wie die Kranken- und Pensionsversicherung, die Gleichstellung von Mann und Frau, die Straffreiheit der Abtreibung und so weiter. Viele sozialdemokratische Forderungen wurden zwar nicht von SP-Regierungen, sondern auch von bürgerlichen Regierungen verwirklicht – aus Angst vor einem Erstarken von Linksparteien. Das Paradebeispiel dafür ist der deutsche Reichskanzler Bismarck, der zwar die Sozialdemokratie unterdrückte, gleichzeitig zur deren Abwehr aber Sozialgesetze beschloss.

Manchmal kann man aus der Opposition heraus mehr erreichen als in der Regierung. Opposition ist wirkmächtig, wenn sie eine große Kraft der Zeit repräsentiert. Die Sozialdemokratie repräsentierte in den letzten Jahren aber keine große Kraft mehr. Sozialdemokratische Programmatik hat allerdings bei anderen Parteien Eingang gefunden. Der deutsche Philosoph Peter Sloterdijk: »Das deutsche Parteiensystem bietet seit bald 25 Jahren den Wählern vier Spielarten von Sozialdemokratie: Die Einheitspartei verteilt sich über das ganze sogenannte politische Spektrum.« Das gilt mit Einschränkungen auch für Österreich. Nur die FPÖ ist kaum im Schema von Sloterdijk unterzubringen.

Die Situation der SPÖ ist prekärer als die anderer sozialdemokratischer Parteien. Sie war länger an der Macht als jede andere Arbeiterpartei (ausgenommen in Schweden), was zu enormen Verschleißerscheinungen führte. Außerdem hatte sie mit dem unseligen Einfluss der Gewerkschafter zu kämpfen, die alle notwendigen Reformen blockierten. Die Gewerkschafter vertrieben viele umweltbewusste Junge zu den Grünen, von wo sie nie mehr zur SPÖ zurückkamen. Die SP-Gewerkschafter hatten das Milliardengrab der Verstaatlichten mit zu verantworten, den Ruin des Konsums, sie blockierten den notwendigen Umbau des Wohlfahrtsstaates und verhinderten auch eine Pensionsreform. Auch »Sozialmissbrauch«, den es ohne Zweifel gibt, war für die Gewerkschafter tabu. Besonders die Arbeiterkämmerer verteidigten die soziale Hängematte, nicht ohne bevorzugt auf sich selbst zu schauen. Der steirische AK-Präsident Rechberger, der es auf mehr als 200.000 Schilling Monatseinkommen brachte, war einer der Sargnägel für Vranitzky, dem der Befreiungsschlag von den Gewerkschaftern nie gelang.

Dass der Einfluss der Gewerkschaften in der SPÖ ausgerechnet unter Gusenbauer auf das für die SPÖ erträgliche Maß reduziert wurde, ist ein Treppenwitz der Zeitgeschichte. Gusenbauer hat zwar den letzten Schritt getan, da lagen die Gewerkschafter aber schon kraftlos auf dem Boden. Sie haben sich mit der BAWAG selbst versenkt.

30 Jahre SPÖ-Kanzlerschaft hatten zu einer Machtverfettung geführt, die keine Partei auf Dauer unbeschadet übersteht. Macht korrumpiert, totale Macht korrumpiert total. Der Wiener Bürgermeister Leopold Gratz, der auch viele Jahre Minister war, hat bemerkenswert offenherzig bekannt: »Wenn man lange regiert, glaubt man, das gehört einem!« In diesem Satz steckt noch die Überzeugung der austromarxistischen Theoretiker, dass man die Macht, wenn man sie einmal demokratisch errungen hat, nicht mehr abgeben müsse. Die Massen würden dann das richtige Bewusstsein haben und durch die Politik der Sozialdemokratie immer und ewig SPÖ wählen. Norbert Leser hat darauf verwiesen, dass Otto Bauer zwar viele gelehrte Abhandlungen geschrieben hat, wie man demokratisch an die Macht kommen könnte. Dass man diese Macht auch ganz demokratisch einmal verlieren könnte, daran hat Otto Bauer keine Gedanken verschwendet.

Die Austromarxisten sahen sich eben als Vertreter einer historischen Mission, von der auch Kreisky noch gern sprach. In dieser Tradition sah die SPÖ die Führung auch in der Zweiten Republik als ein ihr historisch zustehendes Recht. Diese Haltung verhinderte allerdings jede selbstkritische Diskussion über die stetig sinkenden Mitgliederzahlen und die immer schwächer werdenden Wahlresultate.

Die Austromarxisten konnten die Fragmentierung der modernen Dienstleistungsgesellschaft nicht vorausahnen, die einen beträchtlichen Teil der Arbeitnehmer in den Mittelstand erhob und sie damit ihres Klassenbewusstseins beraubte. Sie hätten aber wohl die Korrumpierung der Funktionäre und des Apparates ahnen können. Es geht dabei in erster Linie gar nicht um die finanzielle Korruption im strafrechtlichen Sinn (die gab es in der SPÖ leider auch), sondern es geht um jene Korrumpierung, die nach langer Regierungsteilhabe die Ziele vergisst, derentwegen man die Macht angestrebt hat.

Zurück bleibt dann der bloße Wille zum Machterhalt ohne Inhalte. Der italienische Soziologe Robert Michels hat es schon 1911 vorausgesehen: Wenn Genossenschaften, Gemeinden oder Banken in den Händen der Arbeiterpartei landen, werden die idealistischen Intellektuellen oft verdrängt von einem »aller sozialistischen Kenntnisse und Herzensneigungen baren Geschäftssozialistentum.«

Als die SPÖ 1966 wegen der Olah-Krise eine Niederlage einheimste, hat Franz Kreuzer in der *Arbeiter-Zeitung* mit den sogenannten August-Gesprächen einen Anstoß zu Reformen gegeben, der zur Ablöse Pittermanns durch Kreisky führte und damit zur Öffnung der Partei. Seither ist der Wille der SPÖ, Wahlniederlagen selbstkritisch zu ergründen, gegen null gesunken. Unter Vranitzky hat die SPÖ im Laufe der Jahre mehr Wähler verloren als in der Olah-Krise. Eine ernst zu nehmende Ursachenforschung gab es allerdings nie. Man stellte weiter den Kanzler, und damit war die Welt in Ordnung. Schuld war außerdem immer Haider, dem die Wähler auf den Leim gegangen seien. Diese Fokussierung auf Haider als Buhmann hat verhindert, dass die SPÖ über eigene Versäumnisse diskutierte. Ein gnädiger Wähler hätte der Partei spätestens 1986 eine Auszeit geben sollen.

Vieles, was unser Land heute lebenswert macht, verdanken wir der Sozialdemokratie. Soll man deshalb Mitglied der SPÖ bleiben? Dankbarkeit ist keine politische Kategorie, hat Kreisky einst gesagt. Die Menschen wollen heute Parteien unterstützen, die die besten Antworten für die Zukunft bieten. Oder charismatische Politiker, die zumindest den Eindruck vermitteln, die Probleme zu lösen. Freilich gibt es in unserer komplex gewordenen Welt keine einfachen Antworten. Auf Fragen des 21. Jahrhunderts kann man nicht sozialdemokratische Antworten geben, die den Beigeschmack des vorigen Jahrhunderts haben. Mit sozialer Wärme allein wird es nicht getan sein. Die großen Themen dieses Jahrhunderts werden der Klimaschutz und die Migration sein. Dazu ist die SPÖ – so wie die anderen Parteien auch – überzeugende Antworten schuldig.

Das 19. Jahrhundert war vom Liberalismus geprägt, das 20. Jahrhundert von der Sozialdemokratie. Ob es überhaupt einer Bewegung gelingen wird, dem 21. Jahrhundert in ähnlicher Weise den Stempel aufzudrücken, ist offen. Sozialdemokratische Parteien werden auch in Zukunft wieder Wahlen gewinnen, sie werden dies aber mit einer anderen Programmatik tun als im 20. Jahrhundert. Eine Bewegung, der sich die Menschen mit großer Begeisterung hingeben, wird die Sozialdemokratie allerdings auf absehbare Zeit nicht mehr werden. So schön wie 1970 wird es nie mehr werden. Es war schön, damals dabei gewesen zu sein. Das ist das Elend eines Sozialdemokraten, mit dem er leben muss.

(Aus *Die Presse*, Print-Ausgabe, 28.04.2007)

POSTSKRIPTUM

Bis heute (2020) hat sich die SPÖ weder personell noch programmatisch so aufgestellt, dass ich in Versuchung gekommen wäre, wieder Mitglied der SPÖ zu werden. Aber Wehmut bleibt schon.

BIBLIOGRAFIE

Androsch, Hannes: *Niemals aufgeben. Lebensbilanz und Ausblick*. Salzburg 2015.

Bielka, Erich / Jankowitsch, Peter / Thalberg, Hans: *Die Ära Kreisky: Schwerpunkte der österreichischen Außenpolitik*. Wien 1983.

Berggren Henrik: *Olof Palme. Vor uns liegen wunderbare Tage. Die Biographie*. München 2011.

Brandt, Lars: *Andenken*. München / Wien 2006.

Brandt, Matthias: *Raumpatrouille. Geschichten*. Köln 2016.

Brandt, Peter: *Mit anderen Augen. Versuch über den Politiker und Privatmann Willy Brandt*. Bonn 2013.

Brandt, Willy: *Links und frei. Mein Weg 1930–1950*. Hamburg 2012.

Brandt, Willy: *Der organisierte Wahnsinn: Wettrüsten und Welthunger*. Köln 1981.

Brenner, Wolfgang: *Walther Rathenau. Deutscher und Jude*. München 2005.

Buttinger, Joseph: *Das Ende der Massenpartei. Am Beispiel Österreichs*. Frankfurt am Main 1972.

Crankshaw, Edward: *Bismarck*. München 1990.

Felber, Ulrike (Hrsg.): *Auch schon eine Vergangenheit. Gefängnistagebuch und Korrespondenzen von Bruno Kreisky*. Wien 2009.

Gall, Lothar: *Walther Rathenau. Portrait einer Epoche*. München 2006.

Aly, Götz: *Unser Kampf. 1968*. Frankfurt am Main 2008.

Haller, Reinhard: *Die Narzissmusfalle. Anleitung zur Menschen- und Selbstkenntnis*. Salzburg 2013.

Hanisch, Ernst: *Der große Illusionist. Otto Bauer*. Wien 2011.

Harpprecht, Klaus: *Willy Brandt. Porträt und Selbstporträt*. München 1970.

Heer, Friedrich: *Gottes erste Liebe. Die Juden im Spannungsfeld der Geschichte*. München 1967.

Horvath, Elisabeth: *Ära oder Episode. Das Phänomen Bruno Kreisky*. Wien 1989.

Klaus, Josef: *Macht und Ohnmacht in Österreich. Konfrontationen und Versuche*. Wien / München / Zürich 1971.

Koelbl, Herlinde: *Jüdische Porträts. Photographien und Interviews von Herlinde Koelbl.* Frankfurt am Main 1989.

Kohl, Walter: *Leben oder gelebt werden. Schritte auf dem Weg der Versöhnung.* München 2011.

Kreisky, Bruno: *Reden.* 2 Bände. Wien 1981.

Kreisky, Bruno: *Das Nahostproblem.* Wien 1985.

Kreisky, Bruno: *Die Zeit, in der wir leben. Betrachtungen zur internationalen Politik.* Wien 1978.

Kreisky, Bruno: *Politik braucht Visionen.* Königstein 1982.

Kreisky, Bruno: *Zwischen den Zeiten. Erinnerungen aus fünf Jahrzehnten.* Berlin/Wien 1986.

Kreisky, Bruno: *Im Strom der Politik. Der Memoiren zweiter Teil.* Berlin/Wien 1988.

Kreisky, Bruno: *Der Mensch im Mittelpunkt. Der Memoiren dritter Teil.* Hrsg.: Oliver Rathkolb, Johannes Kunz, Margit Schmidt. Wien 1996.

Kreuzer, Franz: *Was wir ersehnen von der Zukunft Fernen. Der Ursprung der österreichischen Arbeiterbewegung.* Wien 1988.

Kriechbaumer, Robert (Hrsg.): *Die Ära Josef Klaus.* Wien 1998.

Kriechbaumer, Robert: *Die Ära Kreisky. Österreich 1970–1983.* Wien 2004.

Kunz, Johannes: *Licht und Schatten. Erinnerungen.* Wien 2014.

Kunz, Johannes: *Die österreichische Anekdote.* Wien 1998.

Kunz, Johannes: *100 Jahre Österreich. Die Politik 1918–2018 im Spiegel des Humors.* Wien 2017.

Le Bon, Gustave: *Psychologie der Massen.* Stuttgart 1982.

Leinemann, Jürgen: *Höhenrausch. Die wirklichkeitsleere Welt der Politiker.* Berlin 2005.

Lendvai, Paul/Ritschel, Karl Heinz: *Kreisky. Porträt eines Staatsmannes.* Wien 1974.

Leser, Norbert: *Zwischen Reformismus und Bolschewismus. Der Austromarxismus als Theorie und Praxis.* Wien 1968.

Liegl, Barbara/Anton, Pelinka: *Chronos und Ödipus. Der Kreisky-Androsch-Konflikt.* Wien 2004.

Madl, Florian: *Karl Schranz. Vom Sportidol zum Netzwerker.* Graz 2015.

Maimann, Helene: *Über Kreisky. Gespräche aus Distanz und Nähe.* Wien 2011.

Maimann, Helene: *Die ersten 100 Jahre. Österreichische Sozialdemokratie 1888–1988.* Wien 1988.

Mauhart, Beppo: *Ein Stück des Weges gemeinsam. Die Ära Kreisky/Androsch in Texten und Bildern.* Wien 2006.

Maaz, Hans-Joachim: *Die narzisstische Gesellschaft. Ein Psychogramm.* München 2012.

Mayer, Horst-Friedrich / Gerhard, Vogl: *Sissi-Kult und Kreisky-Mythos. Ein österreichisches Jahrhundert in Anekdoten.* Wien 1998.

Marcuse, Herbert: *Der eindimensionale Mensch. Studien zur Ideologie der fortgeschrittenen Industriegesellschaft.* Neuwied 1967.

Merseburger, Peter: *Willy Brandt. Visionär und Realist.* München 2002.

Nasko, Siegfried: *Karl Renner. Zu Unrecht umstritten? Eine Wahrheitssuche.* Salzburg / Wien 2016.

Neumayr, Anton: *Wenn der Jodbaum wieder blüht. Erinnerungen eines Arztes.* Wien 1999.

Palme, Liselotte: *Androsch. Ein Leben zwischen Geld und Macht.* Wien 1999.

Petritsch, Wolfgang: *Bruno Kreisky. Die Biographie.* Salzburg 2010.

Popper, Karl: *Die offene Gesellschaft und ihre Feinde.* Bern 1957.

Rathkolb, Oliver: *Die paradoxe Republik. Österreich 1945 bis 2005.* Wien 2005.

Rauscher, Walter: *Karl Renner. Ein österreichischer Mythos.* Wien 1995.

Reimann, Viktor: *Bruno Kreisky. Das Porträt eines Staatsmannes.* Wien / München / Zürich 1972.

Röhr, Heinz-Peter: *Narzissmus. Das innere Gefängnis.* München 1999.

Scheidl, Hans Werner: *Der wahre Kreisky.* Wien 2010.

Schneider, Peter: *Rebellion und Wahn. Mein '68.* Köln 2008.

Starhemberg, Ernst Rüdiger: *Memoiren.* Wien / München 1971.

Summer, Franz: *Das VOEST-Debakel.* Wien 1987.

Tálos, Emmerich: *Das austrofaschistische Herrschaftssystem.* Wien / Berlin 2013.

Volkov, Shulamit: *Walther Rathenau. Ein jüdisches Leben in Deutschland.* München 2012.

Vogl, Gerhard: *Ich bin im Bild. Darsteller und Selbstdarsteller in Anekdoten und Karikaturen.* Wien 1994.

Vogl, Gerhard: *Wer sagte was wann wo? Österreich in Zitaten und Schlagzeilen.* Wien 2003.

Vogl, Gerhard: *Land der Pointen Österreich. Die besten Bonmots aus Politik, Geschichte und Kultur.* Wien 2009.

Vranitzky, Franz: *Politische Erinnerungen.* Wien 2004.

Wirth, Hans-Jürgen: *Narzissmus und Macht. Zur Psychoanalyse seelischer Störungen in der Politik.* Gießen 2003.

Wirth, Maria: *Christian Broda. Eine politische Biographie.* Göttingen 2011.

Zweig, Stefan: *Die Welt von gestern. Erinnerungen eines Europäers.* Stockholm 1942.
Zweig, Stefan: *Joseph Fouché. Bildnis eines politischen Menschen.* Leipzig 1929.

PERSONENREGISTER

Androsch, Hannes (geb. 1938), SPÖ-Abgeordneter zum Nationalrat 1967–1981, Finanzminister 1970–1981, Vizekanzler 1976–1981, stellvertr. Parteivorsitzender, Generaldirektor der Creditanstalt 1981–1988, seither Geschäftsführender Gesellschafter der Androsch International Consulting, verschiedene Industriebeteiligungen.

Bacher, Gerd (1925–2015), Journalist und Generalintendant des ORF von 1967 bis 1975, von 1978 bis 1986 sowie von 1990 bis 1994.

Bauer, Otto (1881–1938), stellvertretender Parteivorsitzender der SDAP, einer der führenden Theoretiker des Austromarxismus, Außenminister der Republik Deutschösterreich 1918–1919.

Benya, Anton (1912–2001), SPÖ-Abgeordneter 1956–1986, ÖGB-Präsident 1963–1987, Erster Präsident des Nationalrats 1971–1986.

Blecha, Karl (geb. 1933), Obmann der Jungen Generation und des Verbandes der Sozialistischen Studenten Österreichs, Abgeordneter zum Nationalrat 1970–1983, Zentralsekretär der SPÖ 1976–1981, Innenminister 1983–1989, Präsident des Pensionistenverbandes 1999–2018.

Brandt, Willy (1913–1992), SPD-Politiker, Berliner Bürgermeister 1957–1966, Außenminister und Vizekanzler 1966–1969 in einer Koalition mit der CDU, Bundeskanzler einer Koalition mit der FDP 1969–1974, Präsident der Sozialistischen Internationale 1976–1992.

Busek, Erhard (geb. 1941), ÖVP-Generalsekretär 1975/76, Obmann ÖVP Wien 1976–1987, Vizebürgermeister in Wien 1978–1987, ÖVP-Bundesparteiobmann 1991–1995, Wissenschaftsminister und Unterrichtsminister sowie Vizekanzler unter SPÖ-Bundeskanzler Vranitzky 1991–1995.

Dohnal, Johanna (1939–2010), Wiener Gemeinderätin 1973–1979, Mitbegründerin des ersten Wiener Frauenhauses, Staatssekretärin für Frauenfragen 1979–1983, SPÖ-Frauenvorsitzende 1987–1995, erste Frauenministerin in Österreich 1990–1995.

Firnberg, Hertha (1909–1994), Sozialforscherin, SPÖ-Abgeordnete 1963–1983, Vorsitzende der SPÖ-Frauen 1967–1981, Wissenschaftsministerin 1970–1983.

Fischer, Heinz (geb. 1938), SPÖ-Abgeordneter zum Nationalrat 1971–2004, ab 1975 Klubobmann, 1977 stellvertretender SPÖ-Vorsitzender, Wissenschaftsminister 1983–1987, danach wieder Klubobmann, Erster Präsident des Nationalrates 1990–2002, Bundespräsident 2004–2016.

Gorbach, Alfons (1898–1972), ÖVP-Politiker, steirischer Landesrat im Ständestaat 1937–1938, ÖVP-Abgeordneter zum Nationalrat 1945–1970. Parteiobmann und Bundeskanzler 1961–1964, als Präsidentschaftskandidat unterlag er Franz Jonas von der SPÖ.

Gratz, Leopold (1929–2006), SPÖ-Politiker, u. a. Zentralsekretär, Unterrichtsminister, Klubobmann im Nationalrat 1971–1973, Wiener Bürgermeister 1973–1984, Außenminister 1984–1986, Erster Präsident des Nationalrates 1986–1989.

Gruber, Karl (1909–1995), ÖVP-Politiker, u. a. Außenminister 1945–1953, Staatssekretär im Bundeskanzleramt 1966–1969.

Häuser, Rudolf (1909–2000), SPÖ-Gewerkschafter und Abgeordneter zum Nationalrat, Vizepräsident des ÖGB, Sozialminister und Vizekanzler 1970–1976.

Heller, André (geb. 1947), vielseitiger Künstler (Dichter, Sänger, Schauspieler, Gestalter von Ausstellungen).

Igler, Hans (1920–2010), Ökonom und ÖVP-Politiker, Präsident der Industriellenvereinigung 1972–1980.

Kery, Theodor (1918–2010), SPÖ-Politiker, burgenländischer Landesrat, Landeshauptmann 1966–1987.

Kirchschläger, Rudolf (1915–2000), Diplomat und Politiker, parteifreier Außenminister in der SPÖ-Alleinregierung 1970–1974, Bundespräsident 1974–1986.

Klaus, Josef (1910–2001), Landeshauptmann von Salzburg 1949–1961, Finanzminister 1961–1963, Bundeskanzler einer ÖVP-Alleinregierung 1966–1970.

König, Franz (1905–2004), Erzbischof in Wien 1956–1985, ab 1958 Kardinal.

Körner, Theodor (1873–1957), General im 1. Weltkrieg, Wiener Bürgermeister 1945–1951, Bundespräsident 1951–1957.

Kunz, Johannes (geb. 1947), Journalist, 1973–1977 Pressesprecher von Bruno Kreisky, 1980 Geschäftsführer Molden-Verlag, 1986–1994 Informationsintendant im ORF, Buchautor.

Kreisky, Bruno (1911–1990), Staatssekretär 1953–1959, Außenminister 1959–1966, Bundeskanzler 1970–1983.

Kreuzer, Franz (1929–2015), Chefredakteur der *Arbeiter-Zeitung* 1962–1967, danach Chefredakteur des Aktuellen Dienstes im ORF-Fernsehen, ab 1974 Fernsehintendant, Gesundheitsminister 1985–1987.

Lanc, Erwin (geb. 1930), SPÖ-Abgeordneter zum Nationalrat 1966–1983, Verkehrsminister 1973–1977, Innenminister 1983–1984, Außenminister 1983–1984.

Lütgendorf, Karl Ferdinand (1914–1981), General, Verteidigungsminister 1971–1977.

Mahr, Hans (geb. 1949), Journalist und Medienmanager, Redakteur der *Kronen-Zeitung,* später daselbst auch Geschäftsführer, RTL-Chefredakteur 1994–2004.

Mock, Alois (1934–2017), ÖVP-Unterrichtsminister 1969–1970, Abgeordneter zum Nationalrat, ÖAAB-Obmann, ÖVP-Klubobmann 1978–1987, Bundesparteiobmann 1979–1989, Vizekanzler 1987–1989, Außenminister 1989–1995.

Oberhammer, Otto (geb. 1934), Jurist im Justizministerium, ORF-Generalintendant 1974–1978.

Peter, Friedrich (1921–2005), FPÖ-Bundesparteiobmann 1958–1978, seine Mitgliedschaft in der SS wurde von Simon Wiesenthal thematisiert.

Pisa, Karl (1924–2015), Informationsstaatssekretär der ÖVP-Alleinregierung Klaus 1969–1969.

Petritsch, Wolfgang (geb. 1947), Diplomat, 1977–1983 Sekretär von Bruno Kreisky, später in diversen diplomatischen Funktionen tätig, u. a. Botschafter in Belgrad, Hoher Repräsentant für Bosnien und Herzegowina, Botschafter bei der UNO in Genf.

Pollak, Oscar (1893–1963), sozialdemokratischer Journalist, Chefredakteur der *Arbeiter-Zeitung* 1931–1934 und 1946–1962.

Portisch, Hugo (geb. 1927), Journalist (Chefredakteur des *Kurier*), Buchautor, Gestalter von TV-Dokumentationen (u. a. Österreich I und Österreich II).

Probst, Otto (1911–1978), SPÖ-Abgeordneter zum Nationalrat 1945–1978, Zentralsekretär der SPÖ 1946–1970, Obmann der SPÖ Wien 1970–1974. In der Großen Koalition unter den ÖVP-Kanzlern Gorbach und Klaus Verkehrsminister 1963–1966, Dritter Nationalratspräsident 1971–1982.

Raab, Julius (1891–1964), Handelsminister im Ständestaat 1938 unter Kanzler Schuschnigg. Präsident der Bundeswirtschaftskammer

(1946–1953 und 1961–1964), Bundeskanzler 1953–1961. Unterlag bei der Bundespräsidentschaftswahl 1957 dem SPÖ-Kandidaten Adolf Schärf.

Rabl, Peter (geb. 1948), Journalist, Chefredakteur bei *Kurier* und *profil*, Sendungsleiter und Moderator von TV-Magazinen im ORF.

Rathenau, Walter (1867–1922), deutscher Industrieller, Schriftsteller und liberaler Politiker. Er wurde als Reichsaußenminister 1922 von Rechtsradikalen ermordet.

Renner, Karl (1870–1950), sozialdemokratischer Politiker, österreichischer Staatskanzler nach dem Ersten und dem Zweiten Weltkrieg 1918–1920, 1945–1950.

Rösch, Otto (1917–1995), SPÖ-Abgeordneter zum Nationalrat 1971–1983, Innenminister 1970–1977, Verteidigungsminister 1977–1983.

Schärf, Adolf (1890–1965), SPÖ-Vorsitzender 1945–1957, Vizekanzler in ÖVP-geführten Regierungen bis 1957, Bundespräsident 1957–1965.

Scheidl, Hans-Werner (geb. 1944), Journalist und Buchautor.

Schranz, Karl (geb. 1938), Skirennläufer, dreimal Weltmeister, gewann zweimal den Gesamtweltcup.

Sinowatz, Fred (1929–2008), SPÖ-Unterrichtsminister 1971–1983, Bundeskanzler 1983–1986.

Staribacher, Josef (1921–2014), Direktor der Wiener Arbeiterkammer, Vorsitzender der Gewerkschaft der Lebensmittelarbeiter 1960–1989, Handelsminister 1970–1983.

Steger, Norbert (geb. 1944), FPÖ-Obmann 1980–1986, Vizekanzler und Handelsminister 1983–1987 unter den SPÖ-Kanzlern Sinowatz und Vranitzky.

Steyrer, Kurt (1920–2007), SPÖ-Gesundheitsminister 1981–1985, SP-Präsidentschaftskandidat 1986.

Streicher, Rudolf (geb. 1946), Verkehrsminister 1986–1992, SP-Präsidentschaftskandidat.

Taus, Josef (geb. 1933), ÖVP-Parteiobmann 1975–1979, danach Industrieller.

Torberg, Friedrich (1908–1979), Schriftsteller, Journalist, Publizist.

Vaugoin, Carl (1873–1949), christlich-sozialer Politiker, u. a. Heeresminister, Vizekanzler und Bundeskanzler.

Veselsky, Ernst Eugen (1932–2014), ab 1956 Tätigkeit in der Arbeiterkammer, Staatssekretär 1970–1977, SPÖ-Abgeordneter zum Nationalrat bis 1986.

Vogl, Gerhard (geb. 1941), Journalist, im ORF in verschiedenen Funktionen tätig, u. a. Chefredakteur in der Generalintendanz, Buchautor.

Vorhofer, Kurt (1929–1995), Journalist bei der steirischen *Kleine Zeitung*.

Waldheim, Kurt (1918–2007), Diplomat und Außenminister 1968–1970., UNO-Generalsekretär 1972–1981, Bundespräsident 1986–1992.

Weißenberg, Gerhard (1920–1980), SPÖ-Gewerkschafter, Sozialminister 1976–1980.

Wiesenthal, Simon (1908–2005), Architekt und Publizist, Holocaust-Überlebender, Gründer des Dokumentationszentrums des Bundes jüdischer Verfolgter des Naziregimes in Wien.

Withalm, Hermann (1912–2003), ÖVP-Politiker, u. a. Generalsekretär 1960–1970, Klubobmann, Vizekanzler 1968–1970, Bundesparteiobmann 1970–1971.

Weihs, Oskar (1911–1978), SPÖ-Abgeordneter 1959–1976, Landwirtschaftsminister 1970–1976.

Zilk, Helmut (1927–2008), Lehrer, dann Journalist und SPÖ-Politiker, Fernsehdirektor im ORF, Ombudsmann der *Kronen-Zeitung*, Wiener Kulturstadtrat, Unterrichtsminister, Bürgermeister von Wien 1984–1994.

ZEITTAFEL

22. Jänner 1911	Bruno Kreisky wird in Wien-Margareten geboren.
1925	Beitritt zum Verband Sozialistischer Mittelschüler
1927	Beitritt zum Verband der Sozialistischen Arbeiterjugend (SAJ) in Wien-Wieden
Herbst 1929	Jus-Studium an der Universität Wien
1930	Vorsitzender einer SAJ-Gruppe in Niederösterreich
18. Februar 1934	Nach dem Verbot der Sozialdemokratischen Partei Gründung der illegalen Revolutionären Sozialistischen Jugend u. a. durch Kreisky und Roman Felleis
Frühjahr 1934	Kreisky reist mehrmals nach Brünn zu dem im Exil lebenden Otto Bauer.
30. Jänner 1935	Verhaftung Kreiskys (gemeinsam mit u. a. Franz Jonas, Otto Probst, Anton Proksch) durch das Dollfuß-Regime
16. März 1936	Prozess gegen Kreisky und seine Genossen im Wiener Landesgericht
24. März 1936	Verurteilung Kreiskys zu einem Jahr Kerker wegen Hochverrats
15. März 1938	Nach dem Einmarsch Hitlers wird Kreisky von der Gestapo verhaftet.
August 1938	Enthaftung mit der Auflage, das Land zu verlassen
21. September 1938	Kreisky erreicht Aufenthaltsgenehmigung in Schweden.
1939 bis 1945	Angestellter in der Stockholmer Konsumgenossenschaft. Weiter politische Tätigkeit. Lernt Willy Brandt kennen
Februar 1947	Zuteilung zur österreichischen Gesandtschaft in Stockholm
1950	Rückkehr nach Österreich als Beamter (Legationsrat 3. Klasse) ins Bundeskanzleramt
22. Juni 1951	Kabinettsvizedirektor bei Bundespräsident Theodor Körner
2. April 1953	Kreisky wird Staatssekretär für Auswärtige Angelegenheiten.
12.–15. April 1955	Mitglied der österreichischen Staatsvertragsdelegation in Moskau (gemeinsam mit Bundeskanzler Raab, Vizekanzler Schärf, Außenminister Figl). Staatsvertrag wird am 15. Mai 1955 unterzeichnet
13. Mai 1956	Bei der Nationalratswahl wird Kreisky für den Wahlkreis St. Pölten zum Abgeordneten gewählt.

Juli 1959	Kreisky wird Außenminister und setzt durch, dass das vorher beim Bundeskanzler angesiedelte Außenamt ein selbstständiges Ministerium wird.
6. März 1966	Absolute Mehrheit der ÖVP bei Nationalratswahlen. Josef Klaus wird Bundeskanzler.
5. Juni 1966	Kreisky wird Parteichef der SPÖ Niederösterreich.
1. Februar 1967	Der Parteitag wählt Kreisky mit 347 von 498 Stimmen zum Vorsitzenden der SPÖ.
1. März 1970	SPÖ gewinnt erstmals bei Nationalratswahlen relative Mehrheit.
21. April 1970	Kreisky bildet SPÖ-Minderheitsregierung.
10. Oktober 1971	Absolute Mehrheit der SPÖ bei Nationalratswahlen
23. Juli 1974	Der von Kreisky vorgeschlagene parteilose Rudolf Kirchschläger wird zum Bundespräsidenten gewählt.
5. Oktober 1975	SPÖ baut bei Nationalratswahlen absolute Mehrheit aus.
5. November 1978	Zwentendorf-Volksabstimmung ergibt knappe Mehrheit gegen Inbetriebnahme.
6. Mai 1979	Die SPÖ erringt zum dritten Mal die absolute Mehrheit.
22. Jänner 1981	Vizekanzler Hannes Androsch scheidet nach jahrelangen Differenzen mit Kreisky wegen seiner Firma Consultatio und einer umstrittenen Villenfinanzierung aus der Regierung aus.
Mai 1982	Trotz schwerer Krankheit will Kreisky bei der kommenden Nationalratswahl noch einmal antreten. Ein Ärztekonsilium gibt trotz Bedenken grünes Licht.
24. April 1983	Die SPÖ verliert bei den Wahlen die absolute Mehrheit. Kreisky tritt zurück und schlägt als Nachfolger Fred Sinowatz vor.
24. April 1984	Nierentransplantation in Hannover
15. Jänner 1987	Kreisky tritt vom Ehrenvorsitz der SPÖ zurück. Grund ist seine Verärgerung, dass die SPÖ das Außenministerium der ÖVP überlassen hat.
Juni/Juli 1990	Während eines Urlaubs in Meran verschlechtert sich der Gesundheitszustand, Kreisky wird in das Krankenhaus Lainz gebracht, wo er am 29. Juli stirbt.

BILDNACHWEIS

S. 23: Ulrich Brunner, S. 25: VGA, Wien, S. 27: VGA, Wien, Wide World Photos, S. 29 oben: Kern, Fritz / ÖNB-Bildarchiv / picturedesk.com, S. 29 unten: VGA, Wien, Fritz Zvacek, S. 31: VGA, Wien, S. 80: Kurt Martinek, S. 81: VGA, Wien, Georg Mikes, S. 90: ÖNB / Wien, VGA E1 / 1450, S. 103: ÖNB / Wien, VGA E1 / 1515, S. 105 beide: Presseagentur »Hanni«, S. 113: Willy Haslinger, S. 114: Votava / Imagno / picturedesk.com, S. 128: Ulrich Brunner, S. 150: Kern, Fritz / ÖNB-Bildarchiv / picturedesk.com, S. 173: ÖNB / Wien, VGA E10 / 0428, S. 174: Georg Mikes, S. 180 links: ÖNB / Wien, VGA E5 / 0457, S. 180 rechts: ÖNB-Bildarchiv / picturedesk.com, S. 234 links: VGA, Wien, Sammlung Kunisch, S. 234 rechts, 235: Wenzel-Jelinek, Margret / ÖNB-Bildarchiv / picturedesk.com